Individualität und Ethik

Paolo Bavastro (Hrsg.)

Individualität und Ethik

Verlag Urachhaus

Stuttgarter Gespräche

ISBN 3-8251-7155-8

Erschienen 1997 im Verlag Urachhaus
© 1997 Verlag Freies Geistesleben & Urachhaus GmbH, Stuttgart
Einband: Anette Stickel
Druck: WB-Druck, Rieden

Inhalt

Gesprächsteilnehmer:
Dr. med. Paolo Bavastro, Filderklinik Stuttgart
Prof. Dr. jur. Rolf Gröschner, Universität Jena
Prof. Dr. jur. Michael Kirn, Universität der Bundeswehr,
Hamburg
Dr. med. Maria Marcovich, Wien
Prof. Dr med. Peter Petersen, Medizinische Hochschule,
Hannover
Dr. rer. nat. Wolfgang Schad, Universität Witten-Herdecke
Jürgen in der Schmitten, Universität Düsseldorf
Dr. med. Jürgen Schürholz, Filderklinik Stuttgart
Markus Treichler, Filderklinik Stuttgart
Elisabeth Wellendorf, Hannover

Wenn ich von liberalen Ideen reden höre, so verwundere ich mich immer, wie die Menschen sich gern mit leeren Wortschällen hinhalten: eine Idee darf nicht liberal sein! Kräftig sei sie, tüchtig, in sich selbst abgeschlossen, damit sie den göttlichen Auftrag, produktiv zu sein, erfülle. Noch weniger darf der Begriff liberal sein; denn der hat einen ganz anderen Auftrag.

Wo man die Liberalität aber suchen muss, das ist in den Gesinnungen, und diese sind das lebendige Gemüt.

Gesinnungen aber sind selten liberal, weil die Gesinnung unmittelbar aus der Person, ihren nächsten Beziehungen und Bedürfnissen hervorgeht.

Toleranz sollte eigentlich nur eine vorübergehende Gesinnung sein: sie muss zur Anerkennung führen. Dulden heißt beleidigen.

Die wahre Liberalität ist Anerkennung.

J. W. v. Goethe: Maximen und Reflexionen

Vorwort

Die Naturwissenschaft, ganz deutlich zu beobachten seit Descartes, hat sich zusehends dahingehend entwickelt, dass sie nur das als existent betrachtet, was zählbar, wiegbar und messbar ist. Nur auf dieser Grundlage sind objektive und wertneutrale Erkenntnisse zu gewinnen. Die Frage nach Werten wird in die Domäne der Geisteswissenschaft verwiesen.

Die Naturwissenschaft hat im technischen, aber auch im Bereich der biologischen Wissenschaft viel erreicht. Wir sind heute so weit, dass wir am Beginn des menschlichen Lebens eingreifen können (Genveränderungen, künstliche Befruchtung, Abtreibung), ebenso auf vielfältige Weise im Laufe der Biographie und vor allem auch am Lebensende. Damit besteht aber die große Gefahr der Verdinglichung, der Versachlichung des Menschen. Er wird wie ein Objekt betrachtet, mit dem operiert werden kann wie mit der nicht-menschlichen Natur.

Das Können und das Machbare sind ohne Zweifel beeindruckend! Aber: sollen, dürfen wir alles tun, was wir können, mit der Begründung, dass es möglich ist? Welche Gesichtspunkte gibt es dafür und dagegen? Wie können wir Orientierungshilfen entwickeln?

Die Naturwissenschaft ist den reduktionistischen Weg gegangen. Sie betrachtet, um etwas zu verstehen, immer das jeweils Kleinere – übrig geblieben sind Maß, Zahl und Gewicht, Methoden, die in Chemie und Physik ihre Berechtigung haben. Dies sind Beschreibungsqualitäten der Materie, somit entsteht das Primat der Materie über alles andere. Vordergründig gesehen ist das nichts Anrüchiges.

Wir dürfen aber nicht verkennen, dass es sich dabei bereits um eine folgenreiche Wert-Entscheidung handelt: Damit ist das Primat der Materie zementiert – alles andere wird dann nämlich folgerichtig als nicht wissenschaftlich, als nicht objektiv deklariert, ja sogar als nicht existent betrachtet.

Die Folge ist eine Trennung zwischen Naturwissenschaft und Geisteswissenschaft, zwischen angeblich objektiv und subjektiv, sowie eine vermeintliche Wertneutralität der Naturwissenschaft.

Damit ist aber eine weitere Trennung erreicht, nämlich die zwischen Naturwissenschaft und Ethik; Ethik ohne Werte ist nicht denkbar. Diese Trennung merkt jeder von uns – bewusst oder unbewusst: einerseits die Bewunderung gegenüber dem hochentwickelten Können der Menschheit und gleichzeitig das Unbehagen gegenüber der Frage, wie wir das einordnen oder bewerten können. Können wir die Folgen verantworten – wollen wir es? Ist es nicht vielmehr so, dass wir als Menschen Verantwortungs- und Werte-Träger sind? Ist menschliches Leben ohne Werte überhaupt möglich?

Die Entwicklung der Ethik des Abendlandes geht ganz deutlich den Weg hin zur individuellen Verantwortung, zur Individualethik. Das frühere »Du sollst« und »Du musst« trägt heute nicht mehr. Individuelle Verantwortung ist aber schwer und unbequem! Die Folgen erleben wir sehr direkt: hier der Naturwissenschaftler – der Physiker, der Biochemiker, der Arzt –, dort die Ethik-Kommission, die ihm die Entscheidung über die Wertung seiner Handlung abnimmt. Oft werden von außen verbindliche Regeln gefordert, zum Beispiel Gesetze, an die man sich halten kann, um ja nichts Falsches oder Verbotenes zu machen – die Verantwortung wird somit an eine anonyme Autorität abgegeben.

Kann und darf sich aber der Mensch von seiner Verantwortung überhaupt trennen und befreien?

Auch Würde hat damit zu tun, dass der Mensch für sein Tun, für seine Taten verantwortlich ist und bleibt, in Vergangenheit, Gegenwart und nach der neueren ethischen Literatur auch bis in die Zukunft hinein.

Eine der vielen Folgen der skizzierten Trennungen ist die

sogenannte Technik-Folge-Abschätzung: Zunächst wird etwas in die Welt gesetzt mit dem Anspruch der Wertneutralität. Andere Wissenschaftler sollen dann versuchen, welche Auswirkungen diese Handlung haben könnte oder hat. Auch diese Haltung ist im Grunde eine systematisierte Trennung von Handlung und Verantwortung – eine Trennung, die aber inhaltlich nicht konsistent ist! Dieses Problem wird häufig so umgangen, dass ethische Fragen auf einer organisatorischen Ebene gelöst werden sollen – oder schlimmer: auf einer finanziellen!

Im Sinne des ethischen Individualismus[1] ist zu fragen, wie der Einzelne Sicherheit für sein Handeln bekommt. Wie kann er sein Tun verantworten und beurteilen? Wie können wir die Diskrepanz zwischen der intellektuellen und der moralischen Entwicklung des einzelnen Menschen und der Menschheit überwinden?

»Obwohl sich durch die Anwendung der reduktionistischen Methode die Macht des Menschen über die Natur ständig vergrößert, lassen sich aus dem ›wertfreien‹ Wissen, das diese Methode hervorbringt, keine Richtlinien für die Anwendung dieser Macht ableiten.«[2]

In vielen Diskussionen erleben wir heute eine Werte-Leere. Das Alte trägt nicht mehr, scheint sogar hinderlich im Hinblick auf das Machbare zu sein. Alles wird aber auch hinterfragt, so zum Beispiel: »Ab wann ist der Mensch ein Mensch?«[3] Jeder muss seinen Standpunkt neu erringen und begründen. Dabei tritt das nächste Problem auf: In einer pluralistischen Gesellschaft treffen wir meist auf einen unverbindlichen Relativismus, es herrscht Angst vor klaren Positionen, die mit Indoktrinationen verwechselt werden. Die Identifikation mit klaren Positionen bedeutet eine innere Verbindlichkeit. Sie hat mit der Identität des Individuums zu tun, sie ist eine Ich-Qualität. Es ist dies ein typisches Problem des heutigen Menschen, der Angst vor sich selber hat.

Gibt es Toleranz ohne klare Position? Toleranz scheint mir

nur aus klaren Positionen heraus möglich, im Respekt der anderen Persönlichkeit. Gibt es überhaupt so etwas wie eine weltanschauliche Neutralität des Einzelnen? Beim einzelnen Individuum sicher nicht, beim Staat ist dies ein anderes Problem. Der so oft gepflegte Relativismus (angebliche Neutralität) erinnert politisch an schweigende Mehrheiten – in der Werte-Diskussion bedingt dies eine kulturelle Nivellierung nach unten!

Das ist in aller Kürze der geistesgeschichtliche Hintergrund, der mich nach vielfältiger Beschäftigung mit diesen Fragen dazu geführt hat, die »Stuttgarter Gespräche« ins Leben zu rufen. Sie wollen ein Beitrag sein zu einer konstruktiven Gesprächskultur, und sie wollen die Frage der Werte bewegen. Gemeinsam wollen wir ringen um Standpunkte, die aus einer phänomenologischen Erkenntnis des Menschen herrühren.

In vielen öffentlichen Tagungen ist erlebbar, dass eine vertiefende Diskussion kaum möglich ist allein durch die Anwesenheit vieler Menschen. Deshalb bestand – so positiv solche Tagungen auch sind – das Bedürfnis, die »Stuttgarter Gespräche« in einem kleinen Kreis von Menschen zu führen, um sich konzentriert an einem Wochenende einem Thema widmen zu können.

Die Vorträge und Gespräche sind auf Band aufgenommen worden; nach entsprechender Umarbeitung werden die Beiträge nun in Buchform dem interessierten Leser zur Verfügung gestellt.

Die »Stuttgarter Gespräche« zu aktuellen Themen sollen in loser Folge weitergeführt werden. Möge diese Form des geistigen Ringens ihren kulturellen Beitrag leisten!

Ich möchte mich bei Herrn Hechler und bei Herrn Treichler ganz herzlich bedanken für Anregungen, Hilfen und Unterstützung bei der Gestaltung und Durchführung der Tagung. Mein besonders herzlicher Dank geht an die Teilnehmer selbst, die mit ihrem Beitrag das Gelingen dieser Veranstaltung ermöglicht haben.

Ich bedanke mich beim Verlag für die hervorragende Zusammenarbeit sowie bei den vielen Mitarbeitern im Nikolaus-Cusanus-Haus, ganz besonders bei Herrn H. Bollinger, die uns herzlich und unkompliziert mit offenen Armen empfangen haben: Dort konnte die Tagung in einer hervorragenden Atmosphäre stattfinden.

Herr Robert Spaemann hatte sich bereit erklärt, das Thema zu übernehmen: Sind alle Menschen Personen? Durch Erkrankung war es ihm jedoch nicht möglich, die Gespräche mitzugestalten.

Ich freue mich daher außerordentlich, das gleichnamige Kapitel aus seinem Buch »Personen« übernehmen zu können. Dafür sei Herrn Spaemann und dem Verlag Klett-Cotta ganz herzlich gedankt.

Zum Schluss ein Dank an alle Sponsoren, die durch ihre Hilfe die Durchführung der Tagung ermöglicht haben; sie sind an gesonderter Stelle einzeln aufgeführt.

Stuttgart, im April 1997   *Paolo Bavastro*

Die Würde des Menschen

Rolf Gröschner

Ich werde mein Thema »Die Würde des Menschen« aus verfassungsrechtlicher und rechtsphilosophischer Perspektive betrachten, wobei rechtsphilosophisch zu dogmenphilosophisch zu präzisieren sein wird. Was ist der Inhalt des Artikel 1 Abs. 1 Satz 1 des Grundgesetzes: »Die Würde des Menschen ist unantastbar«? So einfach dieser Satz in seiner grammatikalischen Struktur ist, so schwer ist sein juristischer Gehalt zu bestimmen; der erste Satz unserer Verfassung ist gewiss auch der schwierigste.

Ich möchte deshalb zunächst Fragen zum Text des Artikel 1 Abs. 1 Satz 1 des Grundgesetzes stellen. Fraglich ist schon, ob die Satzaussage – »ist unantastbar« – deskriptiv oder präskriptiv zu verstehen ist. Vom Wortlaut her – und es ist auch hermeneutisch vom Wortlaut auszugehen – handelt es sich um einen deskriptiven Satz, um einen Aussagesatz, der formuliert: Etwas *ist* unantastbar, etwa so, wie manche Träume, wie wir alle wissen, unrealisierbar sind. Natürlich steht dieser erste Satz im System einer Verfassung, also einer normativen, rechtsnormativen Ordnung. Deshalb könnte er auch präskriptiv, nicht beschreibend, sondern vorschreibend zu verstehen sein, wie etwa Artikel 20 Abs. 1 Satz 1 Grundgesetz: »Die Bundesrepublik Deutschland ist ein demokratischer und sozialer Bundesstaat«, unstreitig heißt, sie *soll* ein solcher Staat sein von Verfassung wegen. Nur Satz 1 ist nicht irgendein Satz der Verfassung, sondern eben der erste. Deswegen glaube ich, mit Präskription ist hier nichts gewonnen. Der Begriff Würde ist natürlich sehr unbestimmt. Fraglich ist, ob wir der herrschenden Meinung und der Rechtsprechung folgen können, dass wir in diesem Begriff einen Tatbestandsbegriff einer Norm sehen, unter den subsumiert werden kann wie unter andere Tatbestandsbegriffe auch, dass wir Würde nur fallbezogen verstehen, und zwar als Verbot der bloßen Behandlung des Menschen als Objekt, der Herabwürdigung des Menschen zum Objekt, wie in der sogenannten Objektformel von Günther Dürig formuliert. Die Tradition dieser Objektformel wird in diesem Kreise auch klar sein, natürlich ist hier der kategorische Imperativ Kants präzisiert worden. Für mich ist die Frage, ob der erste Satz des Grundgesetzes in dieser Weise auf Fälle bezogen werden darf oder ob er nicht eine ganz andere, für das System des Grundgesetzes konstitutive Bedeutung hat. Ebenso frage ich: Was ist *Würde* des Menschen? Brauchen wir, um diesen Zusatz – *Würde des Menschen* – zu bestimmen, eine elaborierte Anthropologie? Im Übrigen sieht man schon in der Verbindung »Würde des Menschen«, dass die kantische Interpretation des Satzes philosophisch unzulässig ist. Kant spricht in seiner gesamten Metaphysik der Sitten zwar von Würde, niemals aber von Würde des Menschen, weil er die Würde aller Vernunftwesen meint, natürlich einschließlich Gott.

Nach diesen Fragen versuche ich nun, Ihnen Antworten einer Dogmenphilosophie des ersten Satzes des Grundgesetzes zu geben. Dogmenphilosophie ist mein Begriff für eine Philosophie, die nicht als systematische Rechtsphilosophie antritt, also nicht etwa wie die Philosophie des Rechts in den großen Systemen Kants und Hegels, sondern als eine Philosophie, die dogmatische Defizite des Grundgesetzes zum Anlass nimmt, um den Gehalt von Begriffen zu bestimmen, wie den der Würde, der sich nicht aus verfassungsrechtlicher Interpretation unmittelbar erschließt. Das ist ein Parallelbegriff zum geläufigen Begriff der Dogmengeschichte. Alle Rechtsinstitute sind historisch gewachsen. Die Frage ist: Wie ist in der Rechtsgeschichte ein bestimmter Gehalt in diese Institute sozusagen hineingewachsen? Das ist die Dogmengeschichte. Betrachten wir nun aber dogmengeschichtlich gewordene Begriffe: Auch Würde ist ein geschichtlich gewordener Begriff; er kann nur aus der Situation des Jahres 1949 mit Inhalt versehen werden. Wenn wir uns aber nicht auf Dogmengeschichte beschränken, sondern wirklich den philosophischen Gehalt solcher Begriffe ergründen wollen, dann brauchen wir eben auch eine philosophische Kompetenz. Wir müssen dann sehen, welche philosophischen Systeme diese Begriffe bestimmt haben, und vor allem die Frage stellen, ob diese Systeme mit der grundgesetzlichen Ordnung vereinbar sind. In dieser Hinsicht meine ich: Artikel 1 Abs. 1 Satz 1 des Grundgesetzes ist kein präskriptiver Satz, ist kein Satz, unter den man subsumieren kann, sondern ist Konstitutionsprinzip des Grundgesetzes. Also auch nicht Verfassungsprinzip wie Kulturstaat, Rechtsstaat, Demokratie, Republik, Bundesstaat und Umweltstaat, sondern ein diese Prinzipien fundierender Satz, und zwar ein deskriptiver Satz. Er ist so gemeint, wie er formuliert ist. Er ist ein Aussagesatz. Er ist nämlich derjenige Satz, auf den das Grundgesetz sich mit einer basalen Setzung bezieht. Diese basale Setzung – man könnte auch sagen: ein assumptives Axiom, ein Begriff von Leibniz – ist nicht anthropologisch, sondern wesentlich schwächer. Ich schlage vor, zu sagen: Es ist eine anthropische These. Anthropisch soll heißen – der Begriff wird in der Naturwissenschaft auch gebraucht, ich verwende ihn aber in einem anderen Sinne – nicht anthropologisch, also nicht elaboriert, ausgearbeitet, sondern schlicht auf eine Communis Opinio gestützt, die seit dem Beginn der Neuzeit uns heute noch sagt, was Würde des Menschen bedeutet.

Wir müssen also zurück bis Pico della Mirandola, der repräsentativ ist für eine renaissancetypische Dignitas Hominis-Literatur. Es gibt an der Wende zum 16. Jahrhundert (Pico wurde publiziert 1496) eine Fülle von Abhandlungen und Traktaten de Dignitate Hominis, die die vorhergehende mittelalterliche Miseria Hominis-Literatur ablösen. Dieses Selbstbewusstsein am Beginn der Neuzeit, der Renaissance, die Besinnung auf die schöpferischen Kräfte des Menschen, der Ausbruch aus der Befangenheit in den klerikalen Ordnungen des Mittelalters, kommt ganz plastisch bei Pico zum Ausdruck in einer wunderbaren Formel, dem schönsten »Hendiadyoin«, den ich kenne, neben Stecken und Stab, Haus und Hof, Hab und Gut. Der Mensch sei, sagt Pico dort – er legt das Adam in den Mund in einem fiktiven Gespräch mit dem höchsten Schöpfer –, der Mensch sei plastes et fictor: es wird ein und dasselbe durch zwei Wörter ausgedrückt, schöpferischer Bildhauer, bildnerischer Gestalter seines eigenen Lebens. Ich schlage dafür den Begriff »Entwurfsvermögen« vor. Der Mensch hat das Vermögen, sein Leben nach eigenem Entwurf zu gestalten. Wichtig ist nun, dass Würde des Menschen im System des Grundgesetzes im Sinne dieser anthropischen These nicht ein Faktum beschreibt und auch nicht auf empirische Personen abstellt, sondern die reine Potentialität meint, nämlich: *Entwurfsvermögen.* Dieses Entwurfsvermögen wird den Menschen im ersten Satz des Grundgesetzes prädikativ zugesprochen. Wer Mensch ist, hat per definitionem seit Beginn der Neuzeit, nach der Auffassung der Grundgesetzeltern, Entwurfsvermögen. Es kommt nicht darauf an, ob und wie er dieses Vermögen durch empirische Fähigkeiten, Entwicklung von Gehirn, Aneignung bestimmter Fähigkeiten, mit denen er sich dann als Person von anderen unterscheidet und zum Individuum wird, realisiert. Darauf kommt es nicht an! Selbst der Anencephalus hat nach dieser Lage und Definition selbstverständlich Würde. Es gibt nach dieser Konzeption kein unwürdiges menschliches Leben.

Wenn Sie nun hören, ein Interpret des Grundgesetzes geht bis an den Beginn der Neuzeit zurück, um zu behaupten, man brauche den philosophischen Gehalt dieser Literatur, repräsentiert durch Pico, um den ersten Satz des Grundgesetzes zu interpretieren, dann werden Sie natürlich legitim fragen, wo es Anhaltspunkte in der Entwicklungsgeschichte des Grundgesetzes und im System des Grundgesetzes selbst für diese Interpretation gibt. Ich meine, es gibt sehr gute Anhaltspunkte. Im Parlamentarischen Rat hat einer der Verfassungsväter, später erster Bundespräsident der Bundesrepublik Deutschland, Theodor Heuss, formuliert: Menschenwürde ist eine, so wörtlich, »nicht interpretierte These«. Heuss war ein strenger Denker und Formulierer (gerade auch im Parlamentarischen Rat, wie die Protokolle beweisen): erstens eine These, zweitens nicht interpretiert! Diese *These* hat das Grundgesetz eben deshalb formuliert, weil sich in den Beratungen des Parlamentarischen Rates gerade in den Weltanschauungsfragen einer Grundlegung der Verfassung kein Konsens erzielen ließ. Allein die Frage des christlichen Menschenbildes war so umstritten, dass man sich auf einen Kompromiss (typisch für Verfassungsgebung und Gesetzgebung) geeinigt hat. Der Kompromiss war möglich geworden dadurch, dass man eben nicht denjenigen, der eine andere ausgearbeitete Anthropologie vertrat, sozusagen in die Ecke drückte, sondern sich einigte, tethisch, gesetzt, wir gehen davon aus. Dazu gibt es eine wunderbare Tradition: bekanntlich beginnt die amerikanische Unabhängigkeitserklärung mit dem Satz: »We hold these truths to be self evident.« Wir halten dafür, wir gehen davon aus, wir wissen nicht, was der Mensch und seine Würde ist. Wir brauchen das aber auch nicht exakt zu wissen, um uns eine Verfassung zu geben. Es genügt uns dieser Konsens, der seit dem Beginn der Neuzeit noch immer trägt. Wir sprechen den Menschen etwas zu, von dem jeder für sich in etwa weiß, was es bedeutet. Wir Menschen gestalten unser Leben selbst. Wir haben die Fähigkeit dazu: Entwurfsvermögen. Die These also, meine ich, ist ernst zu nehmen: thetisches, zugesprochenes, axiomatisch gesetztes Entwurfsvermögen lässt sich aus der Entstehungsgeschichte des Grundgesetzes begründen.

Zweiter Teil dieser Heuss'schen Formel: eine *nicht interpretierte* These. Nicht interpretiert ist sie zwingend auch im System des Grundgesetzes. Denn Artikel 4 des Grundgesetzes enthält ja nicht nur Glaubensfreiheit, Gewissensfreiheit, das Recht der eigenen Weltanschauung als subjektives Grundrecht – private Metaphysik für jeden, das ist geschützt –, sondern in objektiv-rechtlicher Dimension auch die weltanschauliche Neutralität des Staates. Derjenige Staat, der alle privaten Metaphysiken, alle vertretenen (vertretbar darf man nicht sagen, denn er hat kein Zensurrecht) Weltanschauungen schützen will, kann selbst nicht Vertreter einer dieser Anschauungen sein.

Ich darf ein Beispiel nennen: Das zu Unrecht berüchtigte, nämlich richtig verstandene Kruzifix-Urteil macht deutlich, dass eine weltanschauliche Neutralität des Staates nur möglich ist, wenn sich der Staat mit keiner Weltanschauung, auch nicht der christlichen, identifiziert, weil er sonst entgegenstehende Weltanschauungen nicht schützen kann. Also, die weltanschauliche Neutralität aus Artikel 4 des Grundgesetzes bedeutet in unserem Thema philosophische Neutralität des Staates in staatlichen und rechtlichen Fragen. Auch die kantische Ethik darf von Staats wegen nicht verbindlich gemacht werden. Die Auszahlung einer Sozialhilfeleistung kann nicht von einer Erklärung des Empfängers abhängig gemacht werden, dass er im Sinne der kantischen Ethik als moralisches Wesen entsprechend mit dieser Zahlung verfahren und sie nicht in Alkohol anlegen wird.

Deshalb lege ich größten Wert darauf, dass die bloß thetische Setzung auch uninterpretiert bleiben muss im Sinne der Nicht-Identifikation des Staates mit einer Philosophie. Die Pico-Philosophie ist – wenn sie denn überhaupt Philosophie in einem strengen Sinne ist (im Sinne der systematischen Philosophie ist sie gar keine Philosophie) weit genug, um alle Weltanschauungen, die heute vertreten werden, mit zu umfassen. Das ist ihr großer Vorteil. Sie ist nicht so weit, dass sie nicht etwas aussagt, das heißt, wir haben jetzt nicht einen völlig unbestimmten ersten Satz unserer Verfassung, sondern einen durchaus aus der Tradition der Neuzeit bestimmten, aber nicht philosophisch-anthropologisch festgelegten Satz, deshalb: »anthropische These«.

Die Frage lautet nun: Wenn diese These Konstitutionsprinzip, Basisprinzip, Bauprinzip, Konstruktionsprinzip des Grundgesetzes ist, hat dieser Satz dann überhaupt eine Bedeutung für Einzelfälle? Die Antwort ist klar: Keine unmittelbare. Ich finde das sehr wichtig im Zusammenhang unserer Diskussion. Aus diesem ersten Satz des Grundgesetzes kann direkt keine bestimmte rechtliche oder politische Lösung gefolgert werden, wenn Sie meiner Interpretation, für die ich hier Gründe vortrage, folgen. Dadurch werden Kryptoargumente ausgeschlossen: Wenn man nämlich mit Menschenwürde alles begründen kann, dann kann man nichts wirklich damit begründen. Das ist meine Position. Man kann mit Menschenwürde im Sinne des Grundgesetzes allein nichts juristisch begründen. Gleichwohl ist dieser erste Satz – einer der schwierigsten Sätze des Grundgesetzes – von eminenter Bedeutung für die Diskussion von Einzelfällen, aber nicht unvermittelt, sondern vermittelt über die Bedeutung des Entwurfsvermögens für Grundrechte und für Verfassungsprinzipien.

Betrachten wir menschliche Bedingungen der Enthaltung von Entwurfsvermögen oder Entwurfsbedingungen. Da dieses Entwurfsvermögen im reinen Potential besteht, also nicht an empirische Substrate gebunden ist, ist es zunächst rechtlich irrelevant, denn alles Recht findet statt zwischen empirischen

Personen als Träger von Rechten und Pflichten in konkreten
Lebensverhältnissen, in konkreten Konflikten, die von Rechts
wegen der Lösung bedürfen. Wie kann man nun diese Vermitt-
lung zwischen der nichtempirischen Dimension des Entwurfsvermögens und der Empirie konstruieren – nicht empirisch
heißt nicht notwendig transzendental im kantischen Sinne;
kein Kantianer ist daran gehindert zu fragen, ob dieses Entwurfsvermögen mit Autonomie im Sinne Kants vereinbar ist;
es ist vereinbar! Aber es darf von Staats wegen nicht kantisch
interpretiert werden. Also: wie ist dieses nichtempirische Entwurfsvermögen zu vermitteln mit empirischen Fähigkeiten
wirklich lebender Menschen? Entwurfsbedingungen sind empirische Bedingungen. Entwurfsvermögen zu achten und zu
schützen ist Verpflichtung aller staatlichen Gewalt. Das ist nun
wörtlich Artikel 1 Abs. 1 Satz 2 des Grundgesetzes. Nur habe
ich mir erlaubt, sie zu achten und zu schützen, ist Verpflichtung
aller staatlichen »Gewalt«, nämlich sie, die Würde zu achten
und zu schützen ist Verpflichtung aller staatlichen Gewalt,
umzuformulieren, indem ich die Würde mit meiner Konzeption, nämlich mit Entwurfsvermögen umschreibe: Also, ich hoffe, eine möglichst nahe am Text des Grundgesetzes bleibende
Auslegung gebracht zu haben. Entwurfsvermögen zu achten
und zu schützen ist Verpflichtung aller staatlichen Gewalt. Das
bedeutet nun erstens, dass es staatliche Pflichten zur Gewährleistung von Entwurfsbedingungen gibt, denn das Entwurfsvermögen kann der Staat nicht garantieren. Er erkennt es an, er
spricht es zu.

Damit Entwurfsvermögen sich entfalten kann, müssen bestimmte Bedingungen erfüllt sein: die kulturstaatlichen Bedingungen. Das ist eine wichtiges Ergebnis meiner Forschungen
zu Menschenwürde und Sepulkral-Kultur; in einer kleinen
Monographie habe ich zum ersten Mal diese enge Verbindung
von Menschenwürde und Kulturstaat zu begründen versucht.
Der Kulturstaat ist leider im Grundgesetz nicht expressis ver-
bis genannt, gleichwohl ist er vom System her gesehen das

erste Prinzip, denn Kultur ist nichts anderes als das Reservoir von Entwürfen. Wir Menschen entfalten unser Entwurfsvermögen doch nicht solipsistisch, jeder für sich, sondern aneinander und selbstverständlich an anderen Entwürfen. Und das Vorhandensein von Entwürfen, von Lebensformen, ist natürlich Kennzeichen einer Kultur. Der abendländische Kulturkreis hat etwas Zirkelhaftes, Abgeschlossenes, also dieser Kulturbegriff ist eo epso philosophisch schon multikulturell: alle in einer bestimmten Zeit und geographischen Lage vertretenen, vorhandenen Entwürfe gehören zu dieser Kultur. Und der Kulturstaat hat diese tatsächlich praktizierten und gelebten Entwürfe zu achten und zu schützen.

Es ist eine weitere Differenzierung zwischen »achten« und »schützen« notwendig. Nach herrschender Meinung heißt achten, er darf selbst nicht eingreifen in diese kulturellen Bedingungen, und schützen, er muss sich vor Angriffe anderer stellen, diese Angriffe anderer abwehren. Ich habe vorgeschlagen noch zu differenzieren: Achten muss er jeden, auch einen extremen Minderheitsentwurf; schützen muss er die zu sozialen Normen geronnenen Entwürfe.

Am Beispiel der Sepulkral-Kultur: Wenn wir in einer relevanten Mehrheit, das muss nicht die Zählmehrheit sein, bestimmte Bestattungsgebräuche noch aufrechterhalten wollen, dann ist der Staat, der Gesetzgeber gehalten, das auch zu schützen. Ich meine, dass die schlichte Verbrennung von Leichen als Abfall kulturstaatswidrig in diesem Sinne ist. Das wäre die Schutzpflicht, sich vor die Privatisierung durch den Gesetzgeber zu stellen aus Kulturstaatsgründen, nicht aus Gründen der postmortalen Menschenwürde des Leichnams. Dass der Leichnam kein Entwurfsvermögen, nicht einmal mehr als Vermögen hat, dürfte feststehen. Es ist eben eine Frage der Kultur, wie die Lebenden mit den Toten umgehen: Sepulkral-Kultur. Das ist das Kulturstaatsprinzip, unmittelbar auf Artikel 1 Abs. 1 Satz 1 gestützt, aber nicht, ich wiederhole das bewusst, nicht in der Weise, dass wir aus Satz 1 deduzieren könnten, sondern wir müssen begründen, wie der Kulturstaat mit Würde, nämlich Herstellung von Entwurfsbedingungen, verbunden ist. Und dann kann man über Kulturstaat reden und argumentieren. Und im Recht sind immer mindestens zwei Meinungen vertretbar. Sie müssen sich nur argumentativ stützen auf den Verfassungstext, hier auf das Prinzip Kulturstaat.

Die folgenden Verfassungsprinzipien: Republik, Rechtsstaat, Demokratie, Sozialstaat und Umweltstaat möchte ich skizzenhaft erläutern, das wäre natürlich ein Thema für einen eigenen Vortrag, was nun Republik heißt. Nach herrschender Staatsrechtslehre nichts als Monarchieverbot darunter zu verstehen, ist eine nicht mehr ernst zu nehmende Lehre; denn mit dem Monarchieverbot, zum ersten Mal deutlich artikuliert am 9. November 1918, verkündet Philipp Scheidemann von der Terrasse des Reichstags in Berlin die Republik mit den Worten: »Die Hohenzollern haben abgedankt«, und weiter: »Es lebe die deutsche Republik«. – Die Abdankung der Hohenzollern war eben nicht nur der Übergang von der Monarchie zur Republik, sondern die Delegitimation des entsprechenden Herrschaftsmodells, das heißt das Gottesgnadentum des Heiligen Römischen Reiches Deutscher Nation, die Erbdynastie der deutschen Kaiser war delegitimiert. Das ist Republik. Republik heißt selbstgestaltete Ordnung. Hier wiederum nicht notwendig im kantischen Sinne, in staatlichen Zusammenhängen nicht rein kantianisch gemeint. Natürlich hat Kant diesen Gehalt der Republik am besten im Entwurf »Zum ewigen Frieden« ausgearbeitet. Das ist eine von mir hochgeachtete Konzeption, sie ist aber verfassungsrechtlich nicht verbindlich. Republik heißt also Verbot jeder staatlichen Herrschaftsbegründung, besser Verbot jeder Begründung staatlicher Herrschaft auf der Grundlage solcher Modelle wie Gottesgnadentum und Erbdynastie; und nach 1949 muss man sagen: Verbot des Führertums einer Person; seit dem 3. Oktober 1990 Verbot des Führertums einer Einheitspartei. Die DDR war in diesem Sinne eindeutig keine Republik. Das ist das Republikprinzip.

Für unser Thema bedeutet Republik nun die Anerkennung der Personalität des Menschen. Personalität ist hier gemeint im Rechtssinne. Der Personenbegriff von Herrn Spaemann liefert hierzu die philosophische Fundierung. Personen im Rechtssinne sind Träger von Rechten und Pflichten. Und eine selbstgestaltete Ordnung, und nichts anders heißt Republik, bedarf der selbstständigen Träger von Rechten und Pflichten. Also ist Republik Metaphysik-Verbot und gleichzeitig Begründung der Personalität, nämlich derjenigen Träger, die diese Republik selbst gestalten. Rechtsstaatsprinzip bedeutet im Sinne des Artikel 1 Abs. 1 Satz 2 Grundgesetz, Achtung und Schutz von Personen als Trägern von, jetzt schon spezifischen Rechten, nämlich Abwehrrechten. In dieser rechtsstaatlichen Tradition sind Grundrechte Abwehrrechte gegen alle staatliche Gewalt. Hier zieht sich der Bourgeois in den Schutzbereich seiner Abwehrrechte zurück – my home is my castle usw. – Mit dieser bourgeoisen Position ist kein Staat zu machen. Die Republik erkennt auch den Rückzug aus der politischen Verantwortung an, durch Grundrechte. Es gibt ein Recht auf Privatheit, es gibt ein Recht auf Privat-Metaphysik, mit der man keinen Staat gestalten kann. Wir sind Republikaner, das heißt, wir wollen unsere Ordnung selbst gestalten.

Rechtsstaat, verbunden mit Artikel 1, ist der Staat, der die Entwürfe seiner bourgeoisen Grundrechtsträger achtet und schützt. Demokratieprinzip, und das ist die aktive Form des Grundrechtsgebrauchs, bedeutet Achtung und Schutz von Personen als Träger von demokratischen Mitwirkungsrechten. Der Citoyen, der sich eben nicht in seinen Eigenbereich zurückzieht, sondern Gebrauch von Grundrechten macht wie Artikel 5 (Meinungsfreiheit), Artikel 8 (Versammlungsfreiheit), Artikel 9 (Vereinigungsfreiheit), Artikel 21 (Parteien), der sich also durch Parteigründung beispielsweise aktiv an der Gestaltung der Ordnung beteiligt, das ist der Citoyen, das ist das Demokratieprinzip.

Es wäre nun verfassungsrechtlich bedeutsam, die Beziehung

zwischen Demokratie und Republik zu erörtern, aber das soll nicht unser Thema sein. Demokratie sind die fundamentalen Verfahren der Legitimation staatlicher Herrschaft. Aber es bleiben Verfahren. Was in den Verfahren als Inhalt vertreten werden kann, das sagt die Republik, da bin ich Anhänger Rousseaus. Der Einzelne darf nicht im republikanischen Verfahren, etwa im Gesetzgebungsverfahren, partikulare Privatinteressen vertreten, sondern er muss immer aufs Ganze sehen, ohne zu wissen, was dieses Ganze, genannt Gemeinwohl, als solches bedeutet. Er konstituiert es erst nach Maßgabe einer rein negativen Bestimmung: absehen von partikularen Privatinteressen. In der Debatte um Schwangerschaftsabbruch, Hirntodkriterium und Organentnahmen ist das beispielsweise ein Kriterium, um zu sehen, ob und wo Partikularinteressen vertreten werden. Im andern Falle wäre das unrepublikanisch, um es ganz scharf zu sagen, sogar verfassungswidrig. Wo mit Kirchenglocken in das Gewissen der Abgeordneten geläutet wird, während diese über die Regelung der Abtreibung debattieren, wird ein Bruch der Verfassung begangen.

Der Sozialstaat gewährleistet die allgemeinen Voraussetzungen zum Gebrauch der Freiheitsgrundrechte. Das ist der Begriff der realen Freiheit: Hermann Heller, Konrad Hesse sind Vertreter einer Tradition, die im Übrigen noch weiter zurückreicht. Der Sozialstaat ist nicht der Antagonist des Rechtsstaates, Sozialstaatlichkeit und Freiheitlichkeit gehen sehr schön zusammen. Ein Beispiel: Artikel 13 des Grundgesetzes: die Wohnung ist unverletzlich; rechtlich ist das wunderbar – wer eine Wohnung hat, kann sich in sie zurückziehen; wer keine hat, für den muss der Staat sorgen, indem er die allgemeinen Voraussetzungen durch Wohnungspolitik schafft, dass Wohnraum zu vernünftigen Preisen auch auf dem Markt angeboten wird. Sozialstaat bedeutet Gewährleistung allgemeiner Voraussetzungen der Freiheitsgrundrechte, weil die Freiheitsgrundrechte ohne die Möglichkeit ihres Gebrauches juristisch völlig wertlos sind. Ebenso ist es im Umweltstaat, Artikel 20 a: das sind die ökologischen Voraussetzungen des Gebrauchs der Freiheitsgrundrechte: Wenn wir beispielsweise dereinst nicht mehr werden fischen können – dann sind eben die Freiheitsrechte der Fischer obsolet geworden.

Ich möchte nun auf den nächsten Punkt zu sprechen kommen: Gesetzgeberische Abwicklungsgebote zur Gewährleistung optimaler Entwurfsbedingungen – die Nichtjuristen mögen mir nachsehen, dass das alles etwas recht technisch klingt, aber wir müssen bei schwierigen politischen Fragen darauf achten, dass das Handwerkszeug der Juristen ordentlich gebraucht wird. Und dazu muss ich den Nichtjuristen eben ein bisschen Handwerk nahezubringen versuchen. Grundrechte sind einmal subjektive Rechte, die haben wir kennengelernt, subjektive Rechte auf Abwehr staatlicher Gewalt (Bourgeois), subjektive Rechte auf Mitwirkung zur Gestaltung der Ordnung (Citoyen), aber sie sind auch objektive Prinzipien, wie vorhin bei der Glaubensfreiheit schon betont. Nicht nur hat jeder Mensch das Recht, seinen Glauben zu haben und zu leben, sondern der Staat ist wegen der Vielzahl der Freiheitsgrundrechte, die sich addieren, gehalten, objektiv Glaubensfreiheit zu achten und zu schützen. Das ist die objektive Dimension der Grundrechte.

Robert Alexy hat in einem wirklich bemerkenswerten Ansatz dies zurückgeführt auf den Unterschied zwischen Regeln und Prinzipien. Grundrechte als subjektive Rechte haben Regelcharakter und in der objektiven Dimension Prinzipiencharakter. Prinzipien sind Optimierungsgebote, das heißt ein Verfassungsprinzip fordert die Herstellung der bestmöglichen Bedingungen. Und wenn wir alles auf Entwurfsbedingungen stützen, dann ist der Staat durch Prinzipien, und zwar durch die echten Verfassungsprinzipien und durch Grundrechte, die sich auch zu Prinzipien addieren, gehalten, Entwurfsbedingungen bestmöglich zu achten und zu schützen. Bestmöglich heißt natürlich relativ auf die tatsächlichen Möglichkeiten und relativ auf die rechtlichen Gegebenheiten. Es führt ja immer, in jedem

Fall, zu Prinzipienkollisionen, wenn abzuwägen ist. Wir werden uns dann ja der Fälle Schwangerschaftsabbruch und Organentnahme annehmen. Klar ist, dass diese Fälle nicht aus einem Prinzip deduktiv zu lösen sind, sondern dass wie immer in der Jurisprudenz die Waage der Justitia mindestens zwei Waagschalen hat, die in ein Gleichgewicht gebracht werden müssen.

Und dazu gibt es handwerkliche Regeln, nämlich die Herstellung praktischer Konkordanz; dieser Begriff, von Konrad Hesse geprägt, ist in der Rechtsprechung völlig unstreitig maßgebliches Kriterium für die Lösung von Prinzipienkollisionen. Wenn etwa der Rechtsstaat mit dem Umweltstaat kollidiert: Der Rechtsstaat als derjenige Staat, der Freiheitsgrundrechte von Unternehmern (Artikel 12 Berufsfreiheit) optimal zu gewährleisten hat, auf der einen Seite, und der Umweltstaat, der saubere Gewässer, einen sauberen Rhein trotz der chemischen Großindustrie zu gewährleisten hat. Es handelt sich um einen Konflikt zwischen Prinzipien. Einerseits leben wir in einem Staat der Industriegesellschaft, und wir leben relativ gut in diesem Staat. Also können wir nicht die Unternehmerfreiheit durch Ökologie vernachlässigen. Andererseits aber sehen wir, was Unternehmerfreiheit bewirkt hat an Umweltschäden. Also muss es einen Ausgleich geben, und praktische Konkordanz sagt nun, es ist ein Ausgleich, der bitte nicht nach dem teleologischen Prinzip von fixen Zwecken und variablen Mitteln gestaltet werden muss, sondern, so sage ich, nach dem dialogischen Prinzip: Es müssen die Argumente für beide Seiten auf die Waage gelegt werden, und es muss beiden Seiten die Möglichkeit gegeben werden, nach ihren Argumenten bestmöglich ihre Position zu vertreten. Dies muss sich in einem Gesetz, das den Ausgleich bewirkt, abzeichnen, es muss sichtbar werden, dass beide Positionen möglichst gut repräsentiert werden. Die Fehlvorstellung, leider auf dem gesamten Gebiet der sogenannten Eingriffs-Verwaltung, ist die, dass die Verwaltung bestimmte Zwecke hat, und sie kann nun in der Auswahl der

Mittel und im Gebrauch der Mittel variieren: das ist das falsche Modell. Deswegen vertrete ich eine Rechtsverhältnisdogmatik: es gibt Recht nur in Rechtsverhältnissen. Und in Rechtsverhältnissen werden Positionen von Personen vertreten, von Trägern von Rechten und Pflichten, also kollidieren immer Rechte mit Rechten anderer, Pflichten mit Pflichten anderer, Schutzpflichten des Staates aus kollidierenden Prinzipien.

Es ist schwierig, mit Recht umzugehen. Das Recht ist kompliziert in aller Regel nur deshalb, weil die Lebensverhältnisse so kompliziert sind. Es gibt Wildwuchs, wir haben zu viele Regelungen, aber in unserem Bereich ist die Kompliziertheit der Abwägungen nichts als der Ausdruck der komplizierten Lebensverhältnisse und der auf dem Spiel stehenden rechtlich geschützten Interessen.

Nun, welche medizinrechtlichen Konsequenzen ergeben sich aus der Konzeption des Entwurfsvermögens für die zwei praktischen Beispiele, die am Ende dieser schönen Tagung besprochen werden? Ich werde versuchen, Position zu beziehen, wie es zu Recht gefordert wurde. Beginnen wir mit den Konsequenzen für das Recht des Schwangerschaftsabbruchs. Es ist immer zu fragen: Welche rechtlich geschützten Positionen müssen wir zunächst einmal in die Abwägung einstellen? Also die Sammlung des Abwägungsmaterials, aus dem Planungsrecht für Juristen bestens bekannt. Zunächst Artikel 2 Abs. 1 des Grundgesetzes, »Jeder hat das Recht auf die freie Entfaltung seiner Persönlichkeit«: in meiner Terminologie der Entwurf der Schwangeren. Schwanger werden zu wollen, ist natürlich Ausdruck eines Lebensentwurfs einer Frau. Zur Entwurfsfähigkeit der Frau und zu den geschützten Entwurfsbedingungen gehört im Sinne des Artikel 2 Abs. 1 Grundgesetz, auch grundsätzlich zu entscheiden, was im Falle einer ungewollten Schwangerschaft zu geschehen hat. Zunächst einmal, sagen die Juristen, ist das grundsätzlich Recht der Frau. Hier ergibt sich eine Kollision mit Artikel 2 Absatz 2 Grundgesetz: »Jeder hat das Recht auf Leben und körperliche

Unversehrtheit.« Dieses Recht auf Leben ist so formuliert, dass wir allein aus Artikel 2 Absatz 2, ohne direkten Rückgriff auf Artikel 1, lege artis begründen können und müssen, wie das Bundesverfassungsgericht dies auch tut, dass es bereits ein Lebensrecht des noch Ungeborenen, also des Nasciturus gibt. Die Frage ist: Wie bestimmen wir Beginn, Anfang und Ende dieses Lebens? Wichtig in diesem Diskussionszusammenhang ist, dass wir nicht aus Artikel 1 deduzieren. Die Frage, wann menschliches Leben beginnt, ist nicht die Frage, was Mensch im Sinne des ersten Satzes des Grundgesetzes bedeutet, denn nach meiner Interpretation ist dieser erste Satz kein Rechtssatz. Er enthält eine These, die lediglich anthropisch ist, nicht anthropologisch. Für die Auslegung, was Mensch im Sinne des ersten Satzes ist, dürfen wir gar nicht auf empirische Wissenschaften zurückgreifen, sondern wir müssen in dieser breiten Übereinkunft dessen bleiben, was wir nach Alltagsverstand als Mensch ansehen; und das ist nicht, wie leider immer wieder behauptet wird, hochgradig unbestimmt, es ist hochgradig bestimmt! Ich kann mir eigentlich keinen bestimmteren Begriff als Rechtsbegriff vorstellen als den des Menschen. Ich verweise auf das, was wir alle als Mensch ansehen. Dass es auch hier Streitfälle geben wird, ist nicht eine Frage des Artikel 1, sondern zum Beispiel eine Frage des Artikel 2 Abs. 2 Satz 2: Wann beginnt menschliches Leben? Und da gibt es nun Auslegungsregeln. Sie sehen, ich versuche Position zu beziehen, ohne mir eine bestimmte Position der Medizin, der Anthropologie oder der Philosophie zu eigen zu machen, sondern kunstgerecht nach Art – es klingt fast wie nach Gutsherrenart – nach Art der Juristen. Wir müssen den Streit, der kommen wird, so weit hinausschieben, dass wir ihn eingrenzen können, beherrschbar machen können und politisch entscheiden können. Also die Kunstregel der Juristen lautet: da Grundrechte Optimierungsgebote sind, muss den Grundrechten die größtmögliche Wirkungskraft zukommen. »Recht auf« – das ist juristisch schon

so formuliert, dass wir sagen können, dieser Anspruch besteht
schon in einem Zustand, in dem die Entfaltung von Entwurfsvermögen faktisch noch nicht möglich ist. Also wir können
sagen: Mit der Verschmelzung von Samen und Eizelle beginnt das Leben; aber ich darf es noch einmal wiederholen,
nicht aus Artikel 1, sondern aus Artikel 2 Abs. 2 des Grundgesetzes nach einem methodologischen Prinzip. Das Recht
auf Leben kann ich nur optimal schützen, wenn ich nicht
willkürliche Zäsuren nach bestimmten Tagen, Wochen oder
Monaten einführe. Man muss klar sagen, dass die Lösung der
Frage des Schwangerschaftsabbruchs damit natürlich noch
nicht gegeben ist: weil der Schutz dieses ungeborenen Lebens
und der Schutz des Entwurfsvermögens der Frau abzuwägen
sind und nach praktischer Konkordanz die bestmögliche Lösung für *beide* Positionen zu suchen ist.

Ich will mich im Vortrag nicht entziehen, Position zu beziehen. Ich meine, dass die Rechtsprechung des Bundesverfassungsgerichts zu restriktiv im Hinblick auf den Entwurf der
Frau ist. Das ist eine mit einer metajuristischen Argumentation zu begründende, letztlich die Entscheidung der Frau hinter bestimmte, auch klerikale Positionen zurückstellende Entscheidung. Hier verweise ich auf das Republikprinzip. Es
muss in der republikanischen, selbstgestalteten Ordnung des
Grundgesetzes auch einen Entscheidungsspielraum der Politik geben. Republik heißt, es dürfen nicht Privatinteressen,
Partikularinteressen von Gruppen, auch nicht von Kirchen
überwiegen. Ich möchte zu bedenken geben, ob die Position
der Selbstbestimmung der Frau hinreichend berücksichtigt
wurde. Ich meine, eine völlige Freigabe des Schwangerschaftsabbruchs ist mit Art. 2 Abs. 2 des Grundgesetzes nicht
zu vereinbaren. Ich meine aber, dass eine Indikationslösung
großzügiger ausfallen könnte als im Augenblick. Und ich
kann mir auch eine Fristenlösung vorstellen. Das Grundgesetz sagt dazu – und das bitte ich auch ernst zu nehmen –
nichts; überhaupt nichts sagt Artikel 1 als solcher.

Welche Konsequenzen ergeben sich für die Organentnahme? Wir haben natürlich das postmortale Persönlichkeitsrecht, aber keine postmortale Menschenwürde. Das ist ein bedeutsamer Unterschied, denn Artikel 2 Abs. 1 ist ein Grundrecht, das zunächst einmal einen empirischen Träger braucht, das aber, wie man beim Erbrecht und beim Urheberrecht sieht, selbstverständlich Verfügungen des Lebenden, zu Lebzeiten, in der Tradition des römischen Rechts schon immer geachtet hat, weil eben die Persönlichkeit mit dem je spezifischen Entwurf fortlebt, der Entwurf dieser Persönlichkeit lebt fort. Warum diskutieren wir, warum schreiben wir und publizieren es dann? Damit es vielleicht später von denjenigen, die noch Bücher lesen werden, zur Kenntnis genommen und vielleicht für Entscheidungen berücksichtigt wird.

Es gibt also ein postmortales Persönlichkeitsrecht, das ist entscheidend für die Organentnahme. Dieses postmortale Persönlichkeitsrecht muss optimal geschützt werden, das heißt dass Verfügungen zu Lebzeiten bezüglich der Entnahme von Organen immer vorrangig sind. Zum Hirntodkriterium vertrete ich eine ähnliche Position wie die des Kollegen Wolfram Höfling, der eine klare, verfassungsrechtlich wohlbegründete Position hat. Der Hirntod ist ein Kriterium, das vor dreißig Jahren von den Juristen allzu bereitwillig aufgenommen wurde, ohne es wirklich verfassungsrechtlich, rechtsphilosophisch und philosophisch zu hinterfragen. Wenn wir uns zurückbeziehen auf Artikel 1 des Grundgesetzes, dann müssen wir sagen: Alle Grundrechte, alle Verfassungsprinzipien sind im Lichte des Entwurfsvermögens auszulegen. Entwurfsvermögen dürfen wir nicht festlegen auf eine bestimmte Zerebral-Ideologie etwa. Ich sage nicht, Artikel 1 Grundgesetz schützt die Geistigkeit des Menschen, geht von der Geistigkeit des Menschen aus. Nein, im Gegenteil, der sogenannte Anencephalus hat per definitionem ein Entwurfsvermögen, obwohl er es real nie entfalten kann. Jetzt verstehen Sie auch, warum ich sage, dass es ein deskriptiver Satz ist: Entwurfsvermögen ist nicht antastbar, eine Potenz kann man nicht antasten. Der Satz macht Sinn als nicht normativer, nicht präskriptiver, sondern als deskriptiver Satz, und er hat Folgen für die Auslegung von positivem Recht, in unserem Falle des Hirntodkriteriums. Das Hirntodkriterium geht mit dem Recht der Persönlichkeit, im Sinne des Artikel 2 Abs. 1 so um, dass wir sagen: Hier wird unter Verstoß gegen das grundlegende Prinzip eine vorschnelle Festlegung medizinisch-technischer Art getroffen, die den optimalen Schutz dieses Rechts nicht gewährleistet. Wir brauchen uns in diesem Sinne, als Juristen, nicht zu fragen: Was geschieht zwischen Hirntod und endgültigem Zusammenbruch des Zusammenspiels zwischen Organen und Gesamtorganismus? Kann sich da überhaupt nochmal ein Entwurf realisieren? Die Frage ist falsch gestellt. Das Vermögen wird zugesprochen und ist optimal zu schützen. Und wo empirische Befunde für dieses Vermögen zu schützen sind: Anfang und Ende des Lebens müssen wir weitestmöglich auslegen, das heißt, was für den Beginn des Lebens galt, Verschmelzung von Samen und Eizelle, muss fürs Ende auch gelten: nämlich das Ende muss *so spät wie möglich* in Unabhängigkeit vom Stand der derzeitigen Forschung gesetzt werden. Wir dürfen die Menschenwürde nicht in die Hand von immer wohlmeinenden Experten geben, sondern wir sollten uns, gemäß der Tradition der Neuzeit, auf das zurückbesinnen, was wir als Menschen ansehen. Und wenn wir angesichts eines auf der Intensivstation liegenden, künstlich beatmeten Patienten, vielleicht sogar einer »hirntoten« Schwangeren, den Eindruck haben, das ist kein Leichnam, dann ist das wesentlich relevanter als all die Aussagen von Fachleuten dazu. Im Übrigen zeigen die Fälle des Stuttgarter und des Erlanger Babys, dass der Hirntod ja wohl nicht das Kriterium gewesen sein kann. Deswegen hat der Standesbeamte in Erlangen sich zu Recht geweigert, den Totenschein auszustellen, weil er sonst das geborene Kind als mutterlos hätte eintragen müssen; denn eine Tote kann rechtlich nicht Mutter

sein. Ein einfacher Standesbeamter hat dies völlig richtig entschieden, er braucht keinen medizinischen Fachmann dazu.

Erlauben sie nun zum Schluss ein Gesamtergebnis noch zu
formulieren. Für die Organentnahme kann nach dem Grundgesetz nur eine Zustimmungslösung in Betracht kommen. Ohne
Zustimmung ist eine Organentnahme verfassungsrechtlich unzulässig. Unzulässig ist auch eine Pflicht zur Organspende –
dies kann ich im Einzelnen jetzt nicht begründen, gebe aber
wenigstens das Ergebnis bekannt. Zulässig ist, und dafür bin
ich, die Pflicht, sich zu äußern. Beim erstmaligen Antrag eines
Personalausweises oder bei einer Verlängerung oder bei anderer Gelegenheit soll der Gesetzgeber die Pflicht statuieren,
dass der Einzelne sich zu erklären hat und das in den Personalausweis eingetragen wird. Wer Ja sagt, ist bereit zu spenden: es
gibt einen »Organ-Bedarf«, das muss der Transplantationsmedizin selbstverständlich zugestanden werden, deswegen müssen die Menschen aufgeklärt werden. Und sie müssen gesetzlich (meine ich) verpflichtet werden, sich Gedanken zu machen und zu äußern. Wer sich nicht äußert, bei dem muss ein
Widerspruch eingetragen werden; eine positive, aber auch eine
negative Äußerung müssen respektiert werden. Das ist die Abwägung der auf das Prinzip der Selbstbestimmung begründeten freiheitlichen Verfassung des Grundgesetzes: das unterscheidet uns von totalitären Staaten! Freiheit hat ihren Preis.
Es gibt unaufgeklärte bourgoise Rechtsträger, die sich zurückziehen, die Ohne-mich-Standpunkte vertreten. Mir ist der Preis
nicht zu hoch. Und ich meine, wenn ein Menschenleben, das
nach natürlichem Lauf der Dinge zu Ende ginge, nicht gerettet
werden kann, weil es zu wenig Menschen gibt, die überzeugt
sind, dass man hier mit einer Spende helfen kann – dann ist das
der Preis der Freiheit.

Fassen wir zusammen: Keine Deduktionen aus Artikel 1
Abs. 1 des Grundgesetzes, das möchte ich für die Diskussion
als Leitprinzip mit auf den Weg geben. Wer behauptet, juristisch Relevantes aus Artikel 1 herleiten zu können, argumen-

tiert nicht juristisch: aus Artikel 1 lässt sich direkt nichts herleiten. Das ist meine Position. Wir müssen praktische Konkordanz herstellen – das habe ich versucht zu erläutern – zwischen
immer kollidierenden Grundrechtspositionen und immer kollidierenden Verfassungsprinzipien in einem weiten gesetzgebe-
rischen Gestaltungsspielraum: das ist Republik und Demokratie.

Von links nach rechts: Elisabeth Wellendorf, Michael Kirn, Maria Marcovich, Peter Petersen, Markus Treichler, im Vordergrund Rolf Gröschner.

Von links nach rechts: Paolo Bavastro, Jürgen in der Schmitten, Jürgen Schürholz, Wolfgang Schad.

Gespräch nach dem Vortrag von Rolf Gröschner

Wellendorf: Ich fange mit dem an, was Sie zum Schluss gesagt haben: Es betrifft die Organtransplantation. Ich finde Ihre Ausführungen sehr schlüssig: jeder Mensch muss sich entscheiden, ob er im Falle des »Hirntodes« bereit ist, Organe zu spenden oder nicht, er muss Stellung beziehen. Das finde ich generell richtig. Es hat mit Verantwortung zu tun. Wir stehen aber vor einem Dilemma: Je mehr ich mich mit diesem Thema beschäftige, desto mehr weiß ich, wie ungeheuer komplex das Ganze ist. Wenn wir einmal betrachten, in welcher Form »Aufklärung« tatsächlich betrieben wird, dann geschieht im Grunde genommen genau das Gegenteil dessen, was Sie zu Recht gefordert haben. Von medizinischer Seite, durch Interessen, Macht und Geld wird eine Aufklärung nur im Sinne der Transplantation betrieben, also eine partikularistische Interessenvertretung. Es wird beispielsweise auf Marktplätzen geworben, ähnlich wie bei Wahlveranstaltungen – die Menschen kennen sich in einer so komplizierten Materie nicht aus, es wird an ihre Liebesfähigkeit appelliert, an ihre Fähigkeit, etwas für andere zu tun. Im Grunde genommen fällt alles das unter den Tisch, was man unbedingt für eine Entscheidung wissen müsste: In welchem Zustand befindet sich der Mensch im »Hirntod«, wenn also das Gehirn oder ein großer Teil desselben ausgeschaltet ist, seine Funktion unwiederbringlich verloren hat? Was erlebt er dabei? Was erlebt er bei der Organentnahme? (Wie sie stattfindet, wissen wir! Ich finde es ein grauenhaftes Ende!).

Wenn ein Mensch ein Organ braucht und somit weiterleben kann, hat er deshalb auch ein Anrecht darauf? Viele Empfänger meinen, der Spender »sei tot«, also seien viele Fragen ohne Bedeutung. Gesellschaftspolitisch müssten auch viele Fragen finanzieller Art mit einbezogen werden: Kann man es verantworten, eine vergleichsweise teure Transplantationsmedizin weiterzuentwickeln, wenn auf der anderen Seite viele Men-

schen sterben, die mit einfachsten Mitteln gerettet werden
könnten? Viele weitere Fragen sind noch offen. Und das wird
ganz bestimmt nicht in adäquater Form in der Öffentlichkeit
diskutiert werden können, weil es den Horizont der einzelnen
Menschen, die sich bisher damit nicht beschäftigt haben, völlig
übersteigt. Sie sollen aber gezwungen werden, Stellung zu beziehen. Das finde ich ein echtes großes Dilemma.

in der Schmitten: Ich darf meine Frage anschließen, weil sie in
eine ganz ähnliche Richtung geht. Ich würde Sie gerne in zwei
Dingen um Konkretisierung bitten. Zum Ersten etwas Forma-
les: Sie haben den Begriff »Zustimmung« gebraucht. Haben
Sie die persönliche Zustimmung des Betroffenen gemeint, also
die enge Zustimmung? Auch die erweiterte Zustimmung ist
eine »Zustimmung«. Ich bitte das zu spezifizieren. Das Zweite
ist die Pflicht, sich zu äußern. So, wie Sie das formuliert haben,
finde ich es auch ein sehr sympathisches Modell, dass nämlich
jedem Personalausweis und jedem Verlängerungsantrag Informationen beiliegen – so möchte ich das formulieren. Dass die
Eintragung aber in den Personalausweis gehört, finde ich nicht
überzeugend. Es könnte auch ein Spenderausweis sein. Sie
haben gesagt: Wer sich zur Spende bereit erklärt, bekommt
einen »Spender«-Eintrag; wer sich nicht äußert, bei dem wird
ein Widerspruch eingetragen. Das scheint mir doch eine Un-
stimmigkeit zu sein. Bei der Regelung, die ich unterstütze, ist
derjenige, der sich nicht äußert, kein Organspender. Das ist
keine Pflicht, sich zu äußern! Sollte nicht vielmehr jeder Bürger im Interesse des Staates, die Organempfänger zu schützen,
auf staatlichem Wege und durch staatliche Förderung Aufklärung erhalten? Ich gestehe den Organempfängern und der
Transplantationsmedizin zu, dass jeder Bürger auf Staatskos-
ten informiert wird, weil es nicht anders geht, als dass Menschen sich freiwillig bereit erklären, eventuell ein Organ zu
spenden. Um das zu unterstützen, was Sie fordern, reicht es
meiner Meinung nach aus, dass diese Informationen ausgege-

ben werden; ein Organspendeausweis, der dabeiliegt, kann dann von dem unterzeichnet werden, der es will. Sich zu äußern, würde ich nicht als Pflicht titulieren, weil ich glaube, dass damit ein falscher Klang hineinkommt, der nicht mit dem übereinstimmt, was Sie sagten – wer sich nicht äußert, ist kein Organspender. Das ist keine Pflicht. Eine Pflicht, sich zu äußern, klingt nach einer Widerspruchslösung, schien mir aber nicht so gemeint. Bei der Frage der gesetzlichen Umsetzung wird die Informationsfrage die entscheidende Frage sein. Dieser Aspekt ist bisher viel zu wenig beachtet und diskutiert worden. Insofern ist es auch sehr bedenklich, dass man die Frage des »Hirntodes« oder die Wertung des »Hirntodes« gar nicht im Gesetz politisch lösen will, sondern einfach sagt: Der Hirntod ist ein Entnahmekriterium, wir wollen es nicht bewerten.

Für mich ist nun die große Frage: Wie leistet man die Aufklärung über das, was Sie eindeutig zur Sterbephase und Lebensphase des Menschen ausgeführt haben. Darf man überhaupt die gegenwärtig noch geltende Position der Bundesärztekammer zum Hirntodkriterium in diese Aufklärung mit einbeziehen? Sie kennen vielleicht das Heftchen der Bundeszentrale für gesundheitliche Aufklärung: das ist ein Fall von massiver staatlicher Manipulation entgegen besseren Wissens angesichts mehrerer Anhörungen, die die Umstrittenheit deutlich gezeigt haben. Und das zeigt uns, wie schwierig Aufklärung ist. Also: ein Eintrag im Personalausweis ist insofern schwierig, als ein amtlicher Spenderausweis zumindest garantieren könnte, dass die Informationen draufgedruckt sind, gleichsam als Substrat einer Mindestinformation. Deshalb würde ich den bundeseinheitlichen amtlichen Spenderausweis favorisieren.

Und die letzte Frage an Sie: Wenn wir optimistisch sein wollen und sagen: Es erscheint möglich, Ihre Position verfassungsrechtlich und politisch durchzusetzen. Wie können wir dann eine unvoreingenommene Information gewährleisten, wenn im Augenblick Ärzte beraten, die nichts anderes als die Hirntod-Konzeption gelernt haben?

Gröschner: Frau Wellendorf, ich darf vielleicht mit Herrn in der Schmitten beginnen; ich stimme Ihnen im Wesentlichen zu.

Die Bundeszentrale für gesundheitliche Aufklärung ist verfassungsrechtlich ohnehin bedenklich. Ich habe mich in meinem Habilitationsvortrag dazu geäußert bezüglich der AIDS-Aufklärung. Da wurde massiv Propaganda betrieben, im Sinne der AIDS-Aufklärung gut, richtig und ansprechend. Ich habe zwei Töchter, die gut darauf reagiert haben, da wurde meine elterliche Erziehung unterstützt. Nur: Was ist in dem vorliegenden Fall? Wenn man sagt, diese Zentrale klärt einmal gut und einmal weniger gut auf, dann stellt sich juristisch immer die Kompetenzfrage: Es gibt keine verfassungsrechtliche Kompetenz des Bundes zur Aufklärung. Ich habe damals die Position vertreten, dass die AIDS-Aufklärungskampagne mangels kompetenzrechtlicher Grundlage verfassungswidrig ist. Dasselbe würde ich hier vertreten. Sie sehen auch hier wieder eine juristische Position. Unabhängig vom Inhalt dieser Aufklärung – ich teile Ihre Meinung, Herr in der Schmitten – aber: Unabhängig vom Inhalt ist zunächst die Frage zu stellen: Woher nimmt hier der Bund die verfassungsrechtliche Legitimation, überhaupt Aufklärung zu betreiben? Das ist Propaganda! Die geschichtliche Erfahrung mahnt, mit Propaganda sehr vorsichtig und kritisch umzugehen.

in der Schmitten: Aber wie würden Sie dann die Unterlagen dem Spenderausweis beilegen? Wir müssen aufklären!

Gröschner: Es muss in diesem Transplantationsgesetz eine Grundlage zur Information geschaffen werden: Das Gesetz muss unzulässige partikularistische Informationen, also Propaganda, von zulässiger Aufklärung unterscheiden. Der »Hirntod« als ein Entnahmekriterium ist selbstverständlich zu bejahen. Zur Frage Personalausweis oder Spenderausweis: Ich hätte gegen den Spenderausweis überhaupt nichts einzuwenden, juristisch gibt es dagegen nichts zu sagen. Ich würde aber doch den Personalausweis favorisieren, um die Möglichkeit im Einzelfall auszuschließen, dass ein potentieller Spender als solcher nicht identifizierbar ist. Es betrifft ja nur die Fälle, in denen der »Hirntod« eingetreten ist und der Betreffende intensivmedizinisch betreut wird. Wir müssen auch die Position der transplantierenden Ärzte und besonders derer, die auf die Transplantation warten, stark machen: Die Wahrscheinlichkeit, dass der Personalausweis dabei ist, ist größer als die, dass der Spenderausweis dabei ist. So ist wohl jeder von uns strukturiert. Aber das ist kein prinzipieller Streitpunkt. Ich wäre auch mit einem Spenderausweis einverstanden.

Jetzt zur nächsten wichtigen Frage: Widerspruchslösung oder nicht? Ich bin kein Anhänger der Widerspruchslösung, das ist hoffentlich deutlich geworden, sondern der Zustimmungslösung. Sie haben gefragt, ob ich mir auch eine erweiterte Zustimmungslösung denken kann. Ja: erweitert etwa im Hinblick auf diejenigen, die noch nicht erwachsen sind, die noch der elterlichen Sorge und Verantwortung unterliegen – obwohl ich als Vater wirklich schwere, aber nicht rechtliche, sondern moralische Bedenken hätte. Deswegen zögere ich zu sagen, wer noch minderjährig ist, stimmt über die Erziehungsberechtigten ab. Vorrangig muss auch hier, da Kinder auch Grundrechtsträger und als solche natürlich auch mündig sind, die Entscheidung nach Maßgabe des jeweiligen Rechts sein; und das Recht, über den eigenen Körper zu bestimmen, kann doch nicht erst einem Achtzehnjährigen zugesprochen werden. Also, hier gibt es noch Diskussionsbedarf. Bei Erwachsenen ist es eindeutig: hier kann die Zustimmung nicht ersetzt werden durch irgendwelche anderen Personen.

Wellendorf: Was Sie sagen, klingt sehr schlüssig. Aber ich habe Mütter in Therapie gehabt, die zur Organentnahme bei ihren »hirntoten« Kindern zugestimmt hatten. Von diesen vielen Müttern sind sicher nur sehr wenige zu mir gekommen. Es ist immer eine Schocksituation; dann werden die Eltern in dieser Schocksituation von Menschen, deren Qualifikation und Ausbildung zu hinterfragen sind, gezwungen, sehr schnell ja oder nein zu sagen. Eine Mutter sagte zu mir: Ich habe zugestimmt, weil der Arzt gesagt hat: »Sie wollen doch, dass ein Kind lebt.« Sie dachte nur an ihr Kind, das lebendig aussah und dachte: Natürlich will ich, dass ein Kind lebt. Sie stimmte zu, dass ein Kind lebt, und hatte dabei ganz vergessen, dass es nicht um ihr Kind ging! Diese Situation hat sie völlig ruiniert, sie hat den Arbeitsplatz verloren, sie war schwerstkrank und ist mit den Schuldgefühlen nicht fertig geworden, weil sie das Gefühl hatte, ihr Kind nicht genug geschützt zu haben; sie wollte die Organspende eigentlich nicht. Solche Situationen kommen immer wieder vor. Deshalb denke ich, dass eine wirkliche Aufklärung – die notwendig ist, damit jeder Mensch Stellung beziehen kann – gar nicht ohne Weiteres stattfinden kann; die gesamte Thematik ist sehr schwierig! Wo und mit wem soll sie stattfinden? Nach so vielen Jahren Transplantationsbegleitung sehe ich, wie komplex dieses Thema ist. Das Eigentliche, die Wirklichkeit, ergibt sich im Dialog der verschiedenen Rechte. Und das kann nur ausdiskutiert werden, wenn es so differenziert wie möglich stattfindet.

Gröschner: Was Sie sagen, gibt mir zu denken. Denn jemand, der wie Sie aus Erfahrung spricht, muss immer gehört werden. Vielleicht ist die Äußerungspflicht in der Tat etwas weitgehend. Ich bin davon ausgegangen, dass jeder, der sich äußern muss, natürlich die Freiheit hat, auch ohne größere Überlegung nein sagen zu können. Und Sie sprechen die Gruppe an, die ohne größere Überlegungen ja sagt. Ich muss wieder als Jurist Stellung nehmen: Die Frage ist, ob eine Achtens- und Schutzpflicht des Staates besteht, gerade bezogen auf diese Gruppe.

Auch Ihr erster Beitrag bezog sich auf Situationen des Empfindens, des möglichen Empfindens bei Organentnahme, wenn man weiß – ich bin kein Mediziner, aber ich versuche, mich

kundig zu machen –, dass es zu dramatischen Kreislaufreaktio-
nen im Falle der Organentnahme trotz Narkose kommt. Wir
wissen nicht, was das für ein vielleicht noch vorhandenes
Empfindungsvermögen des Betreffenden bedeutet. Ich stimme
in jedem Fall zu, dass das auch Gegenstand der Aufklärung
sein muss, und dass das Gesetz dazu etwas sagen muss.

Wellendorf: Bei sogenannten Informationsveranstaltungen
sitzt man meistens alleine da, gegenüber einer großen Menge
von Andersdenkenden (Interessenten, Ärzten und möglichen
Organempfängern). Es werden dabei ganz bestimmte Interessen vertreten! Ich kann nur sagen, eine objektive Aufklärung
wird niemals in einem solchen Rahmen stattfinden, denn veranstaltet werden die Info-Veranstaltungen bis jetzt von Trans-
plantationsbefürwortern, dafür ist die Transplantation zu komplex.

Gröschner: Frau Wellendorf, ich vertrete eine klare Position:
Es muss sichergestellt werden, dass alle Gruppen, nicht nur
diejenigen, die bestimmte Interessen für Transplantationsmedizin vertreten, gehört werden. Das lässt sich natürlich gestalten, es müsste eine Kommission, ein Gremium geschaffen werden, das über Aufklärungsakte, auch dieser Bundeszentrale,
entscheidet, das eben verhindert, dass einseitige Partikularinteressen vertreten werden: das ist unrepublikanisch. Es ist
mehr eine Frage der Organisation, der gesetzlichen Bestimmung von Gremien oder Kommissionen, in denen die gesellschaftlich relevanten Gruppen vertreten werden, um dadurch
Einseitigkeiten (Propaganda) zu vermeiden.

Schad: Ich möchte an die Grundpositionen anschließen, die
Sie gerade am Eingang Ihres Referats vertreten haben. Mir
waren zwei Dinge sehr einleuchtend, die zu unterscheiden
sind. Es geht um den Unterschied zwischen anthropisch und
anthropologisch. Anthropisch ist im Grunde ein Erfahrungsakt

und anthropologisch ist eine Reflexion. Das Erstere hat einen
primäreren und konstitutionelleren Charakter und leuchtet unmittelbar ein. Der andere Unterschied ist der zwischen Mensch
und menschlichem Leben. Beim menschlichen Leben wird
insbesondere auch der Mensch als biologisches Wesen ins
Auge gefasst, der lebende Organismus. Und Sie sagten, das
menschliche Leben beginnt mit der Verschmelzung von Ei und
Samenzelle, mit der Befruchtung. Rein biologisch stimmt das
nicht. Das Leben beginnt gar nicht, das Leben wird weitergegeben. Die Keimzellen sind nicht tot und werden erst durch die
Verschmelzung lebendig, so als beginne jetzt erst neues Leben.
Es vollzieht sich dabei vielmehr eine kontinuierliche Weitergabe
biologischen Lebens über die Generationen hin. Also, die
Frage – wann beginnt das menschliche Leben – ist obsolet: es
beginnt gar nicht. Die Befruchtung ist keine Urzeugung. Sondern die Frage ist doch: Wann beginnt der individuelle
Mensch? Ich möchte die biologische Seite des Menschseins
von der ganzheitlichen Auffassung des personalen Menschen
unterscheiden.

Die Würde des Menschen ist unantastbar, heißt es ganz allgemein, was auch immer unter »Mensch« verstanden wird.
Spreche ich vom »menschlichen Leben«, so habe ich schon
eine Spezifizierung der Frage. Und jetzt beginnt die Problematik: Was ist das zu schützende Gut? Wo muss der Mensch geschützt werden, wo hat der Staat seine Schutzfunktion auszu-
üben? Die befruchtete Eizelle hat die Potenz, zum Beispiel
eineiige Drillinge oder Zwillinge zu ergeben. Der wenigzellige
Keim ist biologisch noch nicht voll individualisiert. So tritt die
Frage auf, ab wann wir einen biologisch eindeutig individuellen Keim haben. Dieser Zeitpunkt ist biologisch nicht festgelegt, da wissen wir heute genügend aus der Embryologie:
Schon mit der zweiten Zellteilung können eineiige Zwillinge
entstehen, der späteste Zeitpunkt dafür ist der zwölfte Tag. Je
nach dem Zeitpunkt der Entscheidung sind getrennte oder ge-
meinsame embryonale Hüllen bei der Geburt feststellbar.

Wann die Individuation faktisch eingetreten ist, ist kein festgelegter Zeitpunkt. Aber spätestens nach dem zwölften Tag ist sie biologisch entschieden. Ich möchte damit auf die Frage aufmerksam machen: Menschliches Leben im biologischen Sinne beinhaltet zwar ohne Zweifel eine mögliche Kontinuität, wann aber beginnt *individuelles* menschliches Leben? Die Würde des Menschen ist gerade im Hinblick unseres Gespräches über Individualität und Ethik zu spezifizieren: Vom Biologischen kann nicht im voraus angegeben werden, wann die Individuation des Leibes völlig eingetreten ist. Was sich geistig abspielt, da habe ich als Anthroposoph meine bestimmte Position. Aber biologisch gesehen hat man es hier mit Übergänglichkeiten zu tun, die auch im Sprachgebrauch zu berücksichtigen sind.

Und noch eine Seite: Sie sagen, die Fähigkeit des Menschseins als Potenz ist ein Entwurfsvermögen. Die Würde wird also als Entwurfsvermögen verstanden. Wir haben heute Hinweise aus der Menschen-Affen-Forschung, die zeigen, dass Anklänge einer Selbstwahrnehmung, einer Selbsterfahrung diesem Tier (und das ist das Interessante) zwar nicht im ausgewachsenen, aber im halbwüchsigen Zustand vorliegen. Es war schon immer bekannt, dass das Menschenaffenkind sowohl physiognomisch als auch ethologisch, also verhaltensmäßig, menschenähnlicher ist als der ausgewachsene Affe; dieser »vertiert« erst sekundär. Bei halbwüchsigen Gorillas und Schimpansen haben wir Anklänge von etwas wie einer umrätselten Eigen- oder Selbsterfahrung. Es gibt Beobachtungen in freier Wildbahn von halbwüchsigen Gorillas, die nach einem Tropenregen sich über Wasserlachen beugen, aber nicht trinken, sondern nur fasziniert ihr Spiegelbild anschauen (Jörg Heß: »Familie 5«). Das gibt es bei keinem Tier sonst. So etwas machen aber nicht die alten Gorillas, sondern diese Teenager unter den Gorillas. Dem ist experimentell nachgegangen worden: Wenn Sie einem gewöhnlichen Affen einen Spiegel vorhalten, so wird er aggressiv gegen das Spiegelbild als einem Rivalen. Ein junger Menschenaffe hingegen nicht unbedingt: Es gibt Hinweise, dass er bemerkt, dass er das selbst ist, der sich da spiegelt.

Ein weiteres Beispiel: Man hat einem schlafenden Schimpansen ein Pflaster auf die Stirn geklebt, so dass er es nicht bewusst merkte; als er aufwachte, gab man ihm den Spiegel. Er bemerkte, dass etwas an der eigenen Stirn saß und fasste sich selber daran. Ein niederer Affe würde auf das Pflaster im Spiegel tippen. Das sind Beispiele dafür, dass ein Hauch an Ichhaftigkeit da ist, die aber bei den Menschenaffen ontogenetisch sekundär verloren geht. Sie weisen auf etwas hin, das wir von der Anthroposophie her schon geahnt haben: dass nämlich das, was für uns die nächstverwandten Tiere sind, im Grunde gar keine »Tiere« sind, sondern sekundär verhinderte Menschen.

Es gibt heute Tierschützer, die sagen: Der genetische Unterschied zwischen Mensch und Menschenaffe ist nachweislich quantitativ sehr gering (es sind lediglich 2 bis 3 % genetischer Unterschied). Man muss die Würde, die der Mensch hat, auch diesen Menschenaffen zusprechen. Ich denke jetzt konsequent weiter. Liegt hier nicht auch ein Entwurfsvermögen vor, eine Potentialität, auch wenn sie sich nicht ausleben kann, auch wenn sie verloren geht? Ich möchte nur ein statisches Festschreiben des Menschseins kritisch hinterfragen und den dynamischen Evolutionsgedanken im Hintergrund offen halten.

Gröschner: Vielen Dank. Es ist immer ein Gewinn, von empirischen Wissenschaften und ihren Vertretern belehrt zu werden, das ist hochgradig spannend. Andererseits sieht man auch die Gefahr: Wenn wir Grundbegriffe von Verfassung in die Hand von Einzelwissenschaften geben würden, dann würden wir jetzt tatsächlich Ihre Frage, ob wir nicht Entwurfsvermögen auch den Teenageraffen zusprechen müssten, ernsthaft diskutieren müssen. Als Jurist muss ich sagen: Bei aller Hochschätzung dessen, was ich gerade von Ihnen gelernt habe, das kann nicht sein, denn über die Abgrenzung zwischen den Menschen und den Menschenaffen entscheiden wir alle ohne spezifische Fachkompetenzen.

Schad: Ist das aber nicht eine Vorprägung, die jeder von uns historisch mitbekommt?

Gröschner: Gerade damit rechnet die Verfassung, die lebensweltliche Verhältnisse regeln will und nicht eine Spezialverfassung ist, genau wie wir den Beginn des Lebens eben nicht – das war Ihr erster Punkt – abhängig machen dürfen von jeweiligen Forschungsständen.

Schad: Ich bin ganz Ihrer Meinung, wenn Sie sagen, hier wird ein anthropologischer beziehungsweise ein zoologischer Aspekt vertreten. Aber für mich ist es jetzt nicht die Frage der Reflexion, sondern im Sinne Ihres Argumentes der anthropischen Erfahrung.

Gröschner: Ihre Frage geht wirklich an die Wurzel, nämlich im Hinweis darauf, dass wir Übergänge auch adäquat im Sprachgebrauch abbilden müssen, Übergänge zwischen Leben zu anderem Leben. Ich stimme Ihnen philosophisch zu. Sprachgebräuche sind in aller Regel entweder Fachterminologien oder Alltags-Sprachgebrauch. Ich bleibe dabei, dass für die Konstitutionsprinzipien des Grundgesetzes aus verfassungsrechtlicher Entscheidung, die ich nicht selbst bestimmen kann, die Alltagssprache entscheidend ist. Deswegen kann ich als Verfassungsrechtler, der dafür zu sorgen hat, dass diese Alltagssprache die Grundbegriffe richtig bestimmt, nicht zustimmen, wenn Sie sagen, es wäre die Frage zu stellen: Wann beginnt Mensch? Denn Mensch kommt im Grundgesetz nur im ersten Satz vor. Dieser erste Satz ist kein Rechtssatz in meiner Interpretation. Deswegen haben wir dort nicht den juristischen Zwang, genau definieren zu müssen.

Artikel 2 Abs. 2 des Grundgesetzes ist ein Rechtssatz, Recht auf Leben, meint empirisches Leben, weil es ein empirischer Tatbestand in einer Rechtsordnung der Bundesrepublik Deutschland in dieser Zeit ist. Deswegen müssen wir das Leben dort, was als Gesamtzusammenhang natürlich nur menschliches Leben sein kann, präziser definieren als Würde des Menschen im Sinne der Frage: Was ist dort Mensch? Also, ich darf zusammenfassen: Der Jurist ist gehalten, Leben genau zu definieren. Er ist nicht gehalten, Mensch genau zu definieren. Für Mensch genügt das, was ich im Vortrag gesagt habe, was wir alle unter Mensch verstehen, etwa in Abgrenzung zum Menschenaffen. Und ich denke, trotz Ihrer Aufklärung bleiben wir dabei, dass diese Teenager-Affen doch keine Menschen sind. Und das ist relevant für die Verfassung. Und für Leben war nur mein Auslegungsprinzip maßgebend: Der optimale Schutz kann nur dann gewährleistet werden, wenn wir Anfang und Ende dieses Lebens im Sinne des Artikel 2 Abs. 2 Grundgesetz so weit wie möglich bestimmen. Durch Fortschritt in Biologie und anderen Wissenschaften wird sich daran so schnell nichts ändern. Das ist ein Vorteil, weil die Verfassung nicht spezifische, aufgearbeitete, wissenschaftlich zubereitete Phänomene meint, sondern Alltagsleben. Recht ist Regelung von Lebensverhältnissen in Rechtsverhältnissen. Und die Lebensverhältnisse sind die, die jeder, der betroffen ist, selbst am besten kennt.

Schad: Für Artikel 1 Abs. 1 gebe ich Ihnen völlig Recht. Aber schon bei dem nächsten Absatz, wo es um das menschliche Leben geht, muss doch eingehen dürfen, was an Erkenntnis über die Alltagsdimension hinaus gewonnen werden kann. Das muss doch eingehen dürfen – oder nicht?

Gröschner: Also: in die Diskussion de constitutione lata, das heißt in die Auslegung der bestehenden Verfassung, können solche Argumente natürlich einfließen. Die Frage ist nur, welches Gewicht wir diesen Argumenten geben können; ob also eine – extrem gesagt – Mindermeinung in einer bestimmten empirischen Wissenschaft als solche schon die Chance haben muss, sich gegenüber der Alltagserfahrung durchzusetzen, das sage ich als Jurist; das ist der Konservativismus der Juristen, der aber in der Verfassung etwas Positives hat. Selbst wenn sich die Mindermeinung zu einer herrschenden Meinung in einer Disziplin entwickelt hat, reicht das noch nicht aus. Aber wenn die Disziplin andere Disziplinen angesteckt hat und der durchschnittsgebildete Bürger das aufgenommen hat und es soweit ist, dass wir wissen, dass die Teenager-Affen Menschen sind, wenn wir alle das wissen und glauben und es allgemein vertreten wird, nicht nur von Einzelwissenschaften, dann würde ich sagen, ist es relevant für die Auslegung der Verfassung (historische Bedingtheit des jeweiligen Rechts). Aber das dauert, denke ich, immer Jahrzehnte.

Als Philosoph oder Biologe – oder als Vertreter einer anderen Wissenschaft – muss ich mich von der Verfassung belehren lassen. Philosophie oder andere Disziplinen sind für eine Verfassungsauslegung nie unmittelbar relevant.

Marcovich: Die Diskussion hat sich gleichsam hineingebissen in die Transplantationsmedizin. Es treten schnell Standpunkte und Meinungen auf. Das erscheint offensichtlich so für jemand, der außerhalb dieses Themas steht, weil ich persönlich zwar eine menschliche, bisher aber keine fachliche Meinung dazu vertreten musste. Herr Gröschner, Sie haben ganz richtig anfänglich postuliert, der Staat habe die Aufgabe, wertfrei die Freiheit der Meinung der Menschen zu gewährleisten. Ich frage mich, inwieweit so etwas überhaupt möglich ist. Denn wer ist der Staat? Der Staat besteht aus Menschen, und jeder Mensch hat seine Meinung.

Unlängst hat mir ein befreundeter Anwalt eine köstliche Anekdote erzählt. Ein Angeklagter vor Gericht: Herr Rat, ich will ja nur mein Recht. Und der Richter zu ihm: Was wollen Sie? Ihr Recht wollen Sie? Ein Urteil können Sie haben!

Sie haben als Jurist und Rechtsphilosoph letzten Endes *Ihre*
Meinung. Und das ist auch durchgekommen; ich habe Ihre
Ausführungen sehr geschätzt. Aber als es um die Broschüre
über die Aufklärung ging, haben Sie sofort Position bezogen.
Sie haben sie sofort schlecht gefunden und haben gesagt – die
AIDS-Aufklärung war gut, weil meine Töchter sie gut gefunden haben. Ich möchte Ihre Meinung nicht werten. Sie haben
auch eine Meinung. Und Sie nützen Ihre Position, um Ihre
Meinungen da in irgendeiner Weise umzusetzen. Wenn Sie
sagen: Ich muss fragen, ob das Amt, das diese Broschüre
macht, verfassungsrechtlich gesehen die Kompetenz und das
Recht hat, das zu tun – heißt es nicht, dass Sie versuchen, mit
den Instrumenten, die Ihnen gegeben sind, die der Rechtsphilosophie nämlich, das zu hinterfragen? Sie finden die Broschüre nicht gut, daher versuchen Sie sie in irgendeiner Weise
zu blockieren. Ich möchte es betonen, das ist kein Vorwurf.
Können wir als Menschen über Menschen überhaupt urteilen? Ich frage mich oft, ob wir dieses Recht haben. Ich kann
allen, die sich mit Rechtsfragen beschäftigen, »Die Augen
des ewigen Bruders« von Stefan Zweig empfehlen. St. Exu-
péry sagt: Was ist mir ein Freund, der über mich urteilt? Ich
glaube, dass wir uns immer dessen bewusst sein sollten, dass
wir letzten Endes alle Menschen sind, jeder mit seiner Meinung. Und es ist unser Recht, diese Meinung zu haben. Aber
wir sollten vielleicht Vorsicht walten lassen, sie zu sehr zur
allgemeinen Maxime zu erheben. Wir müssen immer darauf
achten, das, was in der Theorie schön ausschaut – die Würde
des Menschen ist unantastbar –, dann in allen täglichen
Lebenssituationen auch zu leben. Das waren allgemeine
Gedanken.
Zum Schwangerschaftsabbruch möchte ich sagen: Ich glaube, dass es eine besonders schwierige Situation ist. Sie haben
von der Konfliktsituation gesprochen. Das Gesetz oder die
Verfassung müssen sich bemühen, die Interessen beider Seiten
möglichst zu berücksichtigen und einen halbwegs guten Kom-

promiss zu finden. Nun denke ich, das ist in dieser Situation deswegen besonders schwierig, da es eine Entweder-Oder-Entscheidung ist und eigentlich kein Kompromiss möglich ist. Wenn Sie heute sagen: Ich habe hundert Schillinge zu verteilen, also gebe ich jedem 50, damit halbwegs Gerechtigkeit herrscht, dann ist es eine kompromissmögliche Entscheidung. Wenn ich aber heute sage: Wenn ich dem einen Recht gebe, bringe ich den anderen um, dann ist es eine Entscheidung, die keinen Kompromiss ermöglicht. Denn, wenn ich die Interessen der Frau wahren will, so ist die Lösung immer der Tod des Kindes. Ich will jetzt nicht Position für oder gegen den Schwangerschaftsabbruch beziehen. Aber ich meine, es ist ein besonders heikles Thema, weil es einfach nicht mehr um Abstufungen geht. Schwangerschaft ist eine Entweder-Oder-Entscheidung: Ich kann nicht ein bisserl schwanger sein! Daher kann ich nur entweder das Kind umbringen oder es nicht umbringen. Die Situation ist besonders schwierig, weil es eine Entweder-Oder-Entscheidung ist.

Erlauben Sie mir noch eine Bemerkung zur Organtransplantation. Ich frage mich, wie lange noch ein Eintrag im Personalausweis notwendig sein wird. Ich bin kein Experte auf dem Gebiet, aber ich habe gehört, dass es mittlerweile große Tierfarmen gibt, in denen Paviane und Schweine gezüchtet werden, um Leber oder Nieren oder andere nötige Organe zur Verfügung zu stellen: sozusagen Ersatzteillager. Und es ergibt sich für mich schon auch die Frage, wie es denn mit dieser anthropozentrischen Beschränkung unseres Weltbildes eigentlich bestellt ist. Ich will jetzt gar nicht vertiefen, ob ein Gorilla-Teenager Entwurfsvermögen hat. Wer bin ich denn, dass ich das in Wirklichkeit beurteilen kann? Und wenn ich mir einen Hund anschaue, dann stelle ich mir vor, der hat eine große Würde, manchmal viel mehr Würde als manche Menschen, die mir in ihren Verhaltensweisen begegnen …

Schad: Verstoßen Sie nicht gerade gegen das Prinzip, das Sie eben nannten: Ich darf als Mensch andere Menschen nicht abwerten?

Marcovich: Danke, dass Sie mich korrigieren, Sie haben völlig Recht. In Wirklichkeit kann man nur wahrnehmen, aber man kann nicht urteilen. Es berührt mich manchmal unangenehm, dass wir uns immer so sehr auf das Menschliche konzentrieren. Irgendwann werden wir es vielleicht büßen, weil wir Bedingungen um uns herum zerstören und andererseits schaffen, die uns gar nicht gut tun. Herr Gröschner, wenn Sie sagen, es ist die Juristerei heute so schwierig geworden, weil die Komplexität der Lebensvorgänge so groß ist, dann ist das richtig; ist nicht diese ganze Diskussion Zeichen dafür, dass wir in Wirklichkeit mit unserem selbsterreichten Können überfordert sind?

Gröschner: Frau Marcovich, ich möchte gern zu Ihrer allgemeinen Bemerkung dezidiert Stellung nehmen: Ihr Unbehagen, dass in Fragen der Transplantationsmedizin Position bezogen wurde, wundert mich deshalb, weil ich hier nicht Meinung im Sinne des Artikel 5 Abs. 1 Grundgesetz als Bürger kundgetan habe, sondern Meinung im Sinne des Artikel 5 Abs. 3, nämlich Lehre und Forschung vertreten habe; ich habe meine Position als Verfassungsrechtler dargelegt. Ich habe in der Frage der Aufklärung nicht etwa gesagt – das haben Sie wirklich missverstanden –: das eine ist gut und das andere ist schlecht; sondern ich habe gesagt, gerade weil ich selbst das eine gut und das andere schlecht finde, sieht man, dass die Diskussion auf einer anderen Ebene geführt werden muss, nämlich zunächst einmal zu fragen ist: Darf denn überhaupt eine staatliche Stelle Aufklärung betreiben? Weil sie es nämlich einmal gut und einmal schlecht macht. Wir sind nämlich genau in der Diskussion: Was ist gut? Was ist schlecht? Um das auszuschalten, dass wir die inhaltliche Frage diskutieren, habe ich gesagt: Ich kann im spezifischen Bereich meiner Wissenschaft etwas sagen, dass nämlich die Kompetenz (das ist ein juristischer Begriff), die Zuständigkeit des Bundes zur Aufklärung der Bevölkerung aus dem Grundgesetz nicht herzuleiten ist. Ich verkünde ja nicht Meinung und bleibe offen für alles, sondern ich führe als Verfassungsrechtler aus, dass das von Rechts wegen nicht zulässig ist. Und ich denke, wir müssen zwischen einer fachspezifischen Diskussion und einer allgemeinen Diskussion sehr genau unterscheiden.

Sie sagen, der Staat besteht aus Menschen. Das bestreite ich: das ist politikwissenschaftlich und verfassungsrechtlich falsch. Der Staat ist ein Interaktionszusammenhang. Und das, was Staat ist, was etwa in Bonn im Parlament geschieht, ist gerade nicht in der Weise negativ zu qualifizieren, dass man sagt: die Politiker sind schlecht, sondern der funktionale Interaktionszusammenhang Gesetzgebung in einem staatlichen Organ funktioniert nicht mehr, weil Partikularinteressen, und zwar Gruppeninteressen vertreten werden. Als Republikaner achte ich Politiker hoch, weil es Menschen sind, die es berufsmäßig auf sich nehmen, unsere Ordnung zu gestalten. Die Gesellschaft besteht nicht aus Menschen, das sind eben gerade keine Entitäten, die selbstständig handlungsfähig wären, sondern Gesellschaft besteht in einem nicht intendierten Interaktionszusammenhang, und der Staat ist ein anderer Aggregatzustand dieses Interaktionszusammenhangs, nämlich in rechtlich Form gegossen. Aber der Staat existiert in ganz anderer Weise als nur in Rechtsform.

Marcovich: Natürlich sind Begriffe wie Staat, System, Gesellschaft ganz klar abzugrenzen, sie sind es aber in der Alltagssprache nicht immer. Wenn es heißt: das System ist schlecht – ja, wer ist das System? Das ist jeder Einzelne von uns.

Gröschner: Wenn wir zu dieser Meinung kommen, dass es wirklich an jedem Einzelnen liegt, dann muss das auch umgesetzt werden. Das ist ein Beispiel dafür, wie schwer es ist, eine Verständigung herbeizuführen, weil vor jeder Verständigung eigentlich erst einmal die Klärung des Begriffssystems liegen müsste. Wenn ich über Staat spreche, muss ich natürlich als Staatsrechtler einen anderen Begriff davon haben; ich muss mich darum bemühen, möglichst präzise zu argumentieren. Selbstverständlich können Sie es auch. Und Sie müssen sich einige Zeit mit den Dingen befasst haben. Es sind im Grunde Methodenfragen, die geklärt werden müssen, weil man adäquat über so schwierige Gegenstände erst sprechen kann, wenn man weiß, wie man sich dem Gegenstand nähern soll. Welche Sprache verwenden wir? Was heißt Mensch im Alltagsgebrauch, im juristischen Sprachgebrauch?

Kirn: Ich möchte eine methodische Bemerkung anfügen. Sie haben Hermann Heller[1] zitiert: »Der Staat besteht nicht aus Menschen«, hier muss man ergänzen: »... sondern aus menschlichen Leistungen«. Und die Gesellschaft besteht auch aus menschlichen Leistungen. Und die Familie besteht auch nicht aus Menschen, sondern aus menschlichen Leistungen. Man muss dann natürlich unterscheiden, welche Art von Leistungen konstituieren Staat, welche Art von Leistungen konstituieren Familie und Gesellschaft. Und bezüglich der politischen Meinungen müsste man so einordnen: Wie steht die Meinung eines Einzelnen zu der Leistung, die er als Mensch erbringt im Sinne des Staates, des Staatsbürgers oder Republikaner-Seins? Die Meinung als solche darf nicht als für den Menschen repräsentativ hingestellt werden, sie steht vielmehr in Beziehung zu der menschlichen Leistung als Staatsbürger. Man muss wissenschaftlich unterscheiden, sonst spricht man immer querbeet und wirft alles in einen Topf.

Schad: Es hat den Vorteil, dass ich die Leistungen eines Menschen beurteilen kann: Ich habe nicht den Menschen als solchen zu beurteilen.

Gröschner: Sehr präzise; wir müssen darauf bestehen, dass wir nicht die Leistungen des Menschen als einzelnen Menschen beurteilen, sondern die Leistungen, die er in seiner spezifischen Funktion im staatlichen Zusammenhang oder außerhalb solcher Funktion im gesellschaftlichen Zusammenhang erbringt. Wir alle hoffen doch, dass diese Diskussion gesellschaftlich irgendetwas bewirkt, wir können das nicht steuern. Deswegen präzise Begriffe, jeder in seiner Wissenschaft und Hoffnung, dass das im nicht intendierten Interaktionszusammenhang der Gesellschaft fruchtet. Ich hoffe, in der nächsten Anhörung in Bonn dabei zu sein. Im staatlichen Zusammenhang werde ich dann nicht in der Weise Leistungen einbringen, dass ich genau sage – Ursache und Wirkung, ich rede, also kommt folgendes Ergebnis heraus. Ich weiß nicht, was in diesen staatlichen Interaktionszusammenhängen aus einen Vortrag vor den politischen Verantwortlichen geschieht. Es ist ein anderer Aggregatzustand. Im Staat wird es kälter: vorher flüssig, Wasser; im Staat eisig. Das ist so, das ist auch gut so, es ist normal. In diesen kälteren Verfahren hat man mehr voraussehbare Chance, etwas zu bewirken, als im völlig flüssigen gesellschaftlichen Bereich. Und darauf muss man dann auch seine Rede einstellen. Natürlich werde ich in Bonn Pico de la Mirandola nicht zitieren ...

Marcovich: ... Schade! ...

Bavastro: ... könnte dort am Platze sein ...

Marcovich: ... fände ich sehr schön!

Wellendorf: Ich finde es furchtbar, wenn man alles auf Leistungen reduziert. Sie sagten, Interaktion der Menschen untereinander, das ist der Staat. Aber wo ist denn das Sein geblieben? Denn das sind zum Beispiel alle, die sich nicht in dem Sinne artikulieren oder einbringen können, die fallen dann raus! Und die bestimmen trotzdem sehr stark unser Sein. Ich finde es bedrohlich, was Sie ausgeführt haben.

Kirn: Sie gehorchen dem Polizisten, wenn er den Verkehr regelt. Sie zahlen Steuern und können als Wähler abstimmen. Das sind Ihre Leistungen, auch wenn Sie sonst nichts weiter artikulieren können.

Wellendorf: Nein, ich meine viel mehr, ich meine zum Beispiel Kinder, Kranke, Alte – alle diese Menschen.

Gröschner: Frau Wellendorf, die Lebenswelt erschöpft sich nicht in Staat und Gesellschaft, sondern das Sein bleibt im dialogischen oder personalen Verhältnis gut aufgehoben. Der Staat hat dieses Sein des einzelnen Menschen gefälligst in Ruhe zu lassen, und die Beziehung und die Interaktion zwischen Personen, etwa in der Familie, ebenfalls. – Herr Kirn hat dies Institut genannt; ich habe es gerade in einem neuen Kommentar zum Grundgesetz ausgeführt. Die Frage, was in der Familie geschieht, ist zunächst einmal völlig staatsfrei; das ist zunächst ein Freiheitsrecht in einem Institut (so, wie ich es nenne) dialogischer Freiheit zusammengefasst. Familie interagiert eben nicht wie Gesellschaft, so die Hegel'sche Vorstellung – Familie – Gesellschaft – Staat –, sondern jeweils nach eigener Gesetzlichkeit. Das Sein des Einzelnen und der richtige Umgang miteinander ist in solchen institutionell gesicherten Freiheitsbereichen gut aufgehoben. Man muss sagen: Individuum: Gesellschaft, Staat. Das Individuum ist nichts Isoliertes, sondern hat auch von Rechts wegen Gestaltungsmöglichkeiten in geschützten Beziehungsordnungen, in Freiheitsverhältnissen. Ich teile Ihre Sorge, dass in der Gesellschaft und im Staat zu wenig auf dieses Sein des einzelnen Menschen geachtet wird. Wir müssen uns darum kümmern. Aber man darf nicht übersehen, dass unsere freiheitliche Verfassung Räume dafür schafft, eröffnet und schützt. Freilich findet in der Familie noch dieses Freiheitsverhältnis statt.

Da muss man auch sehen, wie eben tatsächliche Rückwirkungen von gesellschaftlichen Tendenzen in diesen Räumen stattfinden.

Petersen: Ich habe zunächst zwei Bemerkungen, die öffentlich diskutiert werden. Neben der Hochschule in Hannover gibt es ein Leibniz-Institut für künstliche Organe, zur Entwicklung künstlicher Organe, das ist auf dem Wege. Und wir werden nicht mehr auf menschliche Organe angewiesen sein; das wird sicher nicht mehr so lange dauern. Welche Organe man dann ersetzt, ist eine andere Frage.

Und das Zweite: Das Erlanger Baby ist ja gar nicht so relevant, das ist natürlich in der Öffentlichkeit besonders diskutiert worden, aber viel relevanter ist das Filderstädter Baby. Der Maximilian, der im September 1991 geboren ist, ist jetzt sechs Jahre alt. Die Patientin, Frau Siegel, (ich darf den Namen nennen, weil es bereits publiziert worden ist), ist zehn Wochen lang als »hirntote« Frau am Leben erhalten worden. Eine Doktorandin von mir beschäftigt sich im Augenblick damit, die Beziehung der Pflegenden zu der »hirntoten« Gaby, nicht zu dem Kind, zu beschreiben.

Zwei Dinge beschäftigen mich. Sie sagten staatliches Interaktionssystem: Wenn man da reinkommt, ist es kalt. Das Gefühl habe ich auch: Und wehe, wenn man sich nicht warm anzieht, dann kommt man um …

Gröschner: Das ist ja in Ordnung – ein kalter Staat ist in Ordnung.

Petersen: Ich sage das nur, damit wir das auch wissen. Aber ich sehe ein Problem dabei: Die ersten Systemtheoretiker – unter anderem Norbert Wiener –, die das Biofeedback erfunden haben, sagen, wenn ich es richtig verstanden habe, ein System sei geschlossen …

Gröschner: Luhmann weiß es inzwischen besser.

Petersen: Gut, wenn er sagt, es ist nicht geschlossen, es ist kein geschlossenes System, es ist im Gegenteil ein offenes Gebilde, dann bin ich einverstanden. Aber wenn das System als geschlossenes Gebilde betrachtet wird, dann ist es gefährlich, denn dann kann keine Entwicklung mehr stattfinden.

Das zweite ist komplizierter. Ich habe mich viel mit Schwangerschaftsabbruch und pränataler Psychologie befasst. Ein Fazit ist, dass das Kind kein Lebensrecht hat. Es hat Leben, aber ob es ein Recht hat …. soweit ich weiß, ist der Rechtsbegriff erst von den Römern erfunden worden. Vorher gab es das, was der Mensch Recht nennt, noch gar nicht. Wie ist es mit dem Rechtsempfinden? Bis zur 20. Schwangerschaftswoche befindet sich der Embryo auf einer evolutiven Stufe, wo Recht im Sinne von Interessenwahrnehmung von Rechten und Pflichten anthropologisch völlig irrelevant ist. Das ist eine ganz andere Sphäre. Wenn man sich mit Müttern und Vätern unterhält und genauer nachfragt, in welcher seelisch-geistigen Verfassung sich diese Menschen eigentlich befinden, wenn sich schwangere Frauen noch einmal Zeit lassen und Raum geben können für die frühe Schwangerschaft –, dann bekommt man eine völlig andere Sphäre mit. Rechtsdenken in dem Sinne, wie Sie es hier ausgebreitet haben, ist da völlig irrelevant. Es ist eine völlig andere Bewusstseinsform. Und meine Frage ist: Ist es berechtigt, auch wissenschaftlich, von Rechten zu sprechen? Lebensweise, Lebenssein und Dasein, ja, das ist notwendig. Aber ist richtig, von Lebensrechten zu sprechen?

Gröschner: Herr Petersen, ich möchte Ihre letzte Frage kurz beantworten: Verfassungsrechtlich handelt es sich hier um eine Schutzpflicht des Staates bezogen auf den Schutzbereich des Artikel 2 Abs. 2 Grundgesetz. Also die Frage, ob man überhaupt von einem Recht des Nascituros sprechen kann, ist berechtigt gestellt. Juristisch brauchen wir sie gar nicht zu stellen. Die Frage kann offen bleiben, weil die entsprechende staatliche Schutzpflicht eine Position sozusagen auf der Gegenseite ist. Der Staat ist verpflichtet, das sich entwickelnde Leben, allerdings was der Verfassungsgeber mit Recht auf Leben bezeichnet, zu schützen.

Petersen: Warum ich noch einmal nachhake: Die Lebensschützer oder Lebensrechtler, deren Meinung ich gar nicht teile, weil sie so militant sind, benutzen immer das Wort Recht. Und ich finde, das ist nicht gerecht. Es ist fragwürdig.

Gröschner: Ich stimme Ihnen zu, verfassungsrechtlich handelt es sich um eine Schutzpflicht staatlicher Gewalt bezogen auf dieses dort sogenannte Recht auf Leben. Ich stimme Ihnen zu, dass man das auch juristisch besser von Seiten des Staates als Schutzpflicht bezeichnen soll und nicht das Recht des ungeborenen Lebens bemüht. Auch das ist rein rechtlich schwierig, denn zum Recht, im Sinne eines subjektiven Rechts einer Person, gehört nach § 1 BGB die Vollendung der Geburt; da haben wir eine klare positivrechtliche Entscheidung. Wenn wir also im rechtlichen Sprachgebrauch bleiben, dann ist Person im Rechtssinne der Träger von Rechten und Pflichten ab Vollendung der Geburt. Wir dürfen nicht die Verfassung nach Maßgabe des einfachen Rechts auslegen: § 1 BGB kann nicht bestimmen, was Recht auf Leben im Sinne des Grundgesetzes ist. Aber im Argumentationszusammenhang gebe ich Ihnen recht: es ist juristisch klüger, von Schutzpflicht und nicht von Lebensrecht zu sprechen. Und ich stimme Ihnen auch hinsichtlich der militanten Positionen zu, die hier vertreten werden.

Petersen: Es handelt sich hier nicht um die militanten Positionen, sondern es geht mir um die Reinheit des Denkens. Und das schließt nämlich an das an, was Sie vorhin sagten mit dem evolutiven Denken: das ist ein umfassendes Bewusstsein, das notwendig ist. Und wenn wir das fassen könnten, dann würde wahrscheinlich das Kind im Mutterleib automatisch viel geschützter sein als es jetzt ist.

Gröschner: In meiner Terminologie – Sie mahnen präzise Begriffe an – lautet die Aussage: Der Staat hat die Bedingungen für das sich entwickelnde Leben im Sinne des Artikel 2 Abs. 2 Grundgesetz, zu achten und zu schützen, abgekürzt: es besteht eine Schutzpflicht, im Hinblick auf die empirische Entwicklung von Bedingungen, unter denen Entwurfsvermögen, das jedem zukommt, erst entfaltet werden kann. Auch die Systemtheorie ist nicht relevant für die Auslegung des Grundgesetzes. Es ist einmal interessant, die Luhmann'schen Bücher zu lesen. Zunächst sind Systeme auch bei Luhmann abgeschlossen, nämlich durch jeweilige Codierungen bestimmte Systeme. Und das ist in rechtlichen Zusammenhängen auch richtig; in unserer Diskussion, Frau Marcovich, können wir immer nur über Recht oder Unrecht entscheiden. Wir müssen wissen, dass die Aussage: die Kompetenz besteht nicht, eine Aussage im geschlossenen System des Rechts ist. Wenn wir darüber hinaus diskutieren wollen, so würde ich sagen, dann diskutieren wir philosophisch, es ist aber ein anderes System. Und wenn wir rechtspolitisch diskutieren, dann ist das auch wieder ein System, nämlich Politik. Und da geht es nach eigenen Kriterien. Nun, ich würde die Systemtheorie – Ansätze gibt es jetzt bei Luhmann – so verstehen, dass natürlich die Systeme aufeinander reagieren müssen, denn sonst wäre eine Gesetzgebung nicht möglich. Gesetzgebung ist zunächst einmal geronnene Politik. Hier geht unmittelbar Politik in Recht über. Die Systeme müssen durchlässig werden, und deshalb müssen wir Begriffe klar bestimmen.

Marcovich: Sie können jetzt sagen, dass ich immer aus einer klaren Diskussion wieder in zutiefst menschliche Bereiche hineingehe. Aber wenn ich das Beispiel der Demonstration der Lebensschützer nehme: Wie können Menschen, die militant agieren, liebevoll für das ungeborene Leben sein? Das kommt mir so vor wie die Friedensdemonstrationen: da ziehen sie mit Plakaten »Wir brauchen Frieden« herum, und danach gehen sie heim und streiten mit der eigenen Frau und schlagen ihre Kinder. Für mich ist immer der Unterschied zwischen der Diskussion, der Begriffsbildung und Veröffentlichung einerseits – und andererseits dem Leben, da sind unsere menschlichen Begegnungen, da sind unsere täglichen Reaktionen. Das ist so ein großer Unterschied! Und ich sehe diesen Unterschied nicht, weil ich sage, nur wenn ich mich in meinen täglichen Begegnungen in allen Handlungen und in jedem Wort bemühe (und insofern bin ich Ihnen dankbar, Herr Schad, dass Sie mich darauf hingewiesen haben: urteilen Sie nicht), kommen wir weiter, wir werden es ja nie fehlerlos schaffen, aber wir können uns bemühen, Liebe, Ethik, Moral, wie immer Sie es nennen wollen, zu leben. Und da werden wir wahrscheinlich nicht so viel darüber reden und publizieren müssen. Sie verzeihen, wenn ich es immer wieder dorthin zurückzuführen suche.

Gröschner: Ich stimme Ihnen für den Bereich der Lebenswelt völlig zu und würde mich wehren, die Lebenswelt zu einem geschlossenen System werden zu lassen. Die Lebenswelt ist eben das einzige offene System. Und ich hoffe, man hat es auch gemerkt, natürlich kommt in meine Wissenschaft auch irgendetwas von meiner persönlichen Grundhaltung hinein. Ich kann einen Artikel 6 (Ehe und Familie) nicht kommentieren, ohne irgendwie lebensweltliche Erfahrungen in einer Ehe und in einer Familie gesammelt zu haben…

Marcovich: Sie sind ein Mensch, ganz normal – Gott sei Dank!

Gröschner: Aber ich muss es filtern, ich kann meinen Kollegen, die das Grundgesetz mitkommentieren, nicht zumuten, dass ich einfach Geschichten aus meiner Ehe und Familie in einen Grundgesetzkommentar hineinschreibe.

Marcovich: Aber auch Ihr Filter wird subjektiv sein, und was letzten Endes herauskommt, ist geprägt von Ihrer Erfahrung.

Gröschner: Völlig einverstanden, das ist eine Erfahrung der Hermeneutik: Ohne Vorverständnis verstehen wir überhaupt nichts. Und ich würde Ehe auch nicht als Rechtsbegriff verstehen können, wenn ich nicht ein bestimmtes Vorverständnis hätte.

Treichler: Meine Bemerkung führt an den Anfang Ihres Vortrages zurück. Es war sehr schön, wie Sie auf Pico della Mirandola rekurriert haben bei der Würde des Menschen. Und mich hat die Formulierung des Entwurfsvermögens sehr beeindruckt. Bei Pico selbst ist auch von der Freiheit die Rede. Mich interessiert einmal: Was ist inhaltlich Entwurfsvermögen? Was heißt das konkret? Und zweitens, welche Beziehung hat die Freiheit zum Entwurfsvermögen in Zusammenhang mit Würde?

Gröschner: Ich versuche zu antworten: Erstens, die Beziehung von Freiheit zu Entwurfsvermögen im Sinne der Freiheiten des Grundgesetzes. Das Grundgesetz gewährt zunächst einmal Freiheiten im Rahmen von Freiheitsgrundrechten. Für diese Freiheitsgrundrechte ist das Entwurfsvermögen konstitutiv, denn freie Entfaltung der Persönlichkeit, wie Artikel 2 Absatz 1 Grundgesetz sagt, ist nur möglich, wenn wir dem Menschen etwas zutrauen, das Freiheit ermöglicht, nämlich sich selbst entwerfen zu können. Eben deshalb ist im systematischen Zusammenhang der Auslegung der Freiheitsgrundrechte der dogmatische Rückgriff auf den Artikel 1 Abs. 1 so wichtig. Hier sieht man die Bedeutung des Artikel 1: Er wird nicht etwa irrelevant, weil er keine Fälle lösen hilft, sondern er wird für die dankenswerterweise von Ihnen gestellte Frage höchst relevant.

Zweitens die Relevanz für die Verfassungsprinzipien. Republik etwa, als Hauptbeispiel, ist selbstgegebene Ordnung im kantischen Sinne, das ist der kantische Freiheitsbegriff. Dass Entwürfe von einzelnen Menschen nicht nur als private Entwürfe, sondern auch als politische Entwürfe unsere Ordnung gestalten, setzt wiederum voraus, dass wir dieses Entwurfsvermögen anerkennen. Also auch Republik wäre im philosophischen Sinne nicht konstituierbar, wenn nicht vorher Entwurfsvermögen zugesprochen würde.

Vertieft philosophisch betrachtet, müssten wir uns zunächst über die große Freiheit, die die Bedingung der Möglichkeit der kleinen Freiheiten ist, unterhalten. Im kantischen System haben wir es hier mit einer transzendentalen Begründung zu tun. Um dieses »Faktum der Vernunft« gibt es nach wie vor viel Streit. Ich finde die Lösung des Grundgesetzes geradezu genial, nicht ein transzendental-philosophisch wohlbegründetes, aber gerade beim Freiheitsbegriff auch anfechtbares System zu implementieren, sondern sich auf etwas viel Schlichteres zurückzuziehen, was in etwa 500 Jahren, denke ich, Gemeingut geworden ist.

Kirn: Ich bin sehr beeindruckt von Ihrem Referat, Herr Gröschner. Die Grundrechte sind gewissermaßen gespaltene Elemente. Sie haben einerseits einen philosophischen Charakter, gehören sozusagen zum Bereich der philosophischen Ideen. Auch der Begriff »Leben« ist ein solcher Idee-Begriff. Schon Kant hat ihn als philosophisch höchst problematisch betrachtet – und den Begriff der Würde ebenso. Das sind philosophische Ideen, die im Grundgesetz in eine juristischen Zusammenhang hereingekommen sind. Es sind Repräsentanten des Ideellen im juristischen Bereich, während eine Baugenehmigung beispielsweise etwas Juristisches im juristischen Bereich ist; dafür braucht man nicht die philosophische Idee. Aber das Recht auf Leben und die freie Entfaltung der Persönlichkeit sind Repräsentanten der philosophischen Ideen im Bereich des Juristischen. Damit kommt man natürlich, wie das Gespräch auch zeigt, tief in Methodenfragen hinein, indem man innerlich die Leistung vollbringen muss zu sehen, dass der Staat und das Juristische ein eigener Bereich sind, ein relativ geschlossenes System mit eigener Gesetzlichkeit.

Sie haben gesagt, im Staat ist es kalt und eisig: Nietzsche hat es noch schärfer ausgedrückt: »Der Staat ist das kaltschnäuzigste Untier.« Man kann diese Erfahrung machen, sobald man hinschaut auf alles Juristische: jeder Begriff, jeder Gedanke, die im Juristischen auftreten, sind Teil eines Entscheidungsverfahrens, nämlich eines politischen Verfahrens oder eines Gerichtsverfahrens. Nur in diesem Zusammenhang sind Rechtsbegriffe relevant. Das sind Verfahren, die geprägt sind durch streitige Ausgangspositionen, die dann meistens auch mit einem Urteil enden, in dem autoritativ gesagt wird: So ist es, einer unterliegt, der andere gewinnt. Ein versöhnliches Element ist vom Juristischen her überhaupt nicht drin. Dieser Denkbereich bildet ein System für sich. Da darf man nicht jammern und nicht klagen und sagen, wo bleibt das Sein, oder meine Meinung – sondern das sind die menschlichen Leistungen, die wir erbringen müssen in Beziehung auf diese Sphäre. Es gilt sich da in gewissem Maße abzuhärten. Dass es solche Konflikte gibt, weiß jeder aus dem Leben; glücklicherweise lösen wir die meisten solcher Konflikte außergerichtlich! In der Familie kann die Abfolge Konflikt – Einigung als ein rhythmisches Element erlebt werden. Wenn es gar nicht mehr geht, dann erst schaltet sich das Rechtliche ein. Über den lebensmäßigen Inhalt der Ehe kennt das bürgerliche Gesetzbuch nur einen Satz: »Die Ehegatten sind einander zur ehelichen Lebensgemeinschaft verpflichtet« (§ 1353 BGB). Über Ehegüterrecht sowie die Scheidung und ihre Folgen besteht dagegen ein riesenlanger Katalog von Normen (§§ 1363 bis 1563 und 1454 bis 1587 p). Familienrecht ist eigentlich Familientrennungsrecht. Das kann man schon bei Hegel nachlesen.[2]

Herr Gröschner, ich empfinde es ausgesprochen tapfer, wie sie Ihre Gedanken darstellen. Es ist tapfer, wie Sie das Republikanische darstellen und verteidigen. Es ist eine Tapferkeit bezogen auf ein Stadium der gesellschaftlichen Entwicklung, das man heute mit dem Begriff »Moderne« bezeichnet. Und Moderne heißt natürlich, dass der Staat in diesem geschlossenen Verfahren eine Kompetenz in Anspruch nimmt, auch über andere Lebensbereiche in höchster Instanz souverän zu entscheiden. Mindestens im Notstandsfall soll die Regierung die Kompetenzen bei sich zusammenziehen können. Insofern ist der Staat nicht über eine Art säkularisierte absolute Monarchie hinausgekommen.

Aber diese »Moderne« stellt noch nicht in Rechnung, dass es auch eine »Postmoderne« geben muss. Ich will mit diesem Begriff nichts weiter verbinden, außer dem, dass vielleicht die Systeme des Wirtschaftslebens, des Rechtslebens und des Geisteslebens in der Zukunft in drei gesonderte Bereiche auseinandergehen werden. Dann wird das, was wir in den Grundrechten jetzt so tapfer republikanisch festgehalten haben, natürlich anders zu sehen sein. Und wie anders, das möchte ich auch kurz andeuten. Sie haben gesagt, das die Konkurrenz zwischen verschiedenen weltanschaulichen Entwürfen, wie sie einfließen in staatliche Handlungen, in dialogischer Form zu gestalten sei. Vielleicht wird es wieder eine Oberhörde geben, die beurteilen muss, wie die verschiedenen Entwürfe zusammengeordnet werden können; also eine Art Gesprächsleitung. Aber ich meine, dass in Zukunft das Gespräch nicht im politischen Bereich stattfinden wird, nicht zwischen weltanschaulichen Gruppen, auch nicht zwischen Parteientwürfen, sondern das wird eine ganz menschliche Angelegenheit werden. Das Gespräch muss zwischen Menschen geführt werden.

Konkret auf unser Tagungsthema bezogen: Es müsste für die Möglichkeit eines Gespräches gesorgt werden zwischen dem transplantierenden Arzt, den Angehörigen eines Organempfängers oder dem Organempfänger selbst, wenn er reden kann, und den Angehörigen des Organspenders. Da kommt es dann in eine Sphäre, wo alle Beteiligten über das Juristische hinaus die ganzen Implikationen erleben können. Da kann das, was vollmenschlich erlebt wird, von allen Seiten erfahren werden. Das wird mit der oben angedeuteten »sozialen Dreigliederung« eintreten, dass solche medizinischen Lebensfragen

Fragen des Geisteslebens sind, aus denen sich der Staat heraus-halten muss.

Ein Problem ist uns klar: Die technische Entwicklung ist dem weit vorausgeeilt, was wir moralisch und gesellschaftlich bewältigen können. Darauf sind die Institutionen überhaupt nicht vorbereitet; deshalb läuft das auf der Staatsschiene und läuft dort prinzipiell falsch.

Ich erlaube mir noch eine kleine Bemerkung zu Ihrer »Aus-grenzung der Menschenwürde aus dem juristischen Bereich« zu machen. Ich würde sie ganz gerne ein Stückchen wieder dort hineinnehmen, und zwar aus folgender Erinnerung, die ich als Student hatte. Der Tübinger Rechtsphilosoph *Ernst Fechner*[3] hatte an der Tür seines Instituts ein selbstgemachtes Plakat aufgehängt. Darauf waren zwei Zitate und ein Bild. »Die Würde des Menschen ist unantastbar«, Artikel 1 Grund-gesetz stand auf der linken Seite. Rechts stand ein Zitat aus dem Buch »Die Reine Rechtslehre« von Hans Kelsen.[4] Dazu muss man wissen, dass Kelsen ein österreichischer Jude war, der durch die Ausrottungspolitik des NS-Staates viele seiner Familienangehörigen verloren hatte. Als Jurist aber ist er, me-thodisch gesehen, ein Kantianer von der schärfsten, souveräni-tätsbetonten Richtung, der der staatlichen Entscheidungsmacht alles Recht zuschreibt. Folgender Satz von Hans Kelsen stand auf Fechners Plakat auf der rechten Seite: »Nach dem Recht totalitärer Staaten ist die Regierung ermächtigt, Personen uner-wünschter Gesinnung, Religion und Rasse in Konzentrations-lager zu sperren und zu beliebigen Arbeiten zu zwingen, ja zu töten. Solche Maßnahmen mag man moralisch auf das Schärfs-te verurteilen; aber man kann sie nicht als außerhalb der Rechtsordnung dieser Staaten stehend ansehen.« Dies ist konsequent im Sinne des kantianisch-zwanghaften, geradezu autistisch zu nennenden Rechtsbegriffs, den Kelsen vertritt. Auf dem Plakat war darunter eine Fotografie angebracht, die eine Verhandlung vor dem Volksgerichtshof im Herbst 1944 zeigte. Adam von Trott zu Soltz, einer der Generäle, die in den

Putsch gegen Hitler verwickelt waren, stand vor dem Tribunal. Dieser war in der Haft so abgemagert, dass er ohne den ihm abgenommenen Hosengürtel gezwungen war, während seiner Verteidigungsrede seine zu weit gewordene Hose mit den Händen zu halten, damit sie ihm nicht in die Knie rutschte. Das war auch auf dem Plakat zu sehen, das Ernst Fechner gemacht hat. Und es haben sich dann davor Gruppen von Studenten versammelt und diskutiert und miteinander gesprochen. Das war eine ganz unpolitische Art, die Frage der Menschenwürde zur Sprache zu bringen. Der Staat kann so etwas nicht veranstalten, aber es wurde auf diese Weise als Rechtsproblem zur Sprache gebracht.

Gröschner: Herr Kirn, es gäbe natürlich sehr viel dazu zu sagen! Bei der Frage der Postmoderne darf ich mich doch etwas aufhalten. Die Sache mit dem entwendeten Gürtel ist ein sehr eindrucksvolles Beispiel. Ich habe mich bemüht, alle Fälle, auch diesen, in mein System einzubauen. Es gibt bisher keinen Fall, den ich nicht lösen kann mit Grundrechten und Verfassungsprinzipien: das heißt die Menschenwürde, die ausgelagert wird als unmittelbar anwendbarer Rechtssatz, also nicht akzeptiert wird als solcher, fehlt nicht, um in solchen Fällen eine klare Entscheidung in unserer aller Sinne begründen zu können.

Dass Sie mein Republikprinzip sozusagen als monarchisches Prinzip in republikanischer Gestalt bezeichnen, trifft mich schon. Und da versuche ich erneut eine tapfere Verteidigung. Die Differenz zwischen uns liegt im Freiheitsbegriff. Ich habe meine Probleme mit der »Philosophie der Freiheit« von Rudolf Steiner, ich bemühe mich darum immer wieder. Ich komme aber in anderer Weise als Sie nicht damit zurecht. Ich denke, das ist wirklich die philosophisch tiefste Wurzel, die sich dann verzweigt. Vorhin wurde gesprochen vom kalten Staat: der Staat ist zunächst Friedensordnung. Diesen Frieden schafft er auf kalte Weise, aber er ist als Verfassungsstaat auch Freiheitsordnung.

Diese Kombination von staatlicher Friedensordnung und Freiheitsordnung, denke ich, ist nicht nur modern – sie kennzeichnet natürlich den modernen Verfassungsstaat –, sondern sie ist auch postmodern. Wenn wir die Gewichte etwas verschieben, da würde ich Ihnen sehr zustimmen.

Als Dialogiker, der ich ausdrücklich bin, will auch ich das Gespräch, das Sie zwischen Menschen wollen. In Ihrem Beispiel der Transplantationsmedizin sind wir völlig einer Meinung. Es erhebt sich nur die Frage: Wie organisieren wir das? Ihre Meinung wäre, es organisiert sich von selbst. – Daran glaube ich nicht, so postmodern sind wir noch nicht. Und deswegen …

Kirn: … Wir sind im Rückstand mit der Frage, wie wir das organisieren. Da haben wir nicht richtig drauf geachtet.

Gröschner: Da besteht Konsens. Solange wir aber uns noch nicht selbst organisieren in der Weise, wie wir es auf unterschiedlicher Grundlage wollen, müssen wir darauf setzen, dass dieser kalte Staat in seinen Verfahren Räume für diesen Dialog eröffnet. Und wir müssen uns politisch einsetzen. Und da denke ich, bedarf es auch einigermaßen tapferer Mitstreiter.

Bavastro: Ich möchte zunächst einen historischen Aspekt zum Begriff Würde in unsere Diskussion hereinstellen. In vielen Staaten Mitteleuropas (beispielsweise Spanien, Portugal, Frankreich, Italien) finden wir den übersetzten Begriff aus dem Lateinischen Dignitas im Sinne von Würde. In der Umgangssprache wird dann leicht Würde mit dem römischen Dignitas gleichgesetzt. Ich meine aber, dass mit dignitas etwas völlig anderes gemeint war, als wir heute unter dem Wort Würde verstehen. Es ist deshalb wichtig, diesen Unterschied herauszuarbeiten, weil einige Aspekte der heutigen Diskussion in Missverständnissen und Nichtbeachtung der Unterschiede ihre Wurzeln, zumindest teilweise, haben.

Herr Gröschner, Sie haben inhaltlich die Würde zurückgeführt auf Pico della Mirandola. Im römischen Dignitas ist ein anderer Inhalt, eine andere Bedeutung zu finden. Es bedeutet Geltung, Ansehen, Prestige; führende Politiker hatten Anspruch auf Anerkennung und Berücksichtigung. Dignitas war an eine politische Leistung, an ein politisches Amt gebunden, an Senats-Zugehörigkeit beispielsweise, aber auch an Grundbesitz und Vermögen; sie war eine Abstufung in der politisch-sozialen Ordnung, bis in die Straferteilung hinein: Wer Dignitas hatte, wurde für die gleiche Tat weniger oder gar nicht bestraft im Vergleich zu anderen.

Die römische Dignitas ist an die einzelne Person gebunden und zugleich an die Res publica: Person und Res publica sind nicht zu trennen. So unterscheidet sich ein Amtsträger durch Äußeres bereits in seiner Dignitas. Seine Erscheinung, seine Kleidung, sein Auftreten, sein Sprechen, sein Gehen und seine Gesten sind anders, bis hinein in seine Amtszeichen oder Amtsdiener, die in Begleitung waren und zu Dignitas als äußeres Zeichen dazugehörten.

Dignitas ist der Ausdruck des starken Gewichts des politischen Elementes in der römischen Gesellschaft; sie ist aber gleichzeitig gegeben, manchmal gar vererbbar, und den Trägern geschuldet. Das ist in aller Kürze die äußere Seite.

Demgegenüber gesellt sich aber im Römischen bereits eine innere Seite hinzu, gleichsam eine Verpflichtung des Dignitas-Trägers gegenüber sich selbst und der Res publica. Es lassen sich in Kürze folgende Elemente finden: Selbstbeherrschung, also ein Zurückhalten der Emotionen; Hochgesinntheit, Selbstdisziplin; Großzügigkeit, keine kleinliche Pedanterie; sie ist an moralische Integrität sowie an Tüchtigkeit, aber auch an Freiheit gebunden. Diese Elemente zeigen deutlich, dass Dignitias auch eine moralische Forderung war; nur so wird verständlich, dass Dignitas eng mit Auctoritas (Autorität), mit Gratia (Anspruch auf Dank), mit Fides (Treue, Verpflichtung) und mit Maiestas unzertrennbar verbunden war.

Anspruch und Verpflichtung, Inneres und Äußeres waren in einem verbunden – wir dürfen aber nicht übersehen, dass diese Dignitas unzertrennbar im Dienste der Res publica, der öffentlichen Belange zu verstehen war. Diese Begriffe umschreiben eine Macht, die eine Befolgung nicht mit äußeren Mitteln erzwang, sondern die einen inneren Zwang oder Verpflichtung schafft, die das Gefühl erzeugte, dass die Befolgung eine selbstgewollte, freiwillig übernommene Pflicht darstellt. In der römischen Gesellschaft war es selbstverständlich, die Überlegenheit dessen, der Dignitas besitzt, auch anzuerkennen. »Die Gleichheit selbst ist ungleich, wenn sie keine Abstufung der Dignitas kennt«, sagt Cicero! Dignitas ist ein Element des römischen Selbstbewusstseins und des römischen Überlegenheitsgefühls, der Haltung, des Lebensstils – also Äußeres und Inneres in einem, sie ist gleichsam ein Lebensbegriff, im Politischen beheimatet, aber mit moralischer Färbung: ein Stil- und Formprinzip!

Im Laufe der Geschichte entwertete sich immer mehr die Dignitas im politisch-äußeren Bereich; schon bei Cicero finden wir Ansätze zur Entwicklung einer inneren Qualität, die später dann zur vollen Entfaltung sich entwickeln wird.

Ich möchte nur einige Beispiele dieser Entwicklung vorlesen. Hier eines aus de Officiis: »Bei jedem sittlichen Problem ist es wichtig, sich zu vergegenwärtigen, welch ungeheuren Vorgang die Natur des Menschen vor den zahmen und den übrigen Tieren hat. Diese empfinden nur Lust, und ihr ganzes Streben geht dahin. Der Sinn des Menschen nährt sich vom Lärmen und Denken, immer sucht und betreibt er etwas und wird von der Freude am Sehen und Hören geleitet. Selbst wenn er ein wenig zu den Sinnesfreuden neigt, … wenn ihn die Lust auch noch so sehr gefangen nimmt, verbirgt und kaschiert er die Lustbegier, weil er sich ihrer schämt. Daraus kann man entnehmen, dass die körperliche Lust der hervorragenden Stellung des Menschen nicht genügend würdig ist. …wenn wir bedenken, welche Vorrangstellung und welche Würde unsere

Natur eignet, dann verstehen wir, wie schimpflich es ist, im Wohlleben zu versinken.«

Die Einbürgerung der griechischen Philosophie in Rom durch Cicero öffnet den Weg für eine neue Norm, die langsam Fuß fassen kann.

Bei Boethius (480 v. Chr. – 525 n. Chr.) ist die Wende durch das Christentum schon spürbar: »Es ist die Bestimmung der Menschennatur, die humane nature conditio – dieser Ausdruck taucht immer wieder auf –, dass sie nur dann alles Übrige überragt, wenn sie sich selbst erkennt, jedoch unter die Tiere herabsinkt, wenn sie aufhört, sich zu erkennen.

Selbsterkenntnis im Sinne der Erkenntnis der göttlichen Bestimmung des Menschen ist, wie bei Cicero, Voraussetzung für die Menschenwürde.

Erlauben Sie mir einige Sätze aus Pico della Mirandola vorzulesen, um den Kreis gleichsam zu schließen: »Wir haben dir keinen bestimmten Wohnsitz noch ein eigenes Gesicht, noch irgendeine besondere Gabe verliehen, o Adam, damit du jeden beliebigen Wohnsitz, jedes beliebige Gesicht und alle Gaben, die du dir sicher wünschst, auch nach deinem Willen und nach deiner eigenen Meinung haben und besitzen mögest. Den übrigen Wesen ist ihre Natur durch die von uns vorgeschriebenen Gesetze bestimmt und wird dadurch in Schranken gehalten. Du bist durch keinerlei unüberwindliche Schranken gehemmt, sondern du sollst nach deinem eigenen freien Willen, in dessen Hand ich dein Geschick gelegt habe, sogar jene Natur dir selbst vorherbestimmen. Ich habe dich in die Mitte der Welt gesetzt, damit du von dort bequem um dich schaust, was es alles in dieser Welt gibt.

Wir haben dich weder als einen Himmlischen noch als einen Irdischen, weder als einen Sterblichen noch als einen Unsterblichen geschaffen, damit du als dein eigener, vollkommen frei und ehrenhalber schaltender Bildhauer und Dichter dir selbst die Form bestimmst, in der du zu leben wünschst. Es steht dir frei, in die Unterwelt des Viehes zu entarten. Es steht dir ebenso frei, in die höhere Welt des Göttlichen dich durch den Entschluss deines eigenen Geistes zu erheben.

Müssen wir darin nicht zugleich die höchste Freigiebigkeit Gottvaters und das höchste Glück des Menschen bewundern? Des Menschen, dem es gegeben ist, das zu haben, was er wünscht, und das zu sein, was er will. Denn die Tiere, sobald sie geboren werden, tragen vom Mutterleibe an das mit sich, was sie später besitzen werden, wie Lucilius sagt. Die höchsten Geister aber sind von Anfang an oder bald darauf das gewesen, was sie in alle Ewigkeiten sein werden. In den Menschen aber hat der VATER gleich bei seiner Geburt die Samen aller Möglichkeiten und die Lebenskeime jeder Art hineingelegt. Welche er selbst davon pflegen wird, diejenigen werden heranwachsen und werden in ihm ihre Früchte bringen. Wenn er nur die des Wachsens pflegt, wird er nicht mehr denn eine Pflanze sein. Pflegt er nur die sinnlichen Keime, wird er gleich dem Tiere stumpf werden. Bei der Pflege der rationalen wird er als ein himmlisches Wesen hervorgehen. Bei der Pflege der intellektualen wird er ein Engel und Gottes Sohn sein. Und wenn er mit dem Lose keines Geschöpfes zufrieden sich in den Mittelpunkt seiner Ganzheit zurückziehen wird, dann wird er zu einem Geist mit Gott gebildet werden. In der einsamen Dunkelheit des Vaters, der über alles erhaben ist, wird er auch vor allen den Vorrang haben. Wer möchte nicht dieses unser Chamäleon bewundern? Oder wer möchte überhaupt irgendetwas anderes mehr bewundern?«

Vielleicht nur so weit: Der Begriff der Dignitas ist weit entfernt von unserem Begriff der Würde, wie sie im Grundgesetz erscheint.

Die Diskussion, die heute geführt wird, angestoßen durch die Präferenz und den Utilitarismus, greift, meine ich, erneut äußere Elemente ähnlich wie bei der Dignitas auf und vernachlässigt die geschichtliche Entwicklung, die gerade die inneren Elemente des Menschseins entwickelt hat, bis zu einer Selbstständigkeit in dem Begriff Würde.

An diesem Punkt angelangt, sind Dignitas, Würde, Mensch und Person nicht mehr zu trennen. Im Römischen war die Person von der Res publica nicht zu trennen, sie war – entsprechend der Dignitas – Träger von Rechten und Pflichten. Diese Auffassung taucht im Juristischen erneut auf: sie haben die Person als Träger von Rechten und Pflichten ganz richtig beschrieben.

Ich möchte einige Aspekte zu der Diskussion um den Personenbegriff schildern, da sie mir für unser Thema bedeutsam erscheinen.

Das Wort kommt aus dem Etruskischen Phersu, die maskierte Figur; in der platonischen Tradition ist die Welt ein Theater, in dem die Menschen durch Gott bewegt, ihre Rolle spielen. Epicret schreibt: »Es ist deine Sache, die dir gegebene Rolle schön zu spielen, aber sie auszuwählen eine andere.« Gemeint ist hier das Leben, nicht das Theater! Die Bedeutung der Person im Römischen habe ich eben skizziert. Im Konzil von Alexandria im Jahre 362 wird die Person als Vollbringer oder Rechtsträger definiert: So sind zum Beispiel die katholische Kirche und der Heilige Stuhl Personen kraft göttlichen Rechtes.

Ich lese eine vielzitierte Stelle aus Boethius vor: »Wenn sich Person nur bei Substanzen findet, und zwar nur bei Vernunftbegabten, wenn außerdem alle Substanz eine Natur ist, wenn schließlich Person nicht in Allgemeinbegriffen, sondern nur in Einzelwesen enthalten ist, dann ist Definition der Person gefunden: Person ist die individuelle Substanz einer rationalen Natur.« Aber wir müssen hier Acht geben: Substanz ist hier philosophisch gemeint, als das selbstständig Beharrende, das bleibende In-sich-Stehen eines Seienden! Es ist philosophisch und geschichtlich nicht korrekt, aus dieser Stelle von Boethius Folgendes zu entnehmen: Person ist derjenige, der Rationalität aktuell besitzt! – wie es heute leider oft geschieht!

Averroes (1126-1198) schreibt: »Der Leib individualisiert eine überpersonale und überindividuelle Vernunfttätigkeit erst zur Person.« Ist damit nicht die Persönlichkeit gemeint?

Für Thomas von Aquin (1225-1274), und mit ihm das Mittelalter, gilt: »Individuum est ineffabile«, also nicht aussprechbar, nicht definierbar, nicht messbar; Persönlichkeit ist die göttliche, unsterbliche einmalige Seite unseres Wesens.

Bei Descartes (1596-1650) ist das »Cogito ergo sum« die Suche nach der Sicherheit der Wahrnehmung des eigenen Selbst, um die Welt aus einem sicheren Standpunkt analysieren zu können. Es ist also eine erkenntnistheoretische Frage, die mit einer definitiorischen Setzung nichts zu tun hat.

Der in diesem Zusammenhang viel zitierte John Locke (1632-1704) vertritt folgende Position: Person ist ein denkendes Wesen, das sich als sich selbst betrachtet, als dasselbe denkende Wesen in verschiedenen Orten und Zeiten; dies tut es durch sein Bewusstsein, das sein Denken begleitet. Das Bewusstsein seiner Selbst konstituiert seine eigene Identität. Einen Halt zu finden im irdischen Geschick ist unmöglich, der invariante Bezugspunkt meiner Selbst kann einzig im Jenseits gegeben sein. Die Ich-Identität ist letztlich eine theologische metaphische Grundierung. Letztlich ist für Locke die persönliche Identität ein forensischer Begriff, der Mensch ist für Handlungen verantwortlich. Locke sucht nach der Bestimmung des »Sich-selbst-Gleichbleibens«, in gewisser Weise in der Tradition des »Erkenne dich selbst« des alten Delphi. Er spricht nicht nur von Person, sondern von human beeing, von identity of itself, itself as itself, von Man.

Auch Leibniz (1646-1716) sucht nach der Rechtfertigung des Ich-Bewusstseins im Dasein der Welt: das ist das Wissen der Seele von sich selbst, also die Offenbarung des Ichs.

David Hume (1711-1776) bezeichnet die »personal identity« als das Ich, das Selbst.

Wir sehen, es ist eine erkenntnistheoretische Fragestellung, keine Definition der Person!

Alle Autoren und Philosophen gehen bisher davon aus, dass alles, was Menschenantlitz trägt, was vom Menschen stammt, was zur Art Mensch gehört, auch Mensch ist. Es handelt sich um eine inklusive Betrachtungsweise, die in der abendländischen Tradition auch dazu geführt hat, was Sie, Herr Gröschner, zu Art. 1 Grundgesetz geschildert haben. Eine solche Betrachtungsweise schützt den Einzelnen und setzt Grenzen gegenüber der Verfügung durch andere (Gesellschaft, Forschung usw.). Im Sinne der philosophischen Entwicklung ist es sicher korrekt, für die Einmaligkeit des einzelnen Menschen von Persönlichkeit zu sprechen; menschliche Eigenschaften haben keine trennende Funktion in Gruppen oder Untergruppen, haben keinen ausgrenzenden Charakter – sie haben vielmehr schützende Funktion, weil sie den Kreis derer erweitern, die an Schutzvorkehrungen teilhaben. Sie begrenzen den Zugriff von Medizin und Technik auf den Menschen.

Im Umgangssprachlichen gehen oft die Begriffe Mensch, Person, Persönlichkeit, Individuum, Individualität durcheinander; außer der rein juristischen Definition der Person wird mit diesem Wort häufig mehr ein Zähl- oder Charakterisierungs-Element gemeint: Personen-Aufzug, Personen-Verkehr, Pkw und anderes.

Heute ist in Biologie und Medizin vieles machbar, von präembryonal bis an die Todesschwelle. Der Mensch und seine Würde sowie die dadurch bedingte Unverfügbarkeit stehen allzu oft der Machbarkeit gleichsam im Wege.

Der Utilitarismus, der Präferenzutilitarismus, und die sogenannte Bioethik als eine seiner Extremformen entfernen sich von dieser Entwicklung: Was macht den Menschen zum Menschen? Wann ist der Mensch wirklich Mensch, also Person? Methodisch interessant scheint mir zu sein, dass ähnliche Fragen für andere Bereiche gar nicht gestellt werden, beispielsweise: Wann ist eine Kuh wirklich eine Kuh? In aller Kürze: Person soll derjenige sein, der aktuell kognitive Fähigkeiten besitzt wie Rationalität, Selbstbewusstsein, Bewusstsein oder Präferenzen.

Diese so formulierte exklusive Definition wird zum Ausschlusskriterium: einige unter uns Menschen sind Personen, andere nicht, noch nicht oder nicht mehr (beispielsweise Embryonen, Neugeborene, Behinderte, Kinder oder Erwachsene, Cerebralgeschädigte, verwirrte alte Menschen bis hin zum sogenannten Wachkoma oder »Hirntod«). Diese Nicht-Personen sind nicht gleichermaßen Träger einer Würde. Die Unverfügbarkeit wird also nicht länger vom Menschsein als solches abhängig gemacht, sondern lediglich und ausschließlich vom aktuellen Vorhandensein bestimmter Merkmale. Unter anderem haben wir hier das Problem der Fremdbestimmung, was »Wert« ist. Einige sprechen gar davon, dass der Mensch als Person sich erst qualifizieren müsse.

Von einigen Autoren, die das Personenkonzept vertreten, wird auch zugegeben, dass eine solche Definition eine willkürliche Festsetzung oder gar einen interessengeleiteten Missbrauch darstellt.

Wozu schildere ich diese zwei Entwicklungen so ausführlich, Dignitas – Würde, Persönlichkeit – Person?

Von einer ursprünglich mehr an äußeren Merkmalen festgemachten Dignitas kam es langsam zu einer Entwicklung und Bewusstwerdung der inneren Qualitäten des Menschen, bis zum heutigen Inhalt der Würde – Sie haben es sehr schön »Entwurfsvermögen« genannt. Ähnlich ging es mit Person – Persönlichkeit, mit dem Bewusstsein der Einmaligkeit des individuellen Menschseins, was ja auch in den Begriff der Würde mit eingeflossen ist.

In einem merkwürdigen »Über-Kreuz-Phänomen« greift die utilitaristische Personen-Definition äußere exklusive Merkmale auf, ähnlich wie die ursprüngliche Dignitas mehr Äußeres betonte. Das Aufgreifen exklusiver Definitionsmerkmale geschieht aber einmal an der geschichtlichen Entwicklung vorbei, und zum Zweiten unter Umgehung oder unter Ignorierung bekannter phänomenologischer Tatsachen.

Zum Verständnis unserer Begrifflichkeiten in ethischen Fragen schien es mir wichtig, diese Entwicklung kurz zu streifen.

Die Entwicklung, das Werden in seiner individuellen, nicht

messbaren Einmaligkeit, die nur jeder für sich mit Ich bezeichnen kann, macht den Menschen aus. Menschen sind Subjekte des Könnens – eben Entwurfsvermögen. Nach Robert Spaemann meint Person nicht das, *was* ein Mensch werden kann, sondern meint denjenigen Menschen, *der* etwas werden kann. Person ist also der Mensch selbst, nicht ein bestimmter Zustand des Menschen!

Ist es aber dann nicht besser, von Persönlichkeit zu sprechen?

Gröschner: Vielen Dank, Herr Bavastro, für diese Klärungen. Zur römischen Dignitas-Vorstellung stimme ich Ihnen zu; ich sehe die Entwicklung des Würdebegriffs in der heutigen Diskussion ähnlich wie Sie, würde sie allerdings nicht nur auf Singer und seine utilitaristische Position beziehen, sondern eher auf Luhmann. Luhmann vertritt einen Würdebegriff, der ganz und gar im Sinne der Ehre ist, so wie Sie es römischrechtlich dargestellt haben; die Würde eines Konsuls, das ist das, was er in seinem Amt durch eine gewisse Amtsführung, durch Einbringen seiner Persönlichkeit in dieses Amt, darstellt. Das ist von H. Hofmann die Leistungstheorie genannt worden, die also Würde ganz auf Leistung stellt. Das ist nicht die grundgesetzliche Position, ganz klar! Für Dignitas sollten wir besser den Begriff Ehre benutzen; es braucht nicht Würde genannt zu werden. Wenn es alltagssprachlich doppelsinnig gebraucht wird, steht dem nichts entgegen, aber wir sollten den Begriff präzisieren. In der Entwicklung dieses Begriffs denke ich, hat das Christentum die entscheidende Zäsur gebracht, die wiederum in der Pico'schen Tradition beendet wurde. Noch immer gibt es die sogenannte Mitgifttheorie von H. Hofmann, dass Würde eben etwas sei, was dem Menschen mitgegeben worden sei; und das kann dann nach jeweiliger Position christlich oder wie auch immer gedeutet werden.

Die große Leistung der Renaissance bestand darin, den Beginn der Moderne in dieser Weise zu kennzeichnen, dass eine

Emanzipation stattfindet, dass sich der Mensch seiner eigenen Fähigkeit bewusst wird, im Übrigen bei Pico nicht antichristlich, sehr wohl aber antiklerikal. Und dass eine geplante Veranstaltung vom Papst verboten wurde, zeigt nur, wie sprengkräftig seine Thesen damals empfunden wurden. Und wenn wir hier in diesem Kreise offen diskutieren, und auch publizieren, sind wir uns doch bewusst, dass hier Positionen vertreten werden, die auch deutlich Widerspruch auslösen werden. Man muss in ganz großen Zusammemhängen denken, bis etwas, was fachwissenschaftlich entwickelt wurde, dann auch konsensfähig ist und nicht zu Verboten als heretische Thesen oder zu Diskussionensverboten führt. Und da ist leider die Singer-Diskussion – und zwar von beiden Seiten – ein ganz unerfreuliches Beispiel. Wenn jemand anderer Meinung ist, dann ist die Meinung argumentativ darzulegen, und dann mag jeder entscheiden, welche Argumente die besseren sind.

Schad: Herr Bavastro, ich bin Ihnen sehr dankbar, dass der Würdebegriff in seiner Evolution, nicht biologistisch, sondern einfach anthropologisch gemeint, erläutert wurde; denn man kann so den Begriff Würde auch viel besser mit Inhalten füllen – das war mir sehr hilfreich.

Ich habe eine Schlussfrage: Gibt es nicht auch die Situation, dass im mitmenschlichen Bereich Würde im besten Sinne des Wortes dem anderen Menschen gegeben, ja sogar geschenkt wird? Der Mensch hat sie zwar schon qua seiner eigenen Natur, aber er kann sie auch angetragen bekommen. Ich habe das am eindrucksvollsten in einem ganz anderen Kulturkreis erlebt, nämlich in Erlebnissen mit schwarzafrikanischen Menschen, die mit der westlichen Zivilisation noch nicht in Berührung waren. Ich habe vier Tage ohne Asphaltstraßen und Telefonleitungen im Busch gelebt und habe mit unberührten Schwarzafrikanern Begegnungen gehabt. Die beeindruckendsten Menschen waren die ältesten, die Greise und die Greisinnen: Sie haben eine unglaubliche Würde ausgestrahlt! Ich habe mich plötzlich geschämt, wie wir in unserem Kulturkreis mit unseren alten Menschen umgehen! Ich habe mich gefragt: Woher kommt das? Man kommt sich als Europäer allzu rasch überlegen vor gegenüber den Afrikanern … Da war es umgekehrt. Man kam sich gegenüber diesen Alten im Busch, die nur mit Antilopenleder bekleidet waren, ganz klein vor. Woher kommt diese Überlegenheit? Da genügte eine Kopfbewegung und man wusste, woran man war. Nachdem ich dann Literatur über den Stamm gelesen hatte, wurde mir deutlich, dass die alten Menschen das höchste Ansehen im Stamm haben. Warum? Weil sie diejenigen sind, die bald sterben werden; weil man zu ihnen, wenn sie gestorben sein werden, beten wird als zu den Wesen, die dann in der geistigen Welt sein werden. Es sind die Menschen, die jetzt schon den künftigen Bezug zur geistigen Welt, zur Transzendenz leibhaftig darstellen: Sie werden in Kürze in der geistigen Welt sein. Dadurch werden sie vor ihrem Tode von allen Jüngeren sehr verehrt. Sie strahlen eine nicht nur immanente Würde aus, sondern auch eine solche, die ihnen von den Mitmenschen, denen sie dialogisch dauernd begegnen, geschenkt wird und die eine Art selbstlose Würde ist, die mir zutiefst human erschien. Gibt es das in kleinerem Maßstab, wenn man es entdeckt hat, nicht auch gelegentlich bei uns?

Meine letzte Frage: Ist nicht auch Würde, wie wir sie dem einzelnen Menschen zusprechen, für eine ganze Tierart als Art denkbar? Den Elch darf ich als Jäger abschießen, wenn er sich, wie in Schweden, zu stark vermehrt hat, sonst leidet der Wald Schaden. Da muss eine Regulation von außen, vom Menschen stattfinden, seitdem die Großraubtiere fehlen. Der Verlust des Elches als Art jedoch wäre ein unwiederbringlicher Verlust für die Biosphäre, so bedarf der Artenschutz einer rechtlichen Grundlage. Entspricht nicht die Vernichtung einer ganzen Tierart dem Mord eines einzelnen Menschen?

Gröschner: Herr Schad, ich stimme Ihnen außerhalb der Rechtsordnung des Grundgesetzes völlig zu. Innerhalb der

Rechtsordnung des Grundgesetzes kann der Begriff Würde, eben wie dargelegt, nicht auf Tierarten, auf Tiergattungen bezogen werden. Wir haben jetzt den Artikel 20 a, der die natürlichen Lebensgrundlagen schützt. Nach herrschender Meinung ist der Tierschutz dort nicht mit eingeschlossen. Aber wer hindert denn den einfachen Gesetzgeber, in einem vernünftigen Tierschutzgesetz den Artenschutz mit zu regeln oder ein Artenschutzgesetz zu machen? Das Grundgesetz schließt das doch um Gottes Willen nicht aus!

Schad: Ich hätte es gerne im Grundgesetz gehabt …

Gröschner: Dann machen wir uns auf, auch insoweit politische Veränderungen in die staatlichen Verfahren hineinzubringen und das Grundgesetz eben insoweit zu ändern. Aber man hat gesehen, wie schwierig es mit Art. 20 a war. Wir können jedenfalls in juristischen Argumentationszusammenhängen den Artikel 1, der nach meiner Auffassung nicht konkrete Fälle lösen kann, auch nicht auf andere als menschliche Wesen beziehen. Und ich denke, darüber müssen wir uns ganz klar sein; das heißt nicht, dass wir nicht unsere philosophisch begründete Überzeugung, die ich mit Ihnen teile, in das Recht einbringen können.

Ihre Erfahrung mit den Alten würde ich im philosophischen Sinne so lösen, dass das nicht mit dem Begriff Würde, sondern mit dem Begriff Ehre besser bezeichnet wird. Das ist eher dieser alte römisch-rechtliche Dignitas-Begriff, der nicht in Leistungen wie bei Luhmann erfasst ist, sondern sehr dialogisch (ganz in meinem Buberschen Sinne) in der unmittelbaren Begegnung mit den Alten gespürt, in der Besonderheit der Begegnung erlebt wird, durch die besondere Art der Achtung. Ich glaube aber, dass im Deutschen die Begriffe der Ehre, der Ehrerbietung und Achtung diese Situation besser charakterisieren.

Im Übrigen würde ich die Begriffsreihe so bilden, dass nach dem Tod der Alten, denen man eine solche Ehrerbietung zukommen lässt, von Pietät zu sprechen ist, aber nicht mehr von Würde. Der Leichnam hat keine Würde, wir behandeln ihn auch nicht würdig, obwohl in den meisten Friedhofsordnungen steht, sich »der Würde des Ortes entsprechend zu verhalten«: ein Ort kann keine Würde haben! Sondern es ist der Ort, an dem wir in dem je spezifischen Respekt, jetzt nicht mehr mit den alten Lebenden, sondern mit den Verstorbenen umgehen. Wir ehren den Toten, den Verstorbenen, und das hat einen speziellen Begriff, nämlich den der Pietät.

Erkenntnis als Grundlage des moralischen Handelns

Michael Kirn

Der Engel der Medizin und der Engel des Rechts, die schon in *Robert Musils* »Der Mann ohne Eigenschaften« auf so feinsinnige Weise in Verbindung gebracht worden sind[1], haben sich in der Tat vieles zu sagen. Deshalb ergibt ein juristisches Referat über Grundrechte oft für medizinisch Interessierte einen unmittelbaren Diskussionsstoff, der in praktische Fragen umschlägt. Der Arzt und der Jurist brauchen moralisch begründete Begriffe für ihr Handeln. Die Fragen liegen auf der Hand: Wann ist ein Mensch krank? Wann ist er tot? Was darf man mit der Krankheit oder gegen sie tun? Darf man den Todeseintritt als solchen technisch aufhalten? Soll man »lebensunwertes Leben« beenden? Seien wir uns klar darüber, dass das Vorauseilen der technischen Möglichkeiten vor der moralischen Einsicht vor allem deshalb ein Problem darstellt, weil durch die technischen Möglichkeiten als solche gleich Begriffe mitgeprägt werden. Im Umkreis des technischen Handelns entstehen auch unmittelbar die dazugehörigen Begriffe. »Organ« ist etwas anderes, wenn man es transplantieren kann, als es in der früheren Medizin war, wo man den Begriff aus dem Leben des »Organismus« abgeleitet hat. Das war damals nicht etwas, was man transplantieren konnte, sondern es war ein erlebter, begriffener Lebenszusammenhang. Heute kann man es transplantieren, dadurch wird natürlich der Begriff des »Organs« völlig verändert. Es besteht die Gefahr, dass die Begriffe, die im Umkreis der technischen Handlungsmöglichkeiten neu gebildet werden, gewissermaßen den Anschluss an das Menschenwesen verlieren. Besser gesagt: Dass die Begriffe ihren moralischen Hintergrund in einem mehr oder weniger verfeinerten Nützlichkeitsdenken verlieren, dass man aus dem reinen Nützlichkeitskalkül nicht mehr herauskommt. Der Mediziner, der einmal gelernt hat, wie man es technisch macht, wird geneigt sein, die Frage, ob er es machen soll, danach zu beantworten, ob dabei im Ganzen ein Optimum an Lebensfunktionen herauskommt. Und der Jurist wird die Rechtsformen bereitstellen, in denen die entsprechende »Güterabwägung« sanktioniert und ihre emotionslose und unparteiische Durchführung kontrolliert werden kann.

Hier muss sich der Philosoph mit der Frage dazwischenstellen, inwiefern bei dieser Entwicklung ein moralisches Defizit entsteht. Und wenn er sein philosophisches Geschäft ernst meint, dann wird er dabei nicht unmittelbar nach einem Verlust der »Menschlichkeit in der Medizin« oder nach einem »Verlust der Mitte« überhaupt fragen, sondern er wird dort ansetzen, wo wir allen Dingen unseres Lebens die innere Richtung geben. Das ist unsere Weise zu denken. Nur durch das Denken erkennen wir die Welt, auch dort, wo es sich um die ganz gewohnheitsmäßige Verbindung von Wahrnehmung und praktischem Umgang mit den Dingen handelt. Deshalb trägt mein Referat den Titel: »Erkenntnis als Grundlage des moralischen Handelns«.

In diesem Titel spiegelt sich der große Bogen, den das Gesamtthema unserer Tagung umspannt: »Individualität und Ethik«. Die Frage ist also, ob in unser Erkennen das Denken so eingreift oder eingreifen kann, dass darin das Moment der menschlichen Individualität lebt. Wer das zu bestreiten geneigt ist, wird aber vielleicht dennoch schon die Beobachtung gemacht haben, dass umgekehrt das Denken mancher Menschen in ihr Erkennen so eingreift, dass diese damit nur ein abstraktes und modellhaftes Verhältnis zur Welt herstellen. Also müsste es in dieser Hinsicht auch die umgekehrte Entwicklung geben. Die zweite Entsprechung zwischen Tagungsthema und Referat liegt in den Begriffen »Ethik« und »moralisches Handeln«. Auch hier ist das Vermittelnde wieder das Denken. Denn unter Ethik versteht man das Wissen von dem moralischen Handeln, und Wissen ist dasjenige, was wir durch unser Denken hervorbringen. Wenn dieser Zusammenhang einen methodisch systematischen Zug erhält, wenn wir die Art und Weise, in der wir etwas wissen, begrifflich kontrollieren, dann betreten wir das Reich der Wissenschaft. Von hierher wird verständlich, warum Fichte sein philosophisches Hauptwerk »Die Wissenschaftslehre«[2] nennt. Das ist nicht eine Wissenschaftstheorie im üblichen Sinne, sondern das fragt, wie durch unsere Begriffsbildung eine je bestimmte Wissensart als Weltbeziehung uns etwas über den Menschen offenbart. Womöglich sogar über die menschliche Individualität.

Die Ethik als Wissenschaft gehört zum Kreis der philosophischen Wissenschaften. In ihr wird das Wissen von den Prinzipien des moralischen Handelns gesucht. Wir fragen nicht direkt: Was ist das Gute, oder was ist das Gesollte? Das wäre eine naive, platonische Frageweise, die zu vorschnellen Antworten verleiten müsste. Vielmehr richtet sich unsere Frage primär auf die Wissenschaft, auf die Art des Wissens von dem Guten. Das Problem wird sein bei dieser Fragestellung, das Gute selbst nicht zu vergessen.

I. Ich möchte zunächst von einer Unterscheidung verschiedener Weisen ausgehen, wie man von dem Moralproblem wissen kann. Dabei wird sich auch ein Unterschied zeigen in dem, was dann jeweils von der Individualität des Menschen darin zu finden ist. Ich greife drei Wissensarten heraus, eine *soziologische,* dann die von dem *Philosophen Kant* entwickelte und schließlich die *moraltheologisch-kirchliche* Art, von moralischen Problemen zu wissen. Dabei werden wir jeweils zwei Elemente zu beachten haben. Einerseits ist es die Frage, wie in diesen Wissenschaften jeweils die Beziehung erscheint, in die sich das erkennende und handelnde Subjekt selbst zu dem Wesen des Guten setzt. Denn der handelnde Mensch muss sich zu dem, was man als »das Gute« bezeichnet, unmittelbarer verhalten, als die Wissenschaft es weiß. Diese – und das ist das zweite Element – muss für jenes erste Verhältnis Begriffe bilden, welche die Unmittelbarkeit des gut Handelns, zugleich aber auch jede darin eingetretene Differenz, das heißt also die reale Negation des gut Handelns, umfassen. Solche Begriffe werden gewöhnlich auf der Grundlage der Beziehungsworte des »Sollens« oder »Müssens« gebildet. Im Grunde liegt in der Notwendigkeit einer Moralwissenschaft bereits das Eingeständnis, dass der handelnde Mensch aus dem Wesen des Guten herausgefallen ist, sonst müsste man nicht das Denken aktivieren, um zu erkennen, dass er die Idee des Guten hochhalten soll oder (schwächer) dass er die Wehrhaftigkeit des Guten erkennen und anerkennen soll. Die Moralwissenschaft erscheint von daher als eine Normwissenschaft.

Nun wird bei diesem ganzen Gedankengang die Voraussetzung gemacht, dass die Moralwissenschaft als Normwissenschaft notwendig sei. Es wird vorausgesetzt, dass der handelnde Mensch von dem Guten weiter entfernt sei, als er darf, und dass er mit den ethisch begründeten Normen gewissermaßen näher an jenes herangetrieben werden könne. Wie aber, wenn dies auf einer Zwangsvorstellung beruhte, wenn der handelnde Mensch ein freieres Verhältnis zu dem Wesen des Guten erlangen könnte, als die Moral-Normwissenschaft glaubt? Kann man gar von einer Konkurrenz zwischen dem handelnden Menschen selbst und der Moralwissenschaft um das freiere Verhältnis zu dem Wesen des Guten sprechen? Nein, denn der handelnde Mensch als solcher, das anthropische Urphänomen, von dem Herr Gröschner gesprochen hat, kommt bei einer allgemeinen Betrachtung – im Gegensatz zum Erleben in einer »Selbsterfahrungsgruppe« – nur als gedanklich »elaboriertes« Wesen in Betracht, und es kann nur der Unterschied gemacht werden zwischen dem, wie der Mensch sich selbst weiß, und dem, wie er wissenschaftlich gewusst wird. Es ist hierbei aber die Frage zu stellen, ob die Moralwissenschaft dem, wie der handelnde Mensch sich jeweils selbst wissen kann, einen genügenden Freiheitsraum gibt.

Damit ist jedenfalls klar, dass in dem Gegenstand der Ethik ein inneres Spannungsverhältnis besteht. Da wir selbst Menschen sind, die sich beim Handeln in ein unmittelbares Verhältnis zu dem Wesen des Guten setzen müssen, können wir auch in unserer wissenschaftlichen Gedankenbildung über diesen Gegenstand nicht die distanzierte Haltung des gewöhnlichen wissenschaftlichen Subjekts zu seinem Objekt einnehmen. Für den Geologen beispielsweise sind auch die Gesteine zunächst leblose Dinge außer ihm; er kommt zu ihnen erst dann in ein Verhältnis, wenn er die Frage stellt, wie es sich mit ihrem Wesen verhält. In der Moralwissenschaft ist das Objekt selbst bereits eine Subjekt-Objekt-Beziehung: Das Wesen des Guten geht den Menschen unmittelbar an. Dem gegenüber kann das wissenschaftliche Subjekt nicht kritisch-distanziert bleiben.

Daran leidet besonders die *Soziologie*. Für sie ist schon um ihrer eigenen Methodik willen die Moral ein höchst fragwürdiger Gegenstand. Die Soziologie untersucht das gesellschaftliche Verhalten des Menschen. Wenn wir fragen: was fließt an Moral in dieses Verhalten ein, inwiefern ist dort eine Subjekt-Objekt-Verflechtung in dem Gegenstand selbst zu sehen, so sagt der Soziologe: Das handelnde Subjekt ist nur insofern Teil des Gegenstandes, als es mit seinem Verhalten zur Datierung des gesellschaftlichen Verhaltens beiträgt. Es ist eben der Datenlieferant. Damit ich sehen kann, wie Soziologie in der Gesellschaft wirkt, muss ich Subjekte haben, die sich so oder so verhalten und mir Daten liefern. So kann ich auch das moralische Verhalten erforschen. Soziologie ist Verhaltensforschung, sie will beobachten, wie Moral gesellschaftlich entsteht und wirkt. Daraus folgt für das unmittelbare Spannungsverhältnis zwischen dem handelnden Menschen und dem Wesen des Guten, dass der Soziologe dieses Element herunterbringen muss. Er muss es möglichst reduzieren, weil ihm sonst der Gegenstand seiner Forschung entgleitet. Es macht den Gegenstand unkalkulierbar, wenn der Forscher das darin steckende dynamische Element nicht zur Ruhe bringt. Mehr noch, er gerät in die Gefahr, dass er als Forscher selbst in den Gegenstand hineingezogen wird.

Im Sommer 1966 wurde von der René-König-Gesellschaft in Bad Homburg eine Tagung unter dem Thema »Das Moralische in der Soziologie« veranstaltet. Von nahezu allen Referenten wurde vorgeschlagen, man müsse für die soziologische Untersuchung einen »schwachen« und »diffusen« Moralbegriff verwenden, da sich der die Moralvorstellungen beobachtende Soziologe sonst mit Moral »infiziere«. Die Stabilität der wissenschaftlichen Aussage wäre dann natürlich dahin! Das ist theoretisch richtig, ich will diesen Ansatz überhaupt nicht kritisieren, man kann ihn sehr wohl verstehen. Der Verhaltensforscher beobachtet das menschliche Handeln unter dem Aspekt, dass die Handlung sich durch den physischen Leib des Menschen Ausdruck gibt. Der Verhaltensforscher beobachtet das äußere Verhalten so, dass er fragt: Wie erscheint das im Physischen, wenn irgendetwas dieses Physische bewegt? Der Mensch muss seiner Handlung durch den physischen Leib Ausdruck geben, und der Verhaltensforscher analysiert das nach statistischer Methode. Die Beobachtung richtet sich hier auf die Beziehung von Mensch und Welt in der physischen

Leiblichkeit als solcher. Der Verhaltensforscher hat als We-
sensbeziehung zur Welt eine ganz bestimmte Ebene im Auge,
und das ist einfach die physische Welt. Für diese Betrachtungsweise ist natürlich Moral, weil sie als Faktor einer inneren
Spannung wirkt, unbrauchbar. Mit einer inneren Spannung
kann ich in der physischen Welt nichts anfangen, in der physischen Welt als solcher gibt es kein Inneres. Oder drastischer
ausgedrückt: Die Soziologie und Verhaltensforschung müssen
das, was als Produkt einer inneren Spannung namens Moral
erscheinen könnte, wissenschaftlich »entsorgen«. Die Verhaltensforschung ist im Hinblick auf Moral eine »Entsorgungs-
wissenschaft«.

Der zweite wissenschaftliche Ansatz, die *Moralphilosophie
des Kantianismus*[3], ist schon komplizierter. Sie hängt zusammen mit Kants philosophisch-methodischer Grundeinstellung,
seinem erkenntnistheoretischen Prinzip. Nach diesem sind wir
gezwungen, die in unserer Weltbegegnung spannungsgeladen
empfundenen Erscheinungen für das Erkennen begrifflich-mo-
dellhaft zu formen. Auch in der Ethik geht Kant davon aus, dass
der Mensch an sich nach dem Guten strebt, dass also ein inneres
Spannungsverhältnis in dem zu erkennenden Gegenstand besteht. Nur könnten wir nicht sicher wissen, ob das Gute ein objektiv Reales oder nur eine subjektive Wertsetzung ist. Was wir
aber sicher wissen können, ist, dass der Mensch kein Erkenntnisorgan hat, um diese erste Frage jemals zu beantworten. Ob
das Gute etwas Reales ist, muss zweifelhaft bleiben.

Dass aber der Mensch für sein Verhältnis zum Wesen des
Guten niemals ein Erkenntnisorgan haben kann, ist zweifellos.
Deshalb sind wir absolut getrennt von diesem Bereich. Wenn
wir sichere Erkenntnis wollen, müssen wir uns nach Kant an
das empirisch Gegebene halten: das ist das Objekt der Moralfrage, insofern sie in der gesellschaftlichen Realität auftritt.
Kant betrachtet das nicht als Verhaltensforscher, sondern er
sieht natürlich, dass wir als Handelnde unbezweifelbar und
unausweichlich die Frage beantworten müssen, welche Ziele

wir unserem Handeln geben. Selbstverständlich, sagt er, ist das handelnde Subjekt in die Frage der Richtigkeit seines Handelns einbezogen. Es muss fragen: Welche Ziele gebe ich meinem Handeln? Für die Moralwissenschaft ist dieses fragend-handelnde Subjekt das Objekt der Erkenntnis. Der Gegenstand ist, philosophisch gesagt, subjektiv-objektiv strukturiert.

Und nun fragt Kant: Von welcher Art ist denn die Subjekt-Objekt-Beziehung? Wie sieht die aus? Da wir von jeder sicheren Erkenntnis im Wesensbereich des Guten als solchen abgeschnitten sind, müssen wir uns mit dem begnügen, was für unsere menschliche Organisation gegeben ist. Das ist der Spannungszustand zwischen der egoistischen Trieb- und Begierdennatur einerseits und der Ordnung des gesellschaftlichen Lebens andererseits; das liegt im Bereich des empirisch Erfahrbaren. Wir haben unsere Triebnatur, und es gibt die Notwendigkeit einer vernünftigen Ordnung des gesellschaftlichen Lebens. Für Kant ist es zwar eine Hypothese, dass eine vernünftige gesellschaftliche Ordnung entstehen muss, aber da die Freiheit des Menschen nicht anders denkbar ist, kann er diese Hypothese gut vertreten. Die Beziehung der beiden Elemente, die Kant herstellt, ist nun die folgende: Die egoistische Triebnatur muss im Hinblick auf die Vernunft (das Freiheitsziel) auf ein sozialverträgliches Maß zurückgeführt werden. Das soziale Gleichgewicht wird also für Kant zum Maßstab, durch den die egoistischen Bestrebungen des Einzelnen eingeschränkt werden nach dem bekannten *»kategorischen Imperativ«,* der in vereinfachter Weise auch in der »goldenen Regel« zum Ausdruck kommt: Was Du nicht willst, das man Dir tu', das füg' auch keinem anderen zu. Vorausgesetzt wird dabei natürlich: Ich wollte ganz gerne dem anderen etwas zufügen aus meiner egoistischen Natur heraus; aber ich sehe ein, dass eine vernünftige Ordnung nur dann entsteht, wenn sich alle entsprechend zurücknehmen. Weil das soziale Gleichgewicht es erfordert, erbringen wir unsere Leistungen als moralische Menschen.

Was liegt dem menschenkundlich zugrunde? Das Streben unserer egoistischen Begierden ist zunächst ein leibliches, das wir aber in der Seele erleben; der Ordnungszustand, den Kant dagegen stellt, ist ein seelisches Ideal, ein gewisses Harmoniebedürfnis, das in unserer Seele ganz natürlich auftritt. Wenn ich diese Beziehung menschenkundlich beleuchte, so blickt Kant auf die Mensch-Welt-Ganzheit als eine seelische Sphäre. Die Grundlage der kantischen praktischen Philosophie ist bezogen auf die seelische Wesenheit des Menschen als solche. Es kommt natürlich hinzu, dass das Ganze als Philosophie dargestellt wird, und zwar logisch, straff und zwingend im Gedankengang. Von daher, in Kants Darstellung der Philosophie als solcher, lebt ein geistiges Element darin. Und das wird auch bei dem geweckt, der sich mit dieser Philosophie beschäftigt und im Sinne Kants philosophiert. Der kommt auf einen geistigen Standpunkt. Aber das Objekt, also die Handhabung der goldenen Regel (als Strukturierung des Verhältnisses des handelnden Subjekts zum Wesen des Guten), ist nur seelisch. Es wird zur seelischen Gewohnheit, wenn man es praktiziert. Kant entfaltet seine geistige Aktivität als Philosoph soweit, dass er die seelische Gewohnheit des Harmonisierens als Harmoniemodell gedanklich erfasst und als logische Notwendigkeit ausgibt. Der erkennende Geist kann in der seelischen Gewohnheitsbildung auch etwas Geistiges sehen: das ist der Rahmen, in dem sich Kant bewegt. Er kommt darüber nicht hinaus. Das stellt nicht den ganzen Menschen dar. Es ist aber ein imponierendes Gedankengebäude und kann kräftig belebend wirken, wenn man sich damit beschäftigt.

Es ist mir klar, dass ich hier mit erhabenen Dingen in einer rohen Weise umgehe: das ist aber heute nötig! Wir stehen kurz vor der Jahrtausendwende, und es ist an der Zeit, sich zu bemühen, neue selbstständige Standpunkte zu finden, um mit dieser geistesgeschichtlichen Tradition in der richtigen Weise umzugehen. Das Abgelebte darf in der heutigen Entscheidungssituation nicht in unkontrollierter Weise und unbewusst immer wieder hereinspielen. Wer sich mit Kant innerlich identifiziert, der möge mir verzeihen, dass ich in dieser Weise mit ihm umgehe.

Die gleiche Exkulpation erbitte ich für meinen Umgang mit der kirchlichen Moralphilosophie und Theologie, die ich als Nächstes untersuchen werde. Selbstverständlich meine ich damit die katholisch-kirchliche Moralphilosophie, denn die protestantische kommt über Kant nicht hinaus, wenn sie überhaupt bis dahin kommt! Ich ordne jetzt jene so ein, wie sie sich nach meinem philosophischen Weltbild ergibt. Der katholische Moralphilosoph weiß sehr wohl, dass Kant die Subjektbeziehung in der Moral zu naiv bestimmt. Der katholische Moralphilosoph weiß etwas, dessen er sich vielleicht gar nicht bewusst ist. Das weiß er nämlich als Katholik, weil er im Leben darinnen steht, aber was er weiß, das spricht er nicht aus. Er weiß irgendwo doch, dass in der menschlichen Seele ein Ich tätig ist, und dass dieses Ich bei allen Handlungen führend tätig ist: nicht die Seele allein tut es, sondern das Ich in der Seele führt. Und dieses Element ist von geistiger Natur. Und das kann sich auch als solches, wenn es sich bewusst wird, mit dem Wesen des Guten verbinden, es muss es sogar! Der Mensch kann überhaupt nicht handeln, wenn nicht das Ich in der Seele zunächst die Verbindung mit dem absolut Guten sucht. Das ist eine Primärbedingung alles menschlichen Handelns. Das weiß der Katholik. Es ist eine objektive Tatsache, keine Frage der Weltanschauung! Der Mensch kann gar nicht handeln, ohne dieses geistige Verbindung mit dem Guten zu suchen, egal wie schlecht dann seine Handlung in Wirklichkeit wird. Sie wird eben abgelenkt, sobald sie sich konkret auf die Welt bezieht; schon beim Aufbau des handlungsleitenden Bildes mischt sich das Böse ein. Das weiß der katholische Moralphilosoph instinktiv, einfach deshalb, weil er katholisch ist. Und damit rechnet er: dass jeder Mensch trotz der Verderbtheit seiner Natur in seinem Handeln immer auf ein höchstes Geistiges hinstrebt.

Daraus ergibt sich für das Verhältnis dieser Wissenschaft zu ihrem Objekt natürlich ein viel differenzierteres Bild. Einerseits muss die katholische Moralphilosophie, wie Kant, damit rechnen, dass die Triebnatur des Menschen den guten Handlungen entgegenwirkt. Insofern tritt das Moralgebot auch hier als inhaltliches Verbot auf, ähnlich wie bei Kant: Du sollst nicht stehlen, du sollst nicht begehren usw.; das war auch schon in der mosaischen Gesetzgebung gegeben. Dort stehen aber auch inhaltliche Gebote daneben. Wir haben bisher nur die Verbote im Auge gehabt: Du sollst nicht deine Triebe ausleben. Es gibt auch inhaltliche Gebote: Du sollst Gott lieben, du sollst deine Eltern ehren. Dies ist eine andere Art des Sollens, eine andere Qualität, die genau dem entspricht, was in der Menschenseele der ursprüngliche Impuls des eigenen Strebens nach dem Guten ist. Wir werden hier nicht wirklich in einen Sollens-Zwang versetzt, sondern wir werden darauf hingewiesen, dass eine entsprechende Eigentendenz der Seele besteht. Das ist der andere Sinn dieser Gebote, der mosaischen Gesetzgebung: einerseits die Triebunterdrückung, andererseits Gebote, die aber Hinweise auf diesen Ursprungsakt der Seele sind. Hier lebt in uns der primäre Impuls zum Wesen des Guten, und dieser Impuls kann auch dazu führen, dass wir erkennen, dass diese Beziehung zwischen Ich und dem Guten eine rein geistige ist. Das kann zur Erkenntnis der Ich-Natur, der Geistnatur des Ich führen. Die Frage ist nun: Was wäre die Folge, wenn dieses dem einzelnen Menschen voll bewusst würde? Diese Frage wird von katholischer und moralphilosophischer Seite so beantwortet: Es würde etwas Ähnliches geschehen wie bei Nietzsche, der nahe an der vollen Erkenntnis der geistigen Natur des Ich lebte und dann eine Explosion dieses Erkennenwollens in seiner Seele erlebte. Der Absturz in die Geisteskrankheit ist nur die andere Seite dieses Zusammenhangs. Wenn der Ursprungsimpuls der Handlung zum absolut Guten dem Menschen bewusst werden würde, würde er das in seiner Seele nicht aushalten. Nach der katholischen Moralphilosophie muss das Streben des Menschen, bis zur vollen Erkenntnis dieser

Sphäre vorzudringen, beschränkt werden. Das geschieht, indem die inhaltlichen Verbote und Gebote durch Dogma, Katechismus, Tradition und Rituale der Kirche konkretisiert werden, so dass der einzelne Mensch sein Erkenntnisvermögen bei der Frage: wie komme ich zu einer moralischen Handlung? sich nicht allzu sehr anstrengen muss. Er findet stets eine hilfreiche Hand, die ihm in moralischen Zweifelsfragen sagt, wie er sich verhalten soll. Die voll entfaltete Erkenntnisaktivität des Einzelnen könnte zu moralischen Fehlleistungen, zu Erkrankungen am Freiheitswahn führen, was zum Heile der Menschheit verhindert werden muss. Diese Position finden wir in Dostojewskis Roman »Die Brüder Karamasow« beschrieben. Dort vermittelt der »Großinquisitor« als oberster Dogmenkontrolleur der Kirche die beschriebene Position seinem das Gute selbst verkörpernden Gesprächspartner.

Mir schien dieses Vorgehen notwendig, um deutlich zu machen, dass die Frage nach Individualität und Ethik beziehungsweise nach Erkenntnis als Grundlage des moralischen Handelns mit dem Menschen zu tun hat. Aber das Wesen des Menschen besteht aus vielen Schichten. Es hat eine physische Sphäre, die wir getrost der Verhaltensforschung überlassen können; sie soll auch sagen, dass dort die Moralfrage keine Rolle spielt.

Dann gibt es eine gesellschaftsbezogene praktisch philosophische Seite des Menschenwesens, die der Kantianismus repräsentiert. Man muss sich aber darüber im Klaren sein, dass wir nach Kant vom Menschen nicht mehr als die seelische Gewohnheitsbildung erfassen, auch wenn diese als ein Gewohnheitsdenken geistige Elemente enthält. Man muss die Geister unterscheiden lernen! Und die tiefste Position unter den gewöhnlich Vertretenen ist durchaus die der katholischen Moralphilosophie, in der beide Tendenzen der Menschenseele gesehen werden, die einseitig ins Helle, ins Lustvolle, ins Gute gehende und die einseitig ins Schlechte und Egoistische gehende, und es wird gesehen, dass beide Tendenzen in der Mitte aufgefangen werden müssen. Dieses wird nicht in die Erkenntnis des einzelnen Menschen getragen. Er wird davon vormundschaftlich freigehalten durch die Konkretisierung, die beispielsweise die Gebote in der Auslegung durch Hirtenbriefe erfahren. So wird ihm eine hilfreiche Hand gegeben, um die Mitte zu halten. Das ist das katholische Ziel: es ist aber nicht das, was der heutige Mensch als sein Freiheitsziel haben muss, wenn er zur Erkenntnis als Grundlage des moralischen Handelns vordringen will.

II. Ich habe versucht, in drei wissenschaftlichen Ansätzen der Betrachtung der Moralfrage herauszuarbeiten, wie darin jeweils das Objekt der Betrachtung, der handelnde Mensch in seiner unmittelbaren Beziehung zum Wesen des Guten, gesehen wird. Man kann hier auch einfach von drei Darstellungen des guten Willens des Menschen sprechen. Die dabei aufgetretenen Unterschiede haben sich auch wiederum darin gezeigt, wie die Betrachtung von den drei Wissenschaften begrifflich angesetzt wird, worin also jeweils die wissenschaftliche Methode besteht. Diese beiden Gesichtspunkte sollen jetzt noch einmal schematisch gegenübergestellt werden.

Wir haben also auf der einen Seite den *Menschen,* der seiner Handlung Richtung und Inhalt gibt (Motivation) und dabei seinen Willen unmittelbar in Beziehung zu dem Wesen des Guten setzt. Von diesem dynamischen Objekt bleibt für die soziologische Wissenschaft nur das äußere Verhalten übrig. Für die kantianische Ethik handelt es sich hier zwar um eine Entscheidung, die aber als »Wertentscheidung« nur das handelnde Subjekt angeht. Für die katholische Moralwissenschaft handelt es sich hier um ein spannungsreiches Potential, das nicht nur das Subjekt angeht, sondern vor dem das Letztere auch geschützt werden muss.

Auf der anderen Seite haben wir die *Methoden* der entsprechenden Wissenschaften. Die Soziologie sammelt und sortiert die Daten über das äußere Verhalten (es darf ja hier aus den genannten Gründen nur ein »schwacher« Moralbegriff verwendet werden) nach statistischen Methoden. Die kantianische Ethik betrachtet als wissenschaftlich verwertbaren Teil der subjektiven Wertentscheidungen deren Unterordnung unter die gesellschaftliche Vernunft. Die katholische Moralwissenschaft kommt aus einer tieferen Einschätzung des Gefahrenpotentials im Ich des Menschen zu einer Unterordnung der individuellen Motivation unter kirchliche Lebensanleitung und Dogma.

Dies können wir nun in das folgende Schema bringen:

Menschliches Handeln		Ziel der Wissenschaft
Soziologie:	äußeres Verhalten	Statistik
Kantianismus:	subjektive Wertentscheidung	Unterordnung unter gesellschaftliche Vernunft
Katholizismus:	Potential des Ich	Unterordnung unter kirchliche Anleitung

Hier ergeben sich nun weitere Anknüpfungspunkte. Man kann den beiden obigen Kategorienreihen auch den Unterschied von *Inhalt* und *Form* zuordnen. Offenbar kommt es für den handelnden Menschen selbst mehr auf den lebensmäßigen Inhalt dessen an, was er tut, während die wissenschaftliche Methode darauf abzielt, das Getane in begriffliche Formen zu bringen. Ebenso kann man hier nach der Art des Daseins der beiden Bereiche zwischen *Existenz* und *Institution* unterscheiden. Das menschliche Handeln tendiert dahin, sich als gegenwärtiger Existenzakt durchzusetzen und damit womöglich neue Maßstäbe zu setzen, während demgegenüber Gesellschaft und Kirche darauf pochen, dass der Mensch erst zur Einsicht in die Vernunft der vorhandenen Institutionen kommen müsse. Wenn sich nun auch der handelnde Mensch selbst auf eine Einsicht in sein Verhältnis zu dem Wesen des Guten als sein *Erkennen* beruft, tritt ihm auf der anderen Seite die Forderung nach dem *Anerkennen* gegenüber. Das Anerkennen ist der Schluss aus dem Erkennen der Vernunft der vorhandenen sozialen Institu-

tionen. Das Erkennen des Guten soll aufgefangen werden im
Anerkennen der guten Institutionen. Hier betreten wir nun wieder den philosophischen Pfad. In der Tat muss der Philosoph
davon ausgehen, dass auch der handelnde Mensch eine moralische Erkenntnis hat, und er muss seine philosophische Erkenntnis zu dieser in Beziehung setzen. Je mehr die Philosophie sich dabei auf metaphysische Prinzipien stützt, um daraus
begriffliche Inhalte abzuleiten, umso mehr wird sie ihre Er-
kenntnisart dem annähern, was wir als das Ziel des Kantianismus und der Kirche erkannten, nämlich den Vorrang der Institution vor der Individualität (auch Kants ethischer Formalismus ist in Wahrheit metaphysisch). Je mehr sich die Philosophie auf die Beobachtung des Seelenlebens, insbesondere auf
die Phänomenologie des Denkens stützt, umso mehr wird sie
ihre formgebende Rolle der eines *Protokollanten* annähern, der
ein *Ereignis* getreu wiedergibt. Wir erhalten damit eine Fortsetzung des obigen Schemas bei gleichbleibenden Spalten-
überschriften:

Menschliches Handeln	Ziel der Wissenschaft
Lebensmäßiger Inhalt	Begriffliche Form
Erneuernder Existenzakt	Vorhandene Institution
Erkennen des Guten	Anerkennung der guten Institution
Seelisches Ereignis	Philosophisches Protokoll

Die *phänomenologische* Philosophie geht in Sachen Ethik über
die oben betrachteten drei moralwissenschaftlichen Methoden
hinaus. Von ihrem Standpunkt aus ist es Aufgabe der philosophischen Protokollführung, das seelische Ereignis in seiner
geistigen Entwicklung zu fördern, ohne es begrifflich (metaphysisch) zu überformen. Was hier in der rechten Spalte als
»begriffliche Form« und gesellschaftliche »Institution« genannt ist, beruht auf Kräften, die zu einer Überformung des
individuellen Moments im seelischen Ereignis tendieren.

Durch diese Kräfte ist die abendländische Philosophie zur Metaphysik geworden. Aber ohne diese Kräfte könnten wir keine Begriffe bilden, um das seelische Ereignis in seinem Ablauf zu durchschauen. Das Dilemma lässt sich nur lösen, wenn wir beide Seiten *als ein Denken* betrachten.[4] Auch das moralische Ereignis muss sich im philosophischen Hinblick als ein Gedankenzusammenhang enthüllen. Der Mensch »denkt«, wenn er im Erfassen des Motivs der Handlung seinen Willen in eine unmittelbare Beziehung zu dem Wesen des Guten bringt.

Das heißt nicht, dass dies dem Handelnden von Anfang an auch als ein Denken bewusst wäre. Aber es ist die Aufgabe der Philosophie, dieses Bewusstsein zu stärken und zu zeigen, dass das hier einschlägige Ereignis in Wahrheit ein Denk-Ereignis, ein *sich ereignendes Denken* ist. Was früher als Metaphysik herrschte, muss jetzt gewissermaßen bei der Enthüllung des Ereignisses als Denk-Ereignis Geburtshilfe leisten, es vorantreiben, strukturieren und das Ergebnis protokollarisch festhalten. Die Philosophie ist an dem ganzen Verlauf beteiligt als das *protokollierende Mitdenken.* Der höchste Standpunkt der Moralwissenschaft ist, das sich ereignende Denken und das protokollierende Mitdenken in der »guten Handlung« so zu begreifen, dass beide als ein einheitlicher Prozess gewusst werden. Das ist in hohem Maße auch Übungssache, sowohl auf Seiten des handelnden Menschen wie auch auf Seiten der Philosophie.

Ein Philosoph, der sich im Prinzip schon auf diesen Standpunkt stellt, ist *Aristoteles.* In seiner Ethik fragt er zunächst nach dem Antrieb »des Menschen« zum Erkennen des Guten (der Handelnde und der Philosoph sind hier gewissermaßen noch ungetrennt) und findet ihn in dem Streben nach der Eudaimonia, der Glückseligkeit. Diese ist nicht eine naive Fröhlichkeit, sondern ein Zusammenstimmen der inneren Prozesse, ein Gewahrwerden der Übereinstimmung von geistig-seelischem Antrieb und leiblicher Handlung. Um dazu zu kommen, bedarf der Mensch einer *Haltung,* welche Aristoteles die »Tugend« (Tauglichkeit, Trefflichkeit) nennt. Die Tugend ist die übende Herstellung des inneren Gerichtetseins auf das Gute als eines dauerhaften Zustandes des Menschen. In diesem Zustand greift dann die jeweilige Handlung ein, und die Eudaimonia erweist sich dann als die »Energie« der Seele, ihre Motivation gemäß der vorhandenen Tugend verwirklichen zu können. »Dieses Wörtchen ›gemäß‹ ist ein Schlüssel zur Nikomachischen Ethik. Der Mensch *ist* glücklich, wenn seine Seele wirkt ›gemäß‹, im Sinne der in ihr vorhandenen Trefflichkeit.«[5]

Aristoteles wählt also nicht einen normativen oder gar appellativen Zugang zur Ethik, sondern er protokolliert, was sich beim moralischen Handeln im Menschen geistig ereignet. Als Philosoph benutzt er das sich ereignende moralische Streben als Mittel, um die entsprechende geistige Organisation des Menschen zu enthüllen. Er vermag noch nicht zu erkennen, dass das moralische Streben selbst sich als ein Denken der menschlichen Individualität ereignet. Aber er erlegt uns die philosophische Übung auf, den dynamischen Kern des moralischen Ereignisses diesem gemäß begrifflich festzuhalten. Das erreicht Aristoteles mit einer streng logischen, nüchtern-abstrakten gedanklichen Führung durch die hier mitwirkenden Spannungsbereiche des Menschenwesens. Auch bei Kant ist diese logische Disziplin die Quelle, aus der heraus seine Philosophie wirksam werden konnte. Bei Aristoteles hat man sogar von einem »terminologischen Höllenzwang«[6] gesprochen, mit dem wir geführt werden. Das erinnert an das Schicksal Nietzsches und an die fürsorglichen Schutzvorkehrungen in der katholischen Morallehre.

Was uns Aristoteles auf diese Weise zeigt, ist eine im handelnden Menschen selbst angelegte *Doppelung der Wirkungsbereiche*. Einerseits ist da ein Motiv, das als Inhalt und Richtung der Handlung in der Seele gebildet wird; aber dieses Motiv kann nur wirksam werden, wenn es mit einem entsprechenden Gerichtetsein der Kräfte und Antriebe des Menschen zusammentrifft, wenn es der vorhandenen Trefflichkeit »gemäß« ist. Das scheint auf eine Prädestination hinauszulaufen, etwa in dem Sinne, dass nur der gut handeln kann, der dafür jeweils schon gut vorbereitet ist. Wodurch kommt aber eine solche Vorbereitung zustande? Aristoteles verweist hier natürlich auf die Erziehung, die Bildung der gesellschaftlichen Sittlichkeit in der Schule oder im Staatsdienst als den wichtigsten Faktor der moralischen Gewohnheitsbildung. Aber er wäre ein schlechter Philosoph, wenn er die geistige Organisation des Menschen nur von solchen äußeren Einwirkungen abhängig machte. Soll der Mensch in seinem sittlichen Wesen unwiderruflich geschädigt bleiben, wenn er in Familie und Schule nur Kritizismus lernt und nicht zugleich auch eine Erziehung und moralische Gewohnheitsbildung erfahren hat?

Entscheidend für die Qualität der Motivation ist, dass sie »gemäß dem richtigen Plan«, »dem richtigen Logos«, entsteht.[7] Diese geistige Wurzel wird für den Menschen als ein vernunftbegabtes Wesen immer wirksam, wenn er seine Vernunft betätigt. Bildet er jetzt ein Motiv gemäß dem richtigen Logos, dann tritt freilich die Frage auf, ob auch schon die entsprechende Tugend ausgebildet ist oder nicht. Wenn ja, wird er mit breiter, nachhaltiger Wirkung handeln. Wenn nein, wird er die moralische Qualität der Motivationskraft zunächst zum Aufbau der entsprechenden Tugend in sich selbst verbrauchen, und die Handlung wird nach außen hin weniger effektiv sein. So steht es nicht ausdrücklich bei Aristoteles, so muss es aber innerhalb des von ihm entworfenen Menschenbildes sinnvollerweise gedacht werden.

Jedes menschliche Handeln ist der Möglichkeit nach ein Planen gemäß dem Logos. Es ist also gedanklich erfassbar, und zwar auch durch den handelnden Menschen selbst, wenngleich hier nicht primär in begrifflicher Form. Aber die Erfahrung kann bei jeder einzelnen guten Tat gemacht werden, dass sie den Menschen moralisch aufbaut, das heißt in der Fähigkeitsebene dauerhaft stärkt. In dieser Erfahrung des sittlichen Sich-selbst-Ergreifens liegt auch eine Weise des Begreifens, und es kommt nur darauf an, dass die Philosophie dieses nicht mit ihren Begriffen wiederum totschlägt.

Ich übersetze diese aristotelische Auffassung jetzt in das moderne Menschenbild, das seit dem späten 19. Jahrhundert von *Rudolf Steiner* entwickelt worden ist. Hier wird die Sphäre der Fähigkeiten und Triebfedern, Charaktereigenschaften und Gewohnheiten, also das, was Aristoteles mit dem Wort »Hexis« (Haltung, Trefflichkeit, Habitus) zusammenfasst, als der »Bildekräfteleib« des Menschen bezeichnet. Was an wesenhaft Gutem in unseren Handlungen lebt, wird gewissermaßen diesem Bildekräfteleib eingeschrieben und bildet den Charakter beziehungsweise die Triebfedern, welche Kraft zur Ausführung einer Handlung überhaupt, also auch der guten Handlung, geben. Diese Bildung von sittlichen Gewohnheiten ist ein vergleichsweise langsamerer Vorgang als das aktuelle Geschehen der Motivbildung in der Seele. Rudolf Steiner hat im IX. Kapitel der »Philosophie der Freiheit« den moralphilosophischen Ansatz des Aristoteles aufgegriffen und in das moderne Menschenbild übertragen, das später als dasjenige der Anthroposophie weiter ausgearbeitet worden ist. Es wird aber auch in der »Philosophie der Freiheit« zugrunde gelegt. Die Frage ist dort, ob die Seele ein Motiv in der Weise fassen kann, dass es auch in der Sphäre der Triebfedern so wirkt, dass daraus die Kraft zur Ausführung der Handlung erfließt. Steiner bejaht diese Frage für diejenigen Handlungen, deren Motive aus der geistigen Wurzel der Seele entnommen werden, in der das menschliche Ich sich tätig weiß. Gelingt es dem Ich, in dieser Weise eine Idee zu erfassen, dann leuchtet der geistige Wesenskern, die Individualität durch alle Wesensglieder des Menschen hindurch auf und entbindet auch in der Sphäre der Triebfedern die entsprechende Kraft zum Handeln.

Ich kann nun nicht den ganzen Gedankengang entwickeln, den Steiner in dem genannten Kapitel IX durchgeht. Es handelt sich dort auch wesentlich darum, die (aus dem in Spalte 2 der obigen Tabelle Genannten hervorgehenden) von einer Erkenntnis des reinen Motivationsgrundes der Handlung ablenkenden und insofern »falschen« Gedankenbilder abzubauen. Ein solches Ablenkungsbild haben wir oben in Gestalt des kategorischen Imperativs der Kantischen Moralphilosophie kennen gelernt. Dieses Gedankenmodell verstellt den Blick darauf, dass das Motiv einer Handlung aus dem geistigen Grund entnommen werden kann, in welchem das individuelle Ich des Menschen lebt. Aber auch die Behütung des Menschen vor der gedanklichen Durchdringung seiner Ich-Tätigkeit, wie sie im Katholizismus fürsorglich praktiziert wird, lenkt von der wahren Quelle der Moralität ab. Steiner selbst sagt freilich auch nicht mit philosophischen Allgemeinbegriffen, was eine gute Handlung ist. Er betrachtet nur das Phänomen des handelnden Menschen und beschreibt dessen innersten Kern so: »Ich prüfe nicht verstandesmäßig, ob meine Handlung gut oder böse ist; ich vollziehe sie, weil ich sie *liebe*. Sie wird ›gut‹, wenn meine in Liebe getauchte Intuition in der rechten Art in dem intuitiv zu erlebenden Weltzusammenhang drinnensteht; ›böse‹, wenn das nicht der Fall ist.«[8]

Man versteht Steiners »Ethischen Individualismus« nur dann, wenn man berücksichtigt, dass zu der Ausführung der Handlung noch weitere Schritte hinzukommen, die die Übersetzung der Motivation in den Weltzusammenhang und die Bedingungen für die Realisierung des Gewollten betreffen. Die herkömmliche Moralphilosophie wirft alles dies meist in einen Topf. Steiner differenziert es stärker. Die oben beschriebene, in Kapitel IX behandelte Motivationsebene ist noch sehr auf das menschliche Innenleben beschränkt. Man kann den speziellen Inhalt gerade dieses Kapitels in der These zusammenfassen: Wenn ich eine gute Handlung vollbringe, werde ich ein guter Mensch. Aber wenn ich die Handlung so vollbringe, wie es in Kapitel IX »Philosophie der Freiheit« beschrieben ist, dann habe ich den Ausgangspunkt in einer Erkenntnis, deren ich mir als meiner individuellen bewusst bin. Und ich kann dieses individuelle Moment dann in die schrittweise Umsetzung der Handlung hereinnehmen. In Kapitel X vergewissere ich mich der Weltimmanenz des ganzen Vorganges. In Kapitel XI vergewissere ich mich der Tragweite meiner individuellen Zielsetzung als einer geistigen Zweckbestimmung meines Lebens, die nicht durch vorgegebene teleologische Bestimmungen zurückgedrängt werden kann. In Kapitel XII erfahre ich, wie die moralische Phantasie tätig wird, um meine Motivation als in der Welt wirksames Bild auszugestalten.

In Steiners »Philosophie der Freiheit« wird der Nachweis geführt, dass die Erkenntnis zur Grundlage des moralischen Handelns gemacht werden kann. Diese Möglichkeit wird gewissermaßen philosophisch elaboriert, sie wird Schritt für Schritt in dem aufgedeckt, was der Mensch beim Handeln erlebt. Und auch dieses Aufdecken selbst ist Praxis, es ist ein Erlebenkönnen im Denken, das viel weiter reicht, als man gewöhnlich glaubt. Dennoch bleibt von hierher die Reichweite der Philosophie begrenzt. Wir müssen ja auch fragen: Wie sieht die Sache aus, wenn sich dem nicht-philosophischen Menschen im Alltag moralische Probleme stellen? Hier ist der Ausgangspunkt in der moralischen Phantasie zu suchen, insbesondere darin, wie wir jeweils miteinander sprechen. Wenn wir die moralische Phantasie in unserer Sprache leben lassen, wenn wir die Liebe zu der Handlung an der Stelle mit Gründen verbinden können, wo diese Handlung die Bereiche anderer Menschen betrifft, und wenn wir diese Gründe nicht als Abpanzerung unseres Willens, sondern aus dem Verständnis für das Wollen des anderen heraus denken, dann haben wir Individualität in der Grundlage unseres Handelns. Und das ist der eigentliche Grund dafür, dass die Handlung eine moralische, dass sie »gut« wird.

Das Problematische dieser Auffassung tritt nun sogleich hervor, wenn wir in ihrem Lichte den Fall des Schwangerschaftsabbruchs betrachten. Könnte eine Handlung von dieser Art nach den ethischen Prinzipien der »Philosophie der Freiheit« jemals eine »gute« sein? Deutlicher als alles andere verrät uns der umgangssprachliche Ausdruck »Abtreibung«, dass man eine solche Handlung nicht lieben kann. Das wird auch allgemein zugegeben. Der tiefere Grund besteht darin, dass die sich anbahnende Mutter-Kind-Beziehung eine von der inkarnationswilligen Seele angeknüpfte geistige Liebesbeziehung ist, die in der Seele der Mutter ihre Resonanz findet. In diese Resonanz kann sich dann auch mehr oder weniger Ablehnung mischen. Aber es kann schlechterdings nicht sein, dass jemand die Zurückweisung einer geistigen Liebesbeziehung und die physische Exekution dieser Zurückweisung als seine Handlung wiederum liebt.

Das Schwierige der philosophischen Ethik Steiners liegt also darin, dass sie uns zwingt, die mit der Motivation unserer Handlungen verbundenen inneren Vorgänge radikal auszuleuchten. Nach dem oben wiedergegebenen Zitat aus Kapitel IX der »Philosophie der Freiheit« müsste man folgern: Da die werdende Mutter die Abtreibungshandlung niemals lieben kann, wird diese Handlung stets »böse«. Dennoch versucht unsere moderne Gesellschaft, Regelungen für die Abtreibung zu finden, die daraus eine Art rechtlich gesicherter Institution machen. Ich meine das Konzept der Schwangerschaftsberatung mit Bescheinigung, die wiederum als Berechtigungsnachweis für eine straffreie Abtreibung dient. Manche sehen dies als eine der Verirrungen der modernen Gesellschaft auf einem Weg, der steuerlos dem Abgrund zutreibe. Vom Standpunkt des ethischen Individualismus aus erscheint mir die Sache nicht ganz so hoffnungslos. Nach meiner Ansicht kommt es darauf an, was in dem Beratungsgespräch geschieht. Es wird dort möglicherweise eine Sicht des Problems entstehen, in der das an sich Lebens- und Liebeswidrige der Abtreibung offenbar und dennoch von der Mutter und den anderen am Gespräch Beteiligten in den Entschluss zur Abtreibung hineingetragen wird. Es würde etwas entstehen, das gewissermaßen der weiteren inneren Verarbeitung und Umarbeitung fähig ist.

Dies setzt jedoch auf jeden Fall voraus, dass im Beratungsgespräch über diese Dinge gesprochen wird. Eine Schwangerschaftsberatung, bei der die Schwangere sich über ihre Situation überhaupt nicht äußert, ist keine Beratung. Wenn der Staat also die Abtreibung – wie nach dem »Schwangerschaftskonfliktgesetz« des Bundes (1995)[9] – zu einer rechtlich gesicherten Institution macht, muss dabei auch die Voraussetzung einer Gesprächsbereitschaft gemacht werden. Das Bundesverfassungsgericht hat in seinem Urteil vom 28.5.1993 nur gesagt, eine Gesprächsbereitschaft der Schwangeren bei der Beratung werde »erwartet«.[10] So ist es jetzt auch in § 5 II Schwangerschaftskonfliktgesetz geregelt. In § 10 des Bayerischen Schwangerenberatungsgesetzes von 1996 wird dagegen vorgeschrieben, dass die Aushändigung des Beratungsscheines voraussetzt, dass die Schwangere »die Gründe mitgeteilt hat, derentwegen sie einen Abbruch der Schwangerschaft erwägt«.[11] Ich finde es richtig und notwendig, hier im Sinne der bayerischen Regelung eine rechtliche Grenze zu ziehen, sonst macht sich der Staat vollends zum Komplizen von gesellschaftlichen Entwicklungen, in deren Konsequenz es liegt, den Menschen völlig zu entgeistigen.

Gespräch nach dem Vortrag von Michael Kirn

Marcovich: Herr Kirn, was ist das Gute? Ist das nicht etwas Relatives, das vom Kulturkreis, von der individuellen Anschauung abhängt? Gibt es ein absolut Gutes? Ich würde es bescheiden ansetzen: Ist es nicht, je nach individueller Situation anders, oder ist es je nach Situation ein für alle tragbarer Kompromiss? Ich könnte mir vorstellen, dass man sich so einer Antwort nähert, die wir aber wahrscheinlich nicht finden werden; denn ich glaube nicht, dass einer von uns sagen kann: Ich weiß, was das Gute, das Richtige, das Wahre ist.

Kirn: Es könnte sein, dass das Gute gar nicht das ist, was wir uns gewöhnlich darunter vorstellen, sondern vielleicht das Mittel, um uns geistig zu entwickeln.

Marcovich: … womit wir dann wieder beim Großinquisitor sind …

Kirn: Was in der Schwangerschaftsberatung idealiter geschieht, ist doch eine geistige Entwicklung.

Marcovich: Sie gehen natürlich von einem Idealzustand aus, von dem ich auch ausgehen möchte: derjenige, der die Frau befragt, kann sich ihr zuwenden und den Erkenntnisprozess auffangen, der in ihr durch die Äußerungspflicht angeregt wird. Wenn aber der Gesprächspartner sie nur dogmatisch verurteilen will, dann wird natürlich nichts Positives entstehen.

Schad: Vor einigen Jahren, im September 1991, Herr Petersen und ich waren dabei, hatten wir in Stuttgart einen Kongress über den § 218; ich glaube, es haben etwa 2000 Menschen daran teilgenommen. Dieses Thema war ein Hauptpunkt: Wenn Beratung, wie dann? Besteht nicht dauernd die Gefahr, die Sie gerade schildern? Von den Menschen, die in diesem Bereich tätig sind, wurde gesagt, dass durch die Tätigkeit selbst sich eine menschliche Kompetenz einübt und einstellt, die durch juristische Vorgaben nicht erreichbar ist; jede andere Lösung führt zu keinem Gespräch. Unabhängig davon, ob das eine katholische, eine evangelische oder nichtkirchliche Beratung ist, wurde die in der Beratung erst erworbene Kompetenz als sehr positiv geschildert; aus der Aufgabenstellung heraus erwächst bei denen, die die Beratung durchführen, die Qualität. Jetzt muss natürlich eine Ausbildung stattfinden, Ausbildung, die sinnvollerweise eben von den Menschen gemacht werden sollte, die diese Erfahrungsqualität schon gesammelt haben. Das war eine Lösung dieses Problems in erster Annäherung. Was formal nicht erreichbar ist, ist durch den Dialog zwischen den betreffenden Menschen möglich; oft ist sehr viel mehr erreichbar, als man ahnt.

Schürholz: Herr Kirn, Sie haben mehrfach betont, dass es um das Üben geht, dass es um das Werden geht. Was Sie der katholischen Kirche zugedacht haben als Institution des Guten – kann das nicht auch unserer naturwissenschaftlich orientierten Medizin zugedacht werden? Gebärdet sie sich nicht auch als die Institution des Guten?

Marcovich: … mit ihrem Definitionsmonopol …

Schürholz: … die immer weiß, was der andere braucht? Wir sprechen über Transplantation, wir sprechen über »Hirntod«, und wir sprechen über Schwangerschaftsabbrüche: Das sind im Grunde genommen schon Extreme. Wie können wir von uns erwarten, dass wir mit diesen Extremen umgehen können, wenn wir das nicht auf dem Weg dorthin immer wieder üben? Also, um das wirklich in den banalen, einfachen ärztlichen alltäglichen Bereich zu holen: Ein Mensch hat ein Zwölffingerdarmgeschwür. Den einen werde ich vielleicht operieren

Umständen keine Abtreibung vorgenommen hat. Die junge
Frau hat heute ein vierjähriges Kind und ist sehr, sehr glücklich. Letzten Endes ist jede Situation individuell so anders, und
man kann sich nur darum bemühen, liebend beizustehen und
nicht herrschend eine Entscheidung herbeizuführen.

Petersen: Manchmal ist das Gesetz auch ein gutes Mittel!
Manchmal, aber selten, mache ich Schwangerschaftsindikati-
onsberatung, ich muss Indikationen prüfen; ich mache das
auch manchmal im kleinen Studentenkreis, das ist übrigens
nicht unmenschlich! Ich hatte einmal eine Patientin zu beurteilen, deren Intelligenz am unteren Rande der Norm war: sie
wollte deswegen ihre Schwangerschaft abbrechen lassen; das
war für mich keine psychiatrische Indikation. Ich habe sie dann
weiter begleitet, sie hat ihr Kind bekommen, sie war ganz
glücklich und hat mir später einen schönen Gruß bestellen lassen. Das ist die eine Seite. Die andere Seite ist die, dass vor
allem die Studentinnen mich gelyncht haben, weil ich es wagte, die Indikation nicht zu stellen. Ich hatte in diesem Fall
meine guten Gründe für mein Handeln. Das muss man auch
akzeptieren.

in der Schmitten: Das war eine fachliche Entscheidung, sie war
auch fachlich nachvollziehbar. Es ging nicht um die Beurtei-
lung der Motive, sondern um Ihre Einschätzung als Arzt.

Petersen: Es ging um etwas anderes, das stimmt schon; aber
ich wollte daran zeigen, dass man dann auch persönlich wird.

in der Schmitten: Ich finde es schade, dass die Kategorie des
Verhaltens im individuellen Fall und die Kategorie der staatlichen Regelung für meine Begriffe immer wieder durcheinan-
dergehen. Wenn ich über die staatliche Regelung spreche, dann
kann es nicht sein, dass dagegen angeführt wird: das kann man
sowieso nur im Einzelfall regeln. Denn die Regelung des Ein-

zelfalles ist abhängig von den Rahmenbedingungen, innerhalb derer ich mich bewege. Das ist für mich zu trennen, das sind zwei unterschiedliche Diskussionen. Ich kann unter jeder staatlichen Regelung, auch im Rahmen einer sehr repressiven, im Einzelfall diese einfach außer Kraft setzen, und ich kann dagegen in einer sehr liberalen Regelung im Einzelfall sehr energisch auftreten. Deswegen löst der Verweis auf die individuelle Situation für meine Begriffe nicht das Regelungsproblem in der staatlichen Kategorie. Ich möchte eine Lanze dafür brechen, dass in der pluralistischen Gesellschaft, in der die Kenntnis des Guten nicht für eine Seite alleine in Anspruch genommen werden kann, die einzige Chance im Angebot liegt. Die Entscheidung des Verfassungsgerichtes ist in meinen Augen sehr hilfreich gewesen (die Begründung ist eine Sache für sich): Es ist eine Forderung an die ganze Gesellschaft, Ressourcen und Möglichkeiten bereitzustellen, um diesen Frauen zu helfen, die Bedingungen zu ändern und um Gesprächsangebote zu machen. Ich kann mir gut vorstellen, dass Ärzte, die abtreiben sollen, vorher selbstverständlich Gespräche anbieten, weil es für sie wichtig ist. Deswegen ist für mich eine Repression oder eine Zwangsmaßnahme selbst dann, wenn man im Einzelfall annehmen könnte, dass einzelne Frauen davon profitieren, kontraproduktiv. Selbst dann würde das System viel Schaden erleiden, am meisten wohl dadurch, dass mehr oder weniger versteckt impliziert wird, jemand hätte das Gute gepachtet. Wenn eine Handlung wirklich so ungut ist, dann ist es glaubwürdiger, sie zu verbieten; wenn es offen bleiben muss, dann kann man auch nicht als letzten Ausweg sagen: du musst dich aber wenigstens einmal bekennen! Das hat für mich eine sehr absolute und eigentlich auch entwürdigende Wirkung.

Wellendorf: Es gibt so etwas wie die Trägheit des Herzens, das kennen wir alle. Gerade darum kommen wir nicht darum herum, manches zu institutionalisieren. Einerseits muss die Fä-

higkeit, von der wir vorher sprachen, in der Gesellschaft allmählich herangebildet werden. Das ist aber ein sehr langer
Prozess; andererseits müssen Rahmenbedingungen geschaffen
werden, in denen vielleicht wenigsten einige Menschen eine
Chance für sich erkennen können. Ich stelle mir idealiter vor,
dass Ärzte, die abtreiben, zur Gesprächsfähigkeit ausgebildet
werden. Wenn diese Ärzte sich die Zeit nähmen und es nicht
mechanistisch machten, dann denke ich, hätte jede Frau eine
Chance; selbst wenn eine Frau sagen würde: »Nein, ich möchte kein Gespräch«, muss man nicht sofort sagen: »Ist in Ordnung.« Der Arzt könnte auch sagen: »Wissen Sie, so einfach ist
es nicht, ich würde gerne mit Ihnen darüber sprechen!« Ich
hätte früher nicht gewagt, es so zu machen, aber nach langjäh-
riger Erfahrung mache ich das bei meinen Patienten. Ich sage
zum Beispiel: »So billig ist das nicht zu haben, ich erzähle
euch, was ich mit anderen Patienten erlebt habe, wie es sein
könnte.« Ob sie sich dann letztendlich darauf einlassen, ist ihre
Sache. Aber da ich weiß, wie komplex das Thema Transplantation ist, möchte ich wenigstens einiges davon mitteilen. Und
ich mache damit ganz gute Erfahrungen.

Schad: Um das Problem des sogenannten Guten zu umgehen,
hat ein anthroposophischer Jurist (Ernst Barkhoff) folgenden
Vorschlag gemacht: Man möge doch die Gesetzgebung ein-
richten, dass die Frau (ausgenommen vielleicht die kriminolo-
gische Indikation) gehalten wird, die Schwangerschaft auszutragen; sie ist aber nicht gehalten, das Kind anschließend anzunehmen und zu erziehen, sondern sie hat die Freiheit, es zu
behalten oder abzugeben. Das Adoptivrecht soll so eingerichtet werden, dass alle die Institutionen, die restriktiv der Frau
und dem Schwangerschaftsabbruch gegenüber auftreten, die
nicht gewollten Kinder übernehmen müssen; sie können so
zeigen, ob sie für die Kinder eintreten – zum Beispiel die Kirchen, zum Beispiel die jeweiligen Politiker. Sie können sich
vorstellen, dass dieser Vorschlag nirgends durchkam; alle die

Mächte, die auf die Frauen einredeten (treibt doch nicht ab), wären sozial verpflichtet gewesen, beizustehen und das Kind zu übernehmen. Ich wollte damit die Berechtigung ihres Standpunktes deutlich machen. Dies würde auch die Verbindlichkeit der eigenen Aussagen verdeutlichen.

Was ist denn das sogenannte Gute? Das ist doch nur, wenn man selbst auch bereit ist, sich seelisch zu einer Sache zu stellen. Der Humorist Erich Kästner hat es so formuliert: Es gibt nichts Gutes, außer man tut es! Da liegt eine ganz, ganz hohe Ethik verborgen! Da entscheidet nämlich nicht die Theorie, sondern die menschliche Hingabe, die tätige Liebe, im Grunde ein tief christliches Motiv. Welchen Rahmen muss der Gesetzgeber dafür als Minimal-Konsens geben, immer historisch auf Zeit wieder abänderbar, aber jetzt für den Moment eben notwendig? Und wo ist der Rahmen durch den Gesetzgeber überhaupt nicht festzuschreiben, sondern nur durch individuelle Ethik auszufüllen und nur dadurch, dass möglichst viel miteinander und zueinander gesprochen wird, damit jeder, wenn er in eine solche Lage kommt, dem Gespräch gewachsen ist, ob als unmittelbar Beteiligter oder freiwillig Beteiligter? Diese Abgrenzung zwischen zu formalisierendem Recht und individueller Ausfüllung des Rechten ist eine Frage zwischen Nichtjuristen und Juristen, die wir aber prüfen sollten. Was kann der Jurist an dieser Stelle regeln, damit nicht eintritt, was sich nach meiner Beobachtung bei vielen Medizinern einstellt: »Ich tue alles, was der Jurist erlaubt. Wenn es erlaubt ist, kann man mir nicht an den Karren fahren; ich schütze mich, damit mir juristisch nichts passieren kann, in dem Rahmen tue ich alles, was die anderen von mir wollen.« Diese Unverbindlichkeit geht nicht, ist ethisch nicht vertretbar. Mit dieser Haltung wird zum Beispiel viel zu viel geröntgt und die Strahlenbelastung unnötig erhöht.

Petersen: Der Vorschlag war so: Wenn ein Adoptiv-Elternpaar bereitsteht, das das Kind der schwangeren Frau übernimmt, die abtreiben will, und es meldet sich mit Namen, dann ist die Schwangere verpflichtet, die Schwangerschaft auszutragen. Bei den Schwangerschaftskonfliktberatungen kommt dieses Thema immer wieder zur Sprache. Ich habe tatsächlich noch keine Frau gefunden, die gesagt hat, ich trage das Kind aus, auch wenn sie eine gute Beziehung zu diesem Kind in der zehnten Schwangerschaftswoche hatte. Sie sagen alle: Nein, das tue ich nicht.

Wellendorf: Aber sie müsste dieses Kind bis zum Ende der Schwangerschaft austragen!

Petersen: Die Frau verbindet sich ganz intensiv sechs oder sieben Monate lang mit diesem Wesen: »Wenn ich es dann weggebe, ist es auch eine Art von Tötung, das kann ich nicht.« Also, deswegen ist das nicht praktikabel.

Schad: Dieser Vorschlag entlarvt die Moralhüter!

Treichler: Das entlarvt auch, dass ein solcher Vorschlag nur von einem Mann kommen kann, der eben nicht nachvollziehen kann, was bei einer Frau geschieht, die neun Monate schwanger ist und dann das Kind abgeben soll. Es ist absolut undenkbar, dass man das einer Frau vorschreibt. Das ist typisch männlich!

Marcovich: Bei diesem Vorschlag würde man die Frau in gewisser Weise zum Inkubator degradieren, zum bloßen Austräger der Schwangerschaft machen; man muss sich fragen, ob man der Frau zu den ganzen körperlichen Veränderungen und Gefahren der Schwangerschaft auch noch die Schmerzen einer Geburt zumuten kann, nur um dann das Kind abzugeben. Wie schaut es mit der Bindung aus? Würde man bei medizinischen Indikationen einfach erklären, nicht abzutreiben, dann könnte ich mir vorstellen, dass viele Frauen vor der Geburt eine ganz andere Einstellung haben als nach der Geburt, wenn sie das Kind im Arm haben.

Unlängst habe ich einen Film über Geburt- und Schwangerschaftsriten bei den Papua auf Neu-Guinea gesehen; dort ist es gesellschaftlich legitimiert, dass die Frau *nach* der Geburt des Kindes entscheiden kann, ob sie das Kind annimmt oder nicht. Es wurde im Film gezeigt, wie eine Frau, die sich einen Sohn gewünscht hat, ein Mädchen zur Welt brachte – dort weiß man das ja vorher nicht –, dieses Mädchen dann nahm, mit Blättern bedeckte und einfach im Urwald liegen ließ. Im Auditorium war der Aufschrei groß! Das ist doch eigenartig: In unseren Kulturen und mit unseren Vorstellungen finden wir es unmöglich, dass ein Kind, das gesund zur Welt kommt, einfach zum Sterben weggelegt wird. Wo liegt aber der Unterschied? Doch nur im kulturellen Verständnis, ob man ein Kind *vor* der Geburt oder *nach* der Geburt umbringt. Für mich, die mit so vielen so kleinen Kindern umgeht und sie als Persönlichkeiten und eigenständige Wesen kennt, für mich ist es also wirklich kein Unterschied, ob ein Kind 40 Wochen oder 26 Wochen lang lebt. Ich denke, es ist auch eine Frage des kulturellen Verständnisses, wie man mit Leben umgeht.

Bedenken wir, welche Schwierigkeiten entstanden sind mit der Aufhebung der zeitlichen Grenze für eine Abtreibung. Wir kommen als Neonatologen in sehr schwierige Situationen dadurch, dass Schwangerschaften unterbrochen werden, weil man das Kind nicht am Leben erhalten will. Es kommt zum Beispiel ein Kind in der 27. Schwangerschaftswoche auf die Welt mit 850 g! Als Neonatologe bin ich dann verpflichtet, dieses Kind am Leben zu erhalten. Wir haben dann nicht nur die Probleme, die es durch eine Krankheits-Abtreibungs-Indikation mitgebracht hat, sondern wir erzeugen möglicherweise durch die Frühgeburtlichkeit und die Intensivbehandlung zusätzliche Probleme, so zum Beispiel eine Hirnblutung. Wir haben dann nicht nur von der Genetik her Behinderungen, sondern auch noch von dem, was dann geschehen ist. Daraufhin hat man in Frankreich die Lösung gefunden, dass man das Kind im Mutterleib tötet, damit es nicht auf die Welt kommt und dort reanimiert werden muss, das heißt unter Ultraschall sticht man mit der Nadel ins Herz und bringt das Kind um. Dann kann es nach der Geburt kein Neonatologe mehr reanimieren. Also, es entstehen wirklich gravierende Fragen, die uns einfach moralisch und ethisch überfordern.

Petersen: Bei uns in der Klinik haben wir das auch diskutiert. Der überwiegende Teil der Frauenärzte weigert sich, diesen Stich ins Herz durchzuführen. Jenseits der 24. Woche machen sie das nicht. Wenn eine solche Situation eintritt, sagen wir in der 26. Woche, so erzählen wir den Frauen ganz genau, was passiert; die meisten wollen dann die Abtreibung nicht mehr. Sie wollen nicht, dass das Kind intensivmedizinisch betreut werden muss. Und dann tragen sie es aus. Es ist, glaube ich, wichtig, dass die Subjektivität des Arztes ins Spiel kommt. Der Frauenarzt und der Pädiater erzählen der Frau ganz genau, was es für sie bedeutet, ein Kind auf diese elendigliche Art entweder zu töten oder noch am Leben zu erhalten. Das Bewusstsein des Arztes überträgt sich dann; die Frauen sind dann in der Lage, andere Entscheidungen zu fällen als früher – das finde ich das Bemerkenswerte.

Marcovich: Der Arzt bringt sich subjektiv immer ein. Aber er sieht sich dann legitimiert, das zu tun, was ihm das Gesetz erlaubt. Im Falle der intrauterinen Tötung ist das erfüllt, wenn er das Kind im Mutterleib tötet: bis zur 26. Woche ist das straffrei. Wenn es geboren ist, und das Herz schlägt, und er unternimmt nichts; dann ist es verboten. Das ist einfach eine Absurdität!

Schad: Es ist ein deutliches Zeichen, dass der Rechtsrahmen nicht richtig gebildet ist!

in der Schmitten: Die Parallele zur Hirntod-Kontroverse ist nicht zu übersehen: durch eine Schreibtischtat soll etwas als höchst problematisch Empfundenes ungeschehen gemacht werden.

Kirn: Dass ich die Normanwendung und die Normstruktur scheinbar verwischt habe, liegt daran, dass die Norm: Die Schwangere erhält den »Schein« nur, wenn sie ihre Gründe angegeben hat, auch juristisch eine Unmöglichkeit ist. Rein rechtstechnisch ist ein äußerer Tatbestand gar nicht vorhanden, denn Gründe anzugeben, ist eine Denkleistung, die ich nur aus freien Stücken erbringen kann. Das kann ein Gesetz nie erzwingen. Diese Absurdität zeigt, dass wir hier in einer Existenznot sind. Wir sehen einen Fehler des Gesetzes, der aber gar nicht wesentlich verbessert werden kann. Wir beißen uns juristisch die Zähne aus an der Differenz zwischen gesellschaftlicher Gewohnheit und ethischem Prinzip.

Es war meine Absicht, unter dem Gesichtspunkt des philosophischen Freiheitsideals ein solches ethisches Prinzip zu begründen. Ich habe versucht, mit logischen Kategorien zu operieren, und so mag es manchmal etwas zwanghaft erschienen sein.

Woher nehme ich die Ethik?
Gefahren und Hoffnungen

Wolfgang Schad

Ich bin von Herrn Bavastro gebeten worden, biologische Grundlagen und Fragen in unsere Tagung zu integrieren. Es gibt manchen interessanten und lohnenden Versuch, ethisches und menschliches Verhalten aus seiner biologischen Entwicklung sowie aus seiner biologischen Sonderstellung abzuleiten.

Der Mensch integriert in der Skala der Wirbeltiere einen bestimmten evolutiven Trend in sich. Fische leben im Wasser und haben gegenüber den Wirbellosen, die Strickleiter-, Ring- oder diffuse Nervennetze haben, ein zentralisiertes Nervensystem; sie haben also eindeutig ein zentrales Neuralrohr und *ein* Gehirn. Sie haben den Schritt einer deutlichen Zentralisation des Nervensystems im Grundtypus erreicht. Die nächste Gruppe sind die Amphibien, Tiere, die sich aus dem Wasser

lösen und nun zusätzlich zur Hautatmung eine innere At-
mungsoberfläche bilden, nämlich die Lunge; der Fisch atmet
noch über die Haut und die Kiemen (die Schwimmblase wird
kaum zur Atmung verwandt), so dass wir bei den Amphibien
hierin eine Umlagerung auf eine innere Funktionsfläche haben. Man hat also hier wiederum eine biologische Internalisation, nun anhand der Atmungsorganisation. Die Reptilien sind
durch einen verhornten Hautpanzer oder ihr Schuppenkleid
deutlich von Amphibien zu unterscheiden; damit wird der Organismus unabhängig vom Feuchtigkeitsgrad seiner Umgebung. Ein Reptil kann im trockenen Milieu, im Wasser leben,
kann in der Sonne liegen, es kann Wüsten bewohnen und so
weiter. Hier wird der Flüssigkeitsorganismus von der Umwelt
emanzipiert durch die besonders dichte Abschottung der Haut.
Aber immer noch ist auch das Reptil abhängig von der äußeren
Temperatur. Diese wird internalisiert zum eigenständigen, ho-
möothermen Wärme-Organismus bei der nächsten Gruppe,
den Vögeln. Wir haben fossile Hinweise, dass wahrscheinlich
auch schon unter den Riesenechsen des Erdmittelalters Warm-
blütigkeit begonnen hat. Bei den heutigen Wirbeltieren haben
sie erst die Vögel und dann die Säugetiere stabilisiert. Der
Schritt von den Vögeln zu den Säugetieren ist ebenfalls wieder
als biologische Verinnerlichung beschreibbar: Die Embryonal-
entwicklung wird vom Vogel prinzipiell außerhalb des mütter-
lichen Organismus durchgeführt. Das Nest ist gleichsam der
Uterus-Ersatz. Wenn wir das Nest unserer Beutelmeise oder
die Webervogelnester in Afrika betrachten, dann wird deutlich,
welche Organform vorgebildet wird: ein Uterus. Doch das ist
noch immer Außenwelt. Schrittweise von den eierlegenden
Säugetieren über die Beuteltiere zu den höheren plazentalen
Säugetieren haben wir die Internalisation der Embryonalent-
wicklung, die ins Innere des Mutterleibes schrittweise verlegt
wird.

Was ist daran ersichtlich? Ich habe bis zu den Säugetieren
hin eine mehrstufige Emanzipation von physiologischen Funk-

tionen aus der Umwelt-Abhängigkeit hin zu ihrer Internalisation und somit Verselbstständigung geschildert. Makroevolutiv findet nicht eine passive Adaptation an die Umwelt statt, sondern eine Anti-Adaptation; man spricht auch von Ex-Adaptation. Manche nennen das zwar auch Anpassung, aber das ist im Grunde begrifflich nicht mehr genau. Je mehr wir uns also verwandtschaftlich im Tierreich dem Menschen nähern, desto mehr nimmt die biologische und physiologische Autonomie organisch zu. Das lässt sich auch noch für den menschlichen Organismus selbst beschreiben, gerade auch gegenüber seinen nächstverwandten Tieren, den Menschenaffen. Wir haben bei den Säugetieren nämlich immer noch eine erhöhte Abhängigkeit vom jeweiligen Biotop – wenn Sie hinsehen auf die jeweilige Ausgestaltung der Bewegungsorgane, also der Gliedmaßen: Bei der Fledermaus sehen Sie evident, dass sie Paddel zum Schwimmen hat. Der Seehund hat sogar Hinterbeine, die nicht mehr unter den Leib geschlagen werden können. Seehunde sind so hochgradig ans Wasserleben angepasst, dass sie an Land nur noch auf dem Bauch robben, aber nicht mehr sich vom Boden abstützen können. Das Eichhörnchen hat Krallen, mit denen es an einem glatten Baum hochzuklettern leicht in der Lage ist. Der Maulwurf kann gut unter der Erde graben. All das sind hochgradige Einbindungen über das *Gliedmaßensystem* an den Biotop. Es wird zugleich deutlich, dass beim Menschen in der Aufrichtung – bei näherem Zusehen gerade auch im Fußbau – eine Emanzipation von der Umwelt durch die Gliedmaßenorganisation stattgefunden hat. Man hat unter evolutiven Fragestellungen viel zu sehr auf die Cephalisation, also auf die Gehirnbildung des Menschen geschaut. Wir wissen heute, dass die Gliedmaßenorganisation evolutiv das Erste war, was sich bei den frühesten Hominiden-Funden als vollmenschlich zeigt. Gerade im Bereich der Fortbewegung hat der Mensch eine Unabhängigkeit von der Umwelt erreicht, in der ihn kein Säugetier eingeholt hat, denn schon vorgeschichtlich hat sich allein der Mensch, mit Ausnahme der Antarktis, über sämtliche Kontinente verbreiten können. Das hängt mit der besonderen Gliedmaßenorganisation des Menschen unmittelbar zusammen. Die beim Tier vorderen Gliedmaßen werden nicht mehr zur Fortbewegung benutzt, sie sind frei für ganz andere Dinge als nur fürs Laufen. Wir haben das schöne Wort »Handeln« für diesen Vorgang! Der gesamte menschliche Bein-, Fuß- und Beckenbau, die ganze Aufrichtung, alles das sind Dinge, die eine gewisse Komplettierung dieser Evolution zur biologischen Freiheit darstellen. Jene emanzipatorischen Schritte, die die Fische, die Lurche, die Reptilien, die Vögel, die Säugetiere jeweils erreicht haben, hat der Mensch ja ebenfalls in seiner Konstitution mitgebracht. Wir müssen nicht wie der Frosch aus der heißen Sonne rasch wieder ins Wasser springen, um unsere Haut zu befeuchten. Wir haben die innere Lungenatmung, wir haben die eigene Körperwärme, wir haben einen inneren Embryonalentwicklungsraum, wir haben auch die relativ freigestellten Gliedmaßen. Insoweit ist die menschliche Sonderstellung eine hohe Integration einer Physiologie der Freiheit.

Wir haben das Wort Würde betrachtet: durch Herrn Bavastros Ausführungen wurde verständlich gemacht, dass das früher eine durch Amt und Würden vorgegebene, von außen zugekommene Angelegenheit war; sie wurde langsam ins Unsichtbare verinnerlicht, eine Würde, die per se dadurch, dass man Mensch ist, jedem zukommt. Die Qualität der Würde findet historisch eine kulturelle Verinnerlichung. Dieses Motiv lässt sich in der kulturellen Entwicklung als Fortsetzung der biologischen evolutionären Entwicklung, sich an sie anschließend, zeigen. Wenn wir den Gewissensbegriff verfolgen, wie er in Ägypten, im frühen Griechenland, im späten Griechenland, im Mittelalter lebte, so ist die individuelle Gewissens-Stimme eine relativ späte Angelegenheit in der europäischen Tradition; früher war das Gewissen von außen (Erinnyen des Aischylos) vorgegeben.

Nun kann man fragen: Begründet die biologische Freistellung des Menschen nicht auch seine besondere Möglichkeit zur Ethik? Ich drücke es noch deutlicher aus: Lässt sich menschliche Ethik überhaupt biologisch begründen und ableiten? Biologie kann eine Hilfe sein, um eine bestimmte Bild-Struktur der menschlichen Existenz mit zu unterstützen, kann aber nicht Ableitungsprinzip von Ethik sein. Das muss ich belegen.

Die Biologie des letzten Jahrhunderts diskutierte die Kausalfaktoren der menschlichen Existenz auf zwei Faktorenmuster hin: Entweder ist der Organismus durch Vererbung bestimmt, also durch seine Vorfahrenreihe, oder er wird durch seine Umwelt geprägt. Diese beiden Denkmuster haben jeweils eine radikale Anwendung im 20. Jahrhundert erfahren. Zuerst haben sich die biologischen Denkschulen polarisiert, dann sind diese Denkschulen zu Gesellschaftsbildern geworden, dann sind sie politisch geworden. In allen politischen Systemen, die von einer primären Erblichkeit der menschlichen Eigenschaften ausgegangen sind, war es ein hohes Ziel des sogenannten Guten, diejenigen, die das »gute Erbgut« nicht haben, doch möglichst zu eliminieren. Die braune Flut war die politische Umsetzung eines vorwiegend erbtheoretischen Menschenbildes. Die umgekehrte Seite sagt: Der Mensch ist sehr viel stärker durch seine Umwelt bestimmt; ja, er ist überhaupt ein Ergebnis seiner Umwelt, die Erbkomponente ist zu vernachlässigen. Der Einzelne ist auch hier nichts, nicht jedoch sein Volk, sondern die Gesellschaft ist alles. So kam die Gesellschafts-Bedingtheit des Menschen als primärer Verhaltensfaktor ins Spiel. Politisch umgesetzt haben wir so statt der rechten die linke Welle: der Totalitarismus der kommunistischen Staaten, auf Milieu-Theorien gebaut. An diesen beiden schlimmsten totalitären Systemen des 20. Jahrhunderts ist zu demonstrieren, dass ein Verständnis des Menschen auf eine erbtheoretische Ableitung, also biologisch, oder auf eine milieutheoretische Ableitung, auch biologisch, das sogenannte Humanum nicht begründet werden kann. Es gibt noch eine

dritte Haltung, die beides in der Interaktion sieht, die sogenannte Interdependenztheorie, nach der der Mensch demnach
durch Umwelt *und* Vererbung weitgehend bestimmt sei: Danach ist er eine jeweilige Zufallskombination des Erbguts mit
den jeweiligen Umweltfaktoren, so dass der Mensch als eine
jeweils, schon aus statistischen Gründen, nicht wiederholbare
Kombination zufälliger Erb- und Umweltfaktoren angesehen
wird. Und in dieser schon statistisch nicht wiederholbaren
Kombination beruhe seine Einmaligkeit. Darin besteht das
heute verbreitete biologistische Verständnis der menschlichen
Individualität. Auf diese Weise wird aus einer Kombinationstheorie versucht, die menschliche Existenz abzuleiten. Das
führt, politisch umgesetzt, zu einer Gesellschaft, in der jeder
individuell machen kann, was er will, wenn er nur den anderen
nicht stört. Er kann sich und andere nur betrachten als Zufalls-
ergebnisse eines biologischen Lotteriespiels. Man kann dann
nichts Besseres machen, als die Zeit zur Gewinnmaximierung
auszunutzen. Wir haben darin die heutige Konsumgesellschaft.
Wir haben so die Masse vereinsamter Menschen, die mit dem
anderen Mitmenschen wenig mehr anfangen können, als ihn zu
benutzen. Was soll er mit einem Zufallsprodukt, für das er sich
sogar selbst hält? Es ist ein sinnloses, perspektiveloses Kultur-
verständnis. Auch die Interdepedenztheorie reicht nicht hin.

Ich ziehe Bilanz: Auf der biologische Ebene ist das sogenannte Humanum nicht begründbar. Das wollte ich damit deutlich zum Ausdruck bringen. Wenn man sich das klar macht,
dann erschrickt man vor der Folge dieser Aussage. Was bedeutet das? Überall dort, wo versucht wird, den Menschen biologisch abzuleiten – das ist in unserer von der Naturwissenschaft
bestimmten Kultur bei sehr vielen Menschen der Fall – je
nachdem, ob sie mehr Rechts- oder mehr Linkskomponenten
den Vorzug geben, finden Sie Folgendes: die einen sind für das
richtige Blut, und die anderen sind für den richtigen Boden.
Beide unterliegen dem Blut- und Bodenmythos. Sogar die
Kombinationstheorie betont ja nichts anderes als Blut *und*

Boden. Es ist für mich erschreckend gewesen, mir klar zu machen, in welchem breiten Maße die naturwissenschaftlich gebildete Schicht der westlichen und zunehmend auch der östlichen Welt mit einem Menschenverständnis umgeht, das auf dem Blut- und Bodenmythos basiert. Die immanente Gefahr des Faschismus und Kommunismus ist also noch lange nicht hinter uns. Sie steckt in jedem Menschen, der meint, den Menschen nur biologistisch auffassen zu können. Jeder muss sich das klar machen, was er mit diesen Auffassungen erzeugt. Dann erst ergibt sich die Möglichkeit, aus den Folgen, die unser 20. Jahrhundert mit fürchterlicher Menschenvernichtung durch beide Totalitarismen erlebt hat, und somit aus der Geschichte zu lernen.

Umso mehr bleibt die Frage: Wie ist dann ethisches menschliches Handeln und menschliches Miteinander möglich, woher ist es begründbar? Wenn nicht biologisch, so ist die Antwort: nur durch die transzendente Natur des Menschen.

Wo ist dieses »Humanum« zu fassen? Es gibt verschiedene Angebote. Beispielsweise wie man das Wort Geist benützen will. Manche sagen: »Geist« kommt von »Gas« und »Gas« wiederum von »Chaos«: Damit ist die feinste Form von Materie gemeint, er ist eine besonders dünne Form von Materie. Diese Hoffnung, daraus einen Geistbegriff destillieren zu können, bleibt ethymologisch also ein Wortgeplänkel.

Weiter gibt es einen Geistbegriff, den Eccles und Popper weit verbreitet haben: Geist ist das, was sich im Laufe der Kulturentwicklung der Menschheit als Tradition angereichert hat, also zum Beispiel was in den Bibliotheken der Welt kompiliert ist. Das ist ein Geistbegriff, der lediglich retrospektiv bleibt: Geist ist das, was bisher als Ergebnis einst vorhandener geistiger Tätigkeit hinterlassen worden ist. Sicher sind die Kulturschätze wertvolles Geistesgut, was nicht verloren gehen darf. Aber das ist ein nur rückwärts gewandter Geistbegriff, der nicht fähig ist, die Gegenwart, geschweige denn die Zukunft leben zu können.

Es gibt die tradierte Form von Ethik: Ethisch ist das, was

sich durch die Erfahrung vieler Jahrtausende als sinnvolles menschliches Verhalten, gleichsam als Erfahrungsethik herausgestellt hat. Dazu gehören natürlich viele Dinge, die von den Konfessionen der verschiedenen Religionen gesammelt und weitergegeben worden sind: die kulturkreisverschiedenen Gepflogenheiten. Halte ich mich an das, was an tradierter Ethik existiert, so kann mir eigentlich nichts Verwerfliches passieren, dann bin ich ja ethisch. Das gleiche Anliegen kann man auch an den Juristen haben: Aus der Erfahrung der bisherigen Rechtsfindung, die sich in entsprechenden Gesetzesbüchern niedergeschlagen hat, möge uns doch der Jurist sagen, was erlaubt ist, dann richten wir uns danach, dann sind wir alle ethisch – so ist Ethik gesichert! Ethik ist dann je nach Kulturkreis auswechselbar. Wir merken, dass die tradierte Ethik nicht ausreicht.

Es gibt natürlich sofort eine Gegenposition: Ethisch ist das, was ich will und möchte. Dann können Instinkte, Triebe, Leidenschaften, Emotionen zu Beweggründen des Handelns werden. Ich nehme dann das Leben, wie es mir gerade schmeckt, und bemerke nicht, dass ich unfreier Diener meiner eigenen Triebstrukturen geworden bin. Das ist letztlich auch nur wieder eine biologistische Form von Ethik, die nichts bringt – außer einem Kampf aller gegen alle.

Wir sind so beim Problem des Sozial-Darwinismus angekommen. Was hat die Evolutionstheorie von Darwin, sein Buch erschien 1859 *(On the origin of species)*, im gesellschaftlichen Bereich in den anderthalb Jahrhunderten mitbewirkt? In einem interessanten Sammelband (E.-M. Engels: *Die Rezeption der Evolutionstheorie im 19. Jahrhundert,* 1995) wird der neueste Stand geschildert. Die einen sagen, Darwin sei gar nicht Verursacher des Sozial-Darwinismus, sondern der Philosoph Herbert Spencer (1820-1903), der eng mit Darwin im Gespräch war, wird als der geistige Vater der Selektionstheorie bezeichnet, und nur er habe diese Theorie auf Menschen angewandt. Spencer sei der eigentliche Sozial-Darwinist: Man solle besser von Sozial-Spencerismus sprechen. Darwin war ganz klar, welches Problem er berührte. Er konstatierte: Die Medizin lässt zu, dass Menschen ihre etwaigen Erbkrankheiten vermehrt weitervererben. Ohne Medizin wäre die Selektion viel härter. Kein Tier- oder Pflanzenzüchter würde so viele kranke Individuen zulassen, wie wir sie beim Menschen tolerieren; wir dürfen aber nicht anders handeln, denn wir sind inzwischen ethisch geworden, obgleich wir dadurch schlechter werden. So Darwin in seinem zweiten bedeutsamen Werk (*The descent of man,* 1871). Es gibt aber auch eine zweite Entlastungstheorie für Darwin: Der eigentliche Verursacher des Sozial-Darwinismus sei J. B. Lamarck (1744-1829), da er von Höherentwicklung sprach und zwischen »besser« und »schlechter« unterschieden habe. Es gebe also einen Sozial-Lamarckismus, aber keinen Sozial-Darwinismus. Dann gibt es eine weitere Entlastungstheorie für Darwin; darin wird festgemacht, dass es nicht ein Franzose oder ein Engländer waren, sondern Deutsche, die aus Wissenschaft Gesellschaftsbelange gemacht haben: Die deutsche Romantik sei die Verursacherin der Selektion, der Ausrottung von Menschen. Lorenz Oken und Carl Gustav Carus hätten eine festgeschriebene Typologie des Natur- und Menschenverständnisses vertreten und damit eine Lehre von besseren und schlechteren Menschen. Damit gäbe es Unter- und Übermenschen. Wo liegen die Ursachen in der Biologiegeschichte? Hier werden Schuldige gesucht. Die einen sehen sie unter den Empirikern, die anderen unter den Typologen.

Unsere Frage lautet: Kann man Ethik aus einem darwinistischen oder antidarwinistischen Weltbild gewinnen? Wir sehen hier wieder: Auf der biologischen Ebene ist das nicht möglich. Kant (1724-1804) formulierte den kategorischen Imperativ einmal in seiner »Kritik der praktischen Vernunft«: »Handle so, dass die Maxime deines Lebens jederzeit zugleich als Prinzip einer allgemeinen Gesetzgebung gelten kann.« – Es handelt sich also um eine nicht-evolutionäre

Ethik. Die andere Formulierung in seiner »Grundlegung der
Metaphysik der Sitten« lautet: »Handle nur nach derjenigen
Maxime, von der du zugleich wollen kannst, dass sie ein
allgemeines Gesetz werde.«

Ich zitiere dazu aus einer Zeitung von 1987: »Ich habe nie
einen Juden getötet, nie einen Menschen. Ich habe mich mein
Leben lang bemüht, dass das Prinzip meines Strebens so sein
muss, dass es jederzeit zum Prinzip einer allgemeinen Gesetzgebung erhoben werden könnte, so wie Kant das in seinem
kategorischen Imperativ ungefähr ausdrückt. Ich habe nur das
gemacht, was allgemeine Gesetzgebung des Staates war ...
wenn ich einer höheren Gewalt unterworfen werde ..., dann ist
ja mein freier Wille an sich ausgeschaltet!« So Adolf Eich-
mann im Jerusalem-Prozess 1962.

Das hatte Kant nicht gewollt. Aber Kant machte eine genera-
lisierende Pflicht-Ethik, die eben Grundlage einer allgemeinen
Gesetzgebung sein soll, die also keiner individuellen Entscheidung bedarf und damit staatlich vorgegeben werden kann.

Wie sich Rudolf Steiner zur normativen Ethik geäußert hat,
enthält seine »*Philosophie der Freiheit*«. Über die Frage der
Idee der Freiheit schreibt Steiner: »Der gerade Gegensatz dieses Sittlichkeitsprinzips ist das Kant'sche: ›Handle so, dass die
Grundsätze deines Handelns für alle Menschen gelten können.‹ Dieser Satz ist der Tod aller individuellen Antriebe des
Handelns. Nicht, wie alle Menschen handeln würden, kann für
mich maßgebend sein, sondern was für mich in dem individuellen Falle zu tun ist.«[1] Dann folgen notwendige Auseinandersetzungen, wie der Missbrauch individueller Ethik verhindert
werden kann. Kann nicht auch ein Verbrecher sie für sich in
Anspruch nehmen? Es wird begründet, dass die Verbrecher-
Moral nicht darunter fällt. Denn der Verbrecher folgt zum Beispiel seinen Macht-Trieben, ist eben nicht frei, denn er handelt
nicht aus umfänglicher Einsicht, nicht nach Intuition. Einsicht
und Intuition selbst schöpfen zu können, kann mir aber von
niemand anderem abgenommen werden.

1991 fand ein Symposium über Verantwortung in Forschung und Lehre an der Universität Konstanz statt. Von dem Juristen Bernhard Rüthers wird ausgeführt:

»Er wies stattdessen in einer äußerst eindrücklichen Art und Weise auf die besondere Ideologieanfälligkeit der Rechtswissenschaft anhand des deutschen Beispiels hin. Auch stellte er nachdrücklich die Frage nach der Verantwortung des Handelns der einzelnen Juristen, die Wörter, Begriffe und Texte wie Waffen sowohl zum Guten wie zum Bösen verwenden könnten.

Gerade dadurch hat Professor Rüthers mit dem weit verbreiteten Vorurteil aufgeräumt, dass es in der sicheren Bastion Jurisprudenz eine klare Hermeneutik, eine Lückenlosigkeit der Gesetzesordnung geben würde, die geeignet wäre, den Wissenschaftlern die Frage nach der Verantwortung ihres Handelns abzunehmen.

Stattdessen erklärte er, dass eine der Hauptaufgabe der Juristen in der durchaus subjektiv und vom Zeitgeist beeinflussten Interpretation der Gesetzesparagraphen läge. Als recht eindrückliches Beispiel verwies er in diesem Zusammenhang auf die deutsche Geschichte, in deren Verlauf sich während der letzten 80 Jahre fünf politische Systeme mit zum Teil gleichen Gesetzestexten abgelöst hätten. Dabei zeigte sich, so Rüthers, dass Gesetze formal gleich bleiben könnten, ihr Inhalt allerdings jeweils anders interpretiert werden würde. So galt beispielsweise in der früheren DDR noch lange Zeit das BGB. Bei einem Systemwechsel entwickelt sich normalerweise eine wahre Olympiade der Rechtsumdeutung. Eine Teilnahme daran wirkt auch stets karrierefördernd.

Als gerade für Wissenschaftler wichtige Einsicht folgerte Professor Rüthers deshalb aus seinem Vortrag, dass es in der Rechtsordnung keine absoluten Konstanten gäbe, eine Gesetzesordnung allein noch keinen Inhalt hätte. Er verwies damit auf die Notwendigkeit einer ständig vorgenommenen Überprüfung der Verantwortung für die Konsequenzen des eigenen Handelns, die keinem durch irgendeine Instanz abgenommen

werden könne. Dass nicht zuletzt von einer solchen Überprüfung das Schicksal der Menschheit abhängt, kam insgesamt bei
allen Referenten des Symposiums deutlich zum Ausdruck.«[2]

Es muss immer aufs Neue diskutiert werden, was rechtens
ist und zugleich von jedem selbst individuell verantwortet werden kann, ohne Rückzug auf juristische Absicherung. Was ich
hier vorlas, ist praktisch der aus Erfahrung gewonnene ethische Individualismus Rudolf Steiners. Rüthers wendet sich dagegen, dass man meint, eine »allgemeine«, zeitlose Gesetzesordnung machen zu können. Dann wird im Namen des »wahren Rechtes«, in dem die individuelle Rechtsfindung sowie die
Eigenverantwortung ausgeschaltet sind, scheinbar durch das
Recht gesichert, fortwährend Unrecht erzeugt. Das ist Rüthers
Ergebnis. Steiner wandte sich mit gutem Grund gegen jede
Form pauschaler Ethik; sie muss situativ jedesmal neu vom
einzelnen Menschen verantwortet und ergriffen werden, denn
diese Verantwortungskraft hat der Einzelne. Darin besteht ja
gerade seine Mündigkeitskraft, dass er selbst Verantwortung
für sich und für die mit ihm Zusammenlebenden übernehmen
kann. Das ist überhaupt die Mündigkeitseigenschaft als solche.

Die schlimmsten Kriege sind im Namen Gottes durchgeführt worden. Die fürchterlichsten Kriege werden im Namen
hoher ethischer Ziele gemacht. Wenn das Ziel so hoch ist, dass
es über jeder menschlichen Begreifbarkeit liegt, so ordnen sich
zahllose Menschen um dieses Zieles willen gerne unter. Als ich
1986 in Israel war, sagte man mir dort: Zuallererst müssen Sie
sich klar machen, dass hier im Lande das Wort Christentum
synonym ist mit 2000-jähriger Menschenausrottung. Einer der
schlimmsten Kriege war in Mitteleuropa der Dreißigjährige
Krieg. Er hat im 17. Jahrhundert zwei Drittel der Bevölkerung
Mitteleuropas ausgerottet, und zwar im Namen Gottes auf beiden Seiten. Auch was in Jugoslawien geschah und geschieht,
ist ein Religionsproblem. Die Serben sind griechisch-ortho-
dox, die Kroaten römisch-katholisch, die Moslems islamisch.
Nun wird wieder aufgerechnet, was in über tausend Jahren, seit

dem Schisma 1054, der Trennung von Ost- und West-Kirche, geistig nicht aufgearbeitet worden ist. Jetzt kämpft jeder wieder im Namen seines Gottes. Ich will damit nur herauspräparieren: Wir können menschliche Ethik nicht biologistisch begründen. Wir können sie aber auch nicht durch eine nur tradierte Transzendenz begründen, die oben angerufen wird in dem Glauben, man habe damit das Gute. Es stellt sich dann noch leicht nur als das sogenannte Gute heraus. Damit ist das Dilemma in meiner Frage – Woher nehme ich die Ethik? – offengelegt. Wir müssen das Problem um eine nächste Facette erweitern. Ein guter Seelenkenner des Menschen hat einmal den folgenden Satz gesagt:

»Von Natur besitzen wir keinen Fehler, der nicht zur Tugend, keine Tugend, die nicht zum Fehler werden könnte. Diese letzten sind gerade die bedenklichsten.«[3]

Der Nachsatz ist besonders aufschlussreich. Wir können aus den Fehlern lernen und gerade daran individuell erreichte Sittlichkeit aus der eigenen Fehlerhaftigkeit entwickeln. Das ist eine grundmenschliche Fähigkeit, zu der wir immer bereit sein sollten. In Anerkennung der eigenen Fehlerhaftigkeit ist es möglich, erneut Gutes aufzubauen; das ist jene Form von Tugend, die sich von Fehlern herleitet. Es gibt auch die andere Seite: Man hat die Tugend schon und bemerkt gar nicht, welche Fehler man mit dieser dauernd verkündeten Tugend macht. Diese zweite Art von Tugenden sind die bedenklichsten. Man wird hellhörig, wo Tugend selbst erworben ist und wo Tugendbolde fertige Normethik verbreiten.

Daran wird deutlich, welche Aufklärung gegenüber einer normierten Ethik notwendig ist. Das sind einerseits die Probleme und Aufgabenstellungen der Juristen oder des Gesetzgebers, welche versuchen müssen, in der Zeit variierende Normen in Gesetzen zu formulieren. Wo aber schafft dieses Recht auch wieder Unrecht, wenn es nicht durch die eigenverantwortete Sittlichkeit erst mit Menschlichkeit erfüllt wird? Dafür ist das Gespräch da. Wir können so sagen: Die Frau ist im

Schwangerschaftskonflikt nur verpflichtet, ihre Gründe anzugeben, um ihr das Gespräch zu ermöglichen. Aber für die menschliche Seite sollte ihr eine Kompetenz entgegengebracht werden, die nicht durch den Gesetzgeber vorgegeben werden kann, sondern in den Gesprächen erworben wurde.

Wenn im Konfliktfall das Freiheitsrecht der Mutter und das Lebensrecht des Kindes kollidieren, gibt es keine juristische Lösung. Ich weiß keine solche. Sie sagen zu Recht, Frau Marcovich, es gibt keine halbe Schwangerschaft ... Wenn man im Konfliktfall die Mutter *oder* das Kind hilfreich begleitet, an der jeweils anderen Seite verschuldet man sich immer mit. Die Frage ist also nicht: Wie komme ich dabei ohne Schuld aus, sondern, wie gehe ich mit der zum menschlichen Handeln immer dazugehörigen Verschuldung um? Wie gehe ich mit der Unvollkommenheit meiner menschlichen Handlungsfähigkeit, eben auch Entscheidungsfähigkeit, um? Zur Frage, woher nehme ich meine Ethik, möchte ich also sagen: Es gibt einen gewachsenen Erfahrungsraum, der durch die Jurisprudenz auch zu tradieren ist und der in immer wieder neu zu findender Form von dem Gesetzgeber, das ist bei uns der Bundestag, hergestellt werden muss, ohne dass dadurch die Diskussion darüber abbricht. Dieser Rahmen kann aber nie genügen, wenn nicht durch den mitmenschlichen Dialog, durch die unmittelbare Begegnung von Mensch zu Mensch inhaltlich Humanität dauernd neu geschaffen und gefunden wird und danach das jeweils menschlich Mögliche geschieht, beispielsweise im Schwangerschaftskonflikt beim Lebensanfang, beispielsweise bei der »Hirntod«-Problematik am Lebensende. Entscheidend ist die Annahme individueller Ethik aus dem Bewusstsein, dass man aus allen Fehlern auch etwas Gutes machen kann und nicht aus einem gutgemeinten Gesetz in Fehler verfällt, die man nicht mehr bemerkt.

Wie kann Individualrecht und Allgemeinrecht ins Gleichgewicht gebracht werden? Das ist meine Frage an die Juristen. Wie kann das Individualrecht selbst verkraftet werden? Nach meiner Analyse nur in der klaren Haltung, dass man ohne Verschuldung nicht herauskommt. Sie kann zum Teil im mitmenschlichen Gespräch gemildert werden, aber das sogenannte Gute lässt sich nicht festschreiben. Es gibt keine statische Bestimmung des Guten. Ich möchte keiner festgeschriebenen allgemein gültigen Ethik, vielmehr einer im besten Sinne evolutionären Individualethik das Wort sprechen.

Gespräch nach dem Vortrag von Wolfgang Schad

Marcovich: Ich stimme Ihnen völlig zu, Herr Schad: Es gibt keine absoluten Wahrheiten, und niemand von uns ist im Besitz einer solchen. Aber vielleicht gibt es doch ein Absolutes, zumindest empfinde ich es so, und dies ist die Liebe. Denn letzten Endes, wie schuldhaft auch immer Sie werden, mit einer liebevollen Haltung können Sie vieles positiv abfangen: Viele Gesetze und Regulierungen könnten erspart werden, und wir würden wieder dazu kommen, uns in einer liebevollen Haltung begegnen zu können.

Petersen: Ich möchte einige Dinge anmerken: Sie haben sehr schön die Internalisation in der Biologie beschrieben, das finde ich eindrucksvoll. Sie haben das phänomenologisch sehr gut herausgearbeitet. Ich habe mich mit meinen Kollegen, die Retortenbefruchtung betreiben, herumgeschlagen und schlage mich immer noch herum; sie argumentieren so: Die Evolution hat es uns ja vorgemacht, bei den Fischen wäre es ja auch so gewesen, dass sie in der Petrischale befruchteten, und dann könnten wir Menschen es auch tun. Sie stellen damit aber die Evolution auf den Kopf! Der Gynäkologe Senn in Kiel hat das zum Beispiel publiziert.

Ich möchte einen Blick auf die letzten dreißig Jahre werfen, die ich selbst bewusst miterlebt habe. Gewiss gab es in den Achtundsechzigerjahren eine linke Welle; das war aber nicht nur dies, sondern es war so, wie ich beobachtet habe, dass die individuelle Verantwortung sowohl bei den Ärzten als auch bei den Medizinstudenten mehr betont wurde. Ab Ende der Siebzigerjahre und natürlich in den Achtzigerjahren kam eine technologische Welle, mit Genetik beispielsweise, und plötzlich haben wir Ärzte keine Verantwortung mehr, denn alles ist nun genetisch bedingt; die Biotechnologie meint, uns das abnehmen zu können, dass wir uns mit irgendwelchen Schmerzen auseinandersetzen zu haben. Ich denke, Frau Wellendorf wird heute Abend über ihre Erfahrungen mit todkranken und sterbenden Kindern, mit den Transplantationskindern, etwas erzählen. Diese »Welle« wird wahrscheinlich noch ein paar Jahrzehnte laufen.

Es ist scheinbar sehr weit hergeholt: Sie haben von Darwin erzählt, der in Westminster-Abbey begraben ist; man sei auf der Suche nach Entschuldungstheorien für den Ursprung des Sozialdarwinismus. Wir haben ein ganz aktuelles Beispiel: Das Denkmal für den englischen »Bombergeneral« Harris, der Dresden gleichsam auf dem Gewissen hat, ist doch tatsächlich 1992 oder 1993 in London enthüllt worden, obwohl die deutschen Städte Dresden, Freiburg und Hildesheim protestiert haben. Das Denkmal steht in London. Wir sehen daran, wie lange es dauert, bis ein Schuldbekenntnis möglich ist; das ist ein Prozess! Wir haben die Verbrüderung mit unseren früheren alliierten »Feinden« gefeiert, den Nato-Freunden, zum Beispiel mit den Engländern. Es hat bis 1995 gedauert, bis der englische Prinzgemahl in Dresden in der Kreuzkirche öffentlich sagen konnte: Wir haben gefehlt. Die Königin hingegen hatte zwei oder drei Jahre vorher in Dresden nichts in dieser Richtung gesagt. Es hat also fast fünfzig Jahre gedauert, bis so etwas über die Lippen kommt, des Siegers gegenüber dem Besiegten. Man muss sich klar machen, dass es sich gleichsam um eine kollektive Macht handelt, die sich da kristallisiert. Es braucht sehr lange Zeiten, bevor so ein Bewusstsein von Verschuldung überhaupt durchkommen kann oder darf. Dieser Prozess braucht offenbar unheimlich lange Zeit; mit Vorwürfen ist überhaupt nichts getan, mit Vorwürfen provoziert man kein Schuldbekenntnis.

Die Formulierung mit dem Blut- und Bodenmythos habe ich noch nie gehört …

Schad: Das Interessante ist, dass man es anwenden kann auf jeden Biologismus des Menschen; so habe ich das auch noch

nie gehört, das ist mein eigener Gedanke, das war für mich eine
Erschütterung. Wenn wir das Geheimnis der menschlichen Begegnung nicht wahrhaben wollen, fallen wir fortwährend da
hinein. Die Konsequenz ist die Frage: Was ist die menschliche
Begegnung? Ich fand sehr schön, dass es durch Herrn Gröschner nicht als ein anthropologisches, sondern als ein anthropi-
sches Problem geschildert wurde; natürlich ist es auch durch
Denken zu reflektieren. Aber das hat nur Sinn, wenn die Pri-
märerfahrungen der Ich-Du-Wahrnehmung, der Selbsterkenntnis und der Du-Evidenz da sind. Denn wie kann ich etwas ins
Rechte denken, wenn ich nicht erst einmal an anderen wahr-
nehme? Wir brauchen eine Empirik des Ich und des Du.

Kirn: Herr Schad, es scheint mir da ein terminologisches
Problem zu geben. Der Begriff »anthropisch« ist kein wissen-
schaftlicher, kein philosophischer Begriff. Auch in der Rechtswissenschaft kann man nicht einfach auf begrifflose Primär-
phänomene zurückgreifen. Auch dann nicht, wenn diese seit
Tausenden von Jahren immer wieder so erlebt werden. Ich
kann nicht einfach sagen »anthropisch« und dann das Primär-
recht in Anspruch nehmen, das zu definieren, weil ich den
Begriff erfunden habe.

Schad: So habe ich Herrn Gröschner auch nicht verstanden.

Kirn: Wenn Sie sagen, ich habe den Menschen wahrgenommen, dann müssen Sie auch einen Begriff dazu bilden, und in
der Art, wie Sie das tun, gehört es zunächst einer bestimmten
Wissenschaft an.

Schad: Die menschliche Begegnung hat eine Qualität, gerade
wenn ich an die Ich-Sphäre denke, die ins Unbeschreibbare
und Unbedenkbare geht, denn jeder Begriff verallgemeinert,
und die Natur des Ich ist, dass sie nie noch einmal das Gleiche
ist. Sie ist nicht verallgemeinerbar. Das hatte Hegel schon ge-

merkt! Es ist eine primäre Wahrnehmung, auf die dann Gefühle und Denken ansetzen; sie muss im Vorverständnis angesiedelt werden.

in der Schmitten: Und so war anthropisch gemeint, als Phänomenologisches.

Schad: So habe ich das gemeint.

Kirn: Aber dann sind Sie doch schon im Wissenschaftsbereich, dann ist es phänomenologisch und gehört zur phänomenologischen Philosophie. Denn wenn Sie es aussprechen, gehört es in einen Wissensbereich.

in der Schmitten: Ist das nicht eine akademische Diskussion?

Marcovich: Sie haben Recht: wenn man es ausspricht! Aber man soll es ja nicht im Begrifflichen festmachen.

in der Schmitten: Die Alltagserfahrung des Leibes spiegelt sich sicher im phänomenologischen Ansatz. Ich verstehe nicht, inwiefern es in der Darstellung als Alltagserfahrung dann falsch wird; es ist eine zusätzliche Komponente, die Sie einbringen.

Kirn: Es wird gar nicht falsch, sondern, wenn ich es darstelle und zeige, dass es so ist, gehört es einer Wissenschaft an und wird damit ein philosophischer Begriff. Wenn ich es unmittelbar erlebe, im Traum und in der individuellen Wahrnehmung, beim Abendessen usw., ist es etwas völlig anderes. Da spreche ich es auch nicht eigens aus; ich komme nicht hinterher und erzähle, was ich beim Abendessen alles erlebt habe, und sage, das sind jetzt alles anthropische Phänomene.

Schad: Warum denn nicht?

Kirn: Wenn ich es mit dem Anspruch auf eine allgemeine Bedeutung ausspreche, setze ich es um in eine Wissensart, und dann gehört es wieder im Sinne der Fichteschen Wissenschaftslehre in den Bereich der Wissenschaft.

Schad: Ich stelle fest, ich habe einen anderen Wissenschaftsbegriff, nicht den Fichteschen.

Kirn: Einen sehr wahrnehmungsorientierten …

Schad: Generell können wir lange darüber diskutieren und uns dann über die jeweilige Begrifflichkeit von Worten einigen; aber ich möchte es konkret nehmen an einem praktischen Beispiel: Wir hatten im letzten Semester an der Universität Witten/ Herdecke einen der führenden Genetiker Deutschlands eingeladen. Er hat unseren Studenten über das Human-Gene-Project berichtet. Sie wissen, das menschliche Genom wird zur Zeit kartiert und soll in fünfzehn Jahren fertig sein; die Arbeit wurde auf viele Länder verteilt. Da die Technik sich ständig verbessert, wird man wohl eher fertig werden als ursprünglich angenommen. Sie können dann den Menschen weitgehend genetisch planen, zumindest in Gedanken. Ob es dann auch praktisch getan wird – das war die Diskussion mit den Studenten. Sie haben den Genetiker also gelöchert: Freie Forschung sei ja gut, aber wer verhindert den Missbrauch dieser Erfindung, dieser Entdeckung, dieser Möglichkeit? Wie wird der technische Missbrauch dieser Entdeckung verhindert? Professor Müller-Hill, Genetiker in Köln, sprach dann für die Freiheit der Forschung der Genetiker. Dem Genetiker könne man nicht sagen, er habe dies oder jenes nicht zu tun. Ich selbst meine: Wenn man diese Gen-Karten einmal wird richtig lesen können, vielleicht mit Goetheschem Blick, könnte vielleicht auch etwas über die Qualität des menschlichen gegenüber einem tierischen Genom ausgesagt werden. Man könnte zum Beispiel erwarten, dass Einiges über die Verwandtschaft und verstärkte

Internalisation ablesbar wird. Wenn man diese Buchstaben-
schrift lesen könnte, warum sollte man dann auf diese Form
des Faktenwissens verzichten? Die Frage ist aber: Könnte dieses Wissen nicht völlig missbraucht werden? Versicherungen
verlangen schon den genetischen »Finger-Abdruck«, um zu
wissen, wie hoch die genetische Lebenserwartung ist, um danach das Versicherungsgeld einzurichten. Es wurden also viele
mögliche Schreckensbilder angesprochen. Dann sagte Müller-
Hill, die Forschung könne das nicht verhindern, sie könne nur
Fakten bringen; was an Missbrauch möglich ist, muss durch
den Gesetzgeber verhindert werden. Wer ist der Gesetzgeber?
Der Bundestag. Wie können die Bundestagsabgeordneten sich
urteilsfähig machen? Durch fachlich kompetente Kommissionen. Dann sollen jene den gesetzlichen Rahmen vorgeben. Die
nächste Frage der Studenten war dann: Wir können gar nicht
sicher sein, ob wir immer ein demokratischer Staat bleiben.
Vielleicht kommt in fünfzig Jahren irgendein Demagoge, und
wir verfallen wieder zurück in einen Totalitarismus; wer sorgt
dafür, dass dann kein Missbrauch mit dieser Genkenntnis des
Menschen gemacht wird? Die Antwort war: Dann haben wir
eben Pech gehabt! Die Zukunft ist eben nicht im Voraus völlig
absicherbar. Eine weitere Wendung nahm die Diskussion an
der Frage, ob das Wissenschaftsprinzip über dem ethischen
Prinzip steht oder nicht. Es gab Genetiker im Dritten Reich, die
eingesetzt waren, um sogenannte Rassengutachten zu schreiben. Entsprechend wussten die gutachterlichen Ärzte, wer vergast wurde und wer nicht. Viele Ärzte haben wider ihr besseres
Wissenschaftswissen falsche Gutachten ausgestellt. Wer die
Tugend der Wahrheit als Wissenschaftstugend zuoberst hält,
hätte sie höher gehalten als ein Menschenleben. Müller-Hill
sagte dem Sinn nach: Ich bejahe, dass hier Ärzte gegen ihre
Wissenschaftspflicht gelogen haben; sie haben damit Menschenleben gerettet.

Ich wollte auf den philosophischen Konflikt aufmerksam
machen: Da haben Ärzte gehandelt ohne ein philosophisches

System, ohne eine begriffliche Begründung der Individualität des Einzelmenschen; sondern sie haben menschlich gehandelt aus unmittelbarer Erfahrung und Wahrnehmung konkreter Menschen, die vor ihnen saßen und ein Gutachten haben mussten. Das meine ich mit phänomenologischer Individualitätserfahrung. Dabei bin ich sehr dafür, das Ganze gedanklich, ja im echten Sinne philosophisch erkenntnismäßig aufzuarbeiten. Wir brauchen dringend eine Ich-Kunde, eine Individualitätswissenschaft. Dies widerspricht meiner Grundeinstellung nicht; sie hat aber nur Sinn, wenn wir primär uns erst einmal sensibel machen für die Erfahrung des Du und dies voll annehmen, auch wenn wir nicht gleich verstehen, was wir damit erfahren.

Kirn: Ich kann aus dem Rechtsbereich ein Parallelbeispiel erzählen. In den Konzentrationslagern des Dritten Reiches waren Ärzte mit der »Selektion« des ankommenden Menschenmaterials beschäftigt. Sie hatten die »Guten« zur Fließbandarbeit zu den dort angesiedelten großen deutschen Firmen zu schicken und die »Schlechten«, die nicht mehr arbeiten konnten, in die Gaskammern. Es gab nun Ärzte, die auf diesem Posten versuchten zu retten, was sie retten konnten. Sie erfüllten ein »Mindestkontingent« an Ablieferungen in die Gaskammern, um auf dem Posten zu bleiben, und stuften so viele sie konnten als arbeitsfähig ein, die nach den »Kriterien« ebenfalls hätten vergast werden müssen. Nach Kriegsende wurden sie vor deutschen Gerichten wegen Tötungsverbrechen angeklagt. Es stellte sich dann heraus, dass diese Ärzte zum Teil sehr intensive Gewissenskämpfe durchgemacht haben. Sie hatten sich mit Priestern, mit ihren Verwandten und mit Freunden, mit ihren Frauen beraten: Kann ich das mitmachen, oder muss ich mich absetzen? Es waren wohl keine vorgeschobenen Argumente. Wie kann man solche Situationen nachträglich gerecht beurteilen? Gelten hier auch die Prinzipien des Strafrechts, oder gibt es eine andere Betrachtungsweise, aus der Ich-Kultur? Es ist sehr interessant zu studieren, was die unteren Gerichte zunächst gesagt haben: Es ist zwar Unrecht, dass ihr bei Tötungen mitgewirkt habt, aber wir erkennen euren Konflikt an; dass ihr so gehandelt habt, war eine Entscheidung, die in einer so fürchterlichen Situation nur das Individuum als solches treffen konnte. Es gab also gewissermaßen Freisprüche mangels juristischer Qualifizierbarkeit der Tat. Ein solches Urteil anerkennt, dass das Ich, das in einer Extremsituation handelt, möglicherweise gar nicht mehr beurteilbar ist innerhalb der Normkategorien, die für normale Situationen gelten. Denn eine Norm setzt immer eine Normalsituation voraus, in die das Ich aber nicht immer hineinpasst. Diese Gerichte haben also tatsächlich zu erkennen gegeben, dass auch ein Sprung über das Normsystem hinaus gemacht werden kann. Das ist eine Ich-Geste.

Aber im Zuge der Restauration wurde das zurückgenommen, und der Bundesgerichtshof hat schließlich die Sache juristisch so eingeordnet: Zu einer Verurteilung gehören Tatbestand, Rechtswidrigkeit und Schuld; der Tatbestand ist gegeben, der Arzt hat mitgewirkt bei Tötung; rechtswidrig ist die Tat auch, es gab für sie keinen Rechtfertigungsgrund; Schuld hatte er auch, denn dieser Mensch konnte einsehen, dass er nicht töten durfte. Tötung ist Tötung. Also müsste man diesen Menschen eigentlich verurteilen. Aber die Bundesrichter sagten zu den unteren Instanzen: Prüft einmal nach, ob sich der Täter vielleicht in einem unverschuldeten Verbotsirrtum befand, das heißt ob er durch Indoktrination und Starrköpfigkeit vielleicht seelisch so in die Enge getrieben war, dass er gar nicht sehen konnte, dass er da Unrecht getan hat. Da wird jetzt vom Bundesgerichtshof die Ich-Geste zurückgenommen, in eine vermutete Deformation umgedeutet, ausgerechnet bei den Menschen, die am Dritten Reich Anstoß genommen haben und sich gesagt haben: Was wir hier machen, ist unmöglich, wie sollen wir das aushalten? Das darf man als Mensch nicht tun! Diejenigen, die sich das Problem wirklich gestellt hatten, wurden freigesprochen unter dem Vorwand, sie wären so verbohrt gewesen, dass sie nicht hätten einsehen können, dass sie diese Handlungen nicht hätten tun dürfen. Dann kommt der Satz: Die Kraft des Tötungsverbotes muss unverbrüchlich gelten, sagt der Bundesgerichtshof. Das war aber nicht ein Satz für die Angeklagten, sondern Ausdruck eines Bedürfnisses der Richter nach Selbststabilisierung ihrer Prinzipien.

Schad: Aber diejenigen, die an Gewissensbissen leiden, eher freizusprechen als den, der nicht daran leidet, war vielleicht mit diesen unredlichen Mitteln möglich und ist deshalb doch menschlicher gewesen.

Kirn: Nein, einzelne Gerichte haben dies als eine ichhafte Entscheidung adoptiert und es aus der juristischen Beurteilungsmöglichkeit herausgenommen. Das war für einen Richter ein geistiges Wagnis, was er gegenüber einer Extremsituation eingegangen ist. Aber das wagten nur die Untergerichte, während die oberen Instanzen sich befugt gesehen haben, alles wieder in die alten Seelengewohnheiten einzuordnen, damit keine Erschütterungen entstehen, sondern es als »normales« Verbrechen angesehen werden konnte, auf das die »normalen« Regeln und Ausnahmeregeln anzuwenden sind.

Bavastro: Herr Kirn, ich möchte Sie bitten, auf die Schlussfrage von Herrn Schad einzugehen, auch im Hinblick auf unsere zwei Beispiele, die wir noch besprechen werden: Wo ist der Raum für individuelle Entscheidungen, und wo muss doch eine allgemeine Regelung getroffen werden, rechtlich, im Parlament oder wo auch immer? Denn oft wird zu Recht gesagt, es ist Aufgabe des Gesetzgebers, Missbrauch zu verhindern. Reicht das oder reicht das nicht?

Kirn: Ich möchte zunächst noch eine Bemerkung machen zu der Zuordnung der rechtstheoretischen Ansichten von Bernd Rüthers zum ethischen Individualismus Rudolf Steiners. Herr

Rüthers würde sich über diese Zuordnung wundern und sich selbst vielmehr in die Nachfolge Kants stellen. Da gehört er auch hin. Er spricht gar nicht von den geistigen Dimensionen der Individualität, sondern von der gesellschaftlichen Subjektivität im Sinne der Interessenwahrnehmung des Einzelnen, die er durchaus ökonomisch versteht. Aus dem Zusammenspiel der ökonomischen Einzelinteressen, auch als Machtfaktoren verstanden, soll sich das gesellschaftliche Prosperitätsoptimum ergeben. Der Gesetzgeber soll dies nicht mit ethik-haltigen Normen behindern. Das ist die Position von Herrn Rüthers, die er wiederholt im Wirtschaftsteil der FAZ nachdrücklich vertreten hat.

Schad: Das kann er vom kategorischen Imperativ ableiten?

Kirn: Nicht so sehr vom kategorischen Imperativ, vielmehr aus der erkenntnistheoretischen Position Kants: Weil wir über die substanziellen Fragen nichts Sicheres wissen können, müssen wir uns an das empirisch Fassbare halten. Und das ist, kurz gesagt, die Effektivität des Eigeninteresses in der Leistungsgesellschaft, in deren marktwirtschaftliche Funktionsmechanismen der Gesetzgeber am besten gar nicht eingreifen sollte.

Zu Ihrer Frage, Herr Bavastro: Ich bin wahrscheinlich wesentlich skeptischer als Sie alle hinsichtlich der Leistungsfähigkeit des Rechts für die Lösung dieser Probleme. Was technisch gemacht werden kann, wird auch gemacht, weil es die Ökonomie in Gang hält. Nehmen wir zum Beispiel die Frage der genmanipulierten Lebensmittel. Ich prophezeie Ihnen, dass man schon bald darüber streiten wird, ob die Herstellung von *nicht* genmanipulierten Sojabohnen als solche deklariert werden darf. Eine solche Klage ist bezüglich gewisser Milchprodukte in Amerika bereits erhoben worden. Produkte wie Joghurt, Quark usw. aus Milch von nicht mit genmanipulierten Mitteln stimulierten Kühen wurden als solche deklariert. Dagegen klagt nun die Pharmaindustrie mit dem Argument, es sei nachgewiesen, dass die betreffenden Mittel nichts Schädliches bewirken könnten; wenn man also mit der Deklaration Vorurteile ausnütze, die in der Bevölkerung noch vorhanden seien, so sei das unlauterer Wettbewerb und müsse verboten werden. Das Verfahren ist noch nicht zu Ende, aber die Frontstellung muss klar gesehen werden.

Ich muss immer wieder betonen: das Juristische besteht wesentlich in Verfahren. Sie haben zum Beispiel eine Behörde, die ein Experiment entweder genehmigt oder nicht; da sitzt ein »Behördenmensch«, der gelernt hat, die Paragraphen zu lesen und Akten zu wälzen; er wird vielleicht übers Wochenende nach Mallorca eingeladen, um dort mit den Segnungen der Gentechnik kursmäßig vertraut gemacht zu werden; er soll dann entscheiden, ob er diese Genexperimente genehmigt oder nicht.

Die zweite Möglichkeit ist, dass ein Richter entscheidet, ob zum Beispiel ein heimliches Embryonenexperiment strafbar war oder nicht. Da spielt sicherlich einerseits alles Formale eine Rolle, aber freigesprochen werden kann man aus vielen Gründen, vor allem wenn die Sache so schwierig ist, dass der Richter die Lust verliert, sie wirklich zu durchdenken. Das sind die beiden Schwachstellen, wo alle rechtlichen Regelungen sich totlaufen. Die Wissenschaftler kommen und sagen: Der Gesetzgeber muss das regeln. Aber dann hält man sich nicht an die Regelungen. Und wenn das herauskommt, darf man auf milde Richter hoffen, wenn man sich auf das Geschäft berufen kann, das indirekt allen nützt.

Individuelle Verantwortung wird uns nicht abgenommen, auch nicht vom Gesetzgeber; wir müssen vielmehr anstreben, das Rechtsleben vom Wirtschaftsleben und vom Geistesleben zu trennen. Richter, Parlamente und Behörden sind überlastet, wenn man ihnen solche Entscheidungen zumutet. Die Regulierung im Wissenschaftsbereich muss reduziert werden auf das, was rechtlich tatsächlich entscheidungsfähig ist. Wir müssen aber zugleich Gremien organisieren, die darüber Verständigung herbeiführen können, was uns ethisch wirklich problematisch erscheint.

Schad: Ich war kürzlich auf einem Kongress in Wuppertal über globale Umweltprobleme; Ulrich von Weizsäcker war auch anwesend. Frau Hazel Henderson aus Florida erzählte, dass einer der größten Mächte, die das Leben heute global bestimmen, das Börsengeschäft ist. Der Warenaustausch beträgt nur drei Prozent, das Geld als Ware, also Börsengeschäfte dagegen 97 Prozent. Wir müssen uns klar machen, wie unglaublich groß diese Spekulationsgeschäfte sind und welche sozialen Folgen dies hat. Sie hat geschildert, dass sie dieses System als solches nicht bekämpfen wolle, sondern dass es besser ist, selbst einzusteigen, selbst Aktien auszugeben, aber öffentlich genau zu beschreiben, für welche ökologisch sinnvollen Dinge die Investitionen angewendet werden; sie haben einen enormen Zuspruch in der amerikanischen Gesellschaft, so dass sie bereits zehn Prozent des gesamten Börsenumsatzes in den USA inzwischen ökologisch regulieren können. Ich wollte verdeutlichen: Es sind erst zehn Prozent, es ist eine Aufklärungsfrage, die einen langen Atem braucht; eine pessimistische Resignationsstimmung hilft allein nicht weiter – wie wir am Beispiel von Greenpeace und dem Shell-Konzern kürzlich gesehen haben.

Gibt es Persönlichkeitsveränderungen im Rahmen der Organverpflanzung?

Elisabeth Wellendorf

Öffentlicher Vortrag

Ich möchte Ihnen gerne von meinen Erfahrungen mit transplantierten Patienten berichten – von der Zeit davor, der Begleitung während der Zeit, in der sie im Krankenhaus sind, und der Zeit danach.

Mukoviszidose ist eine angeborene Stoffwechselstörung, die vor allen Dingen die Lunge betrifft, weil das Sekret in der Lunge sehr fest wird, was dann dazu führt, dass die Lungenbläschen verkleben und die Patienten immer weniger Luft bekommen. Bevor bei uns in der Medizinischen Hochschule in Hannover die ersten Herz-Lungen-Transplantationen bei Mukoviszidose-Patienten vorgenommen wurden, war ich in London in einem Krankenhaus, wo solche Eingriffe Routine waren. Ich wollte mich informieren. Zuvor hatte ich bei diesen

Patienten Sterbebegleitung gemacht. Die Ärzte in London waren sehr aufgeschlossen und zeigten mir einige Filme, die sie von transplantierten Patienten gemacht hatten. Ich sah zum Beispiel eine junge Frau vor der Transplantation in sehr elendem Zustand und ihr Leben ein Jahr nach der Transplantation; der Film zeigte ein Stück aus ihrem Alltag. Sie war mit Lockenwicklern im Haar und Schürze beim Staubsaugen oder beim Einkaufen im Supermarkt zu sehen. Die Ärzte wiesen stolz darauf hin, wie normal ihr Leben jetzt verlaufe und dass sie im Grunde genommen nichts von anderen englischen Hausfrauen unterscheide.

Ich konnte ihre Begeisterung nicht teilen, und mir wurde von Film zu Film (im Ganzen waren es fünf) trostloser zumute. Kam es wirklich darauf an, nach einer schweren Krankheit und einem gravierenden körperlichen Eingriff, nachdem man zuvor dem Tod schon sehr nahe gewesen war, genau da wieder anzusetzen, wo man der Krankheit wegen aufgehört hatte? Es schien, als hätte man nicht nur Herz und Lunge herausgeschnitten, sondern auch die Zeit der Krankheit mit all ihren Nöten und der Suche nach ihrem Sinn sowie den gerade nur in ihr erfahrbaren Möglichkeiten. Ich habe mich gefragt, warum die Ärzte, die diese Filme gedreht hatten, so versessen darauf waren, zu beweisen, dass ihre Patienten ganz normale, von anderen nicht zu unterscheidende Menschen waren.

Ich war damals mit meinem ersten Patienten in London, der bei uns später transplantiert wurde. Er empfand das Grauen, das ich spürte, nicht. Im Gegenteil: die Normalität der Transplantierten begeisterte ihn; als chronisch Kranker wünschte er sie sich. Einmal nicht mehr aus dem Rahmen zu fallen war ein erstrebenswertes Ziel für ihn. Das konnte ich gut verstehen. Später, als ich schon mehrere Patienten auf ihrem Weg begleitet hatte, fiel mir auf, dass die ersten Worte, die sie zu mir sagten, oft diese waren: Ich bin immer noch dieselbe oder derselbe. Dieser Satz war offenbar für sie von zentraler Bedeutung. Das konnte aber nur sein, wenn sie

zuvor Angst verspürt hatten, sie könnten sich in ihrer Identität
verändert haben.

Als im letzten Winter eine Podiumsdiskussion zum Thema
Transplantation und Persönlichkeitsveränderung stattfand und
ich in meinem Statement sagte, für mich seien transplantierte
Menschen wie Helden in den Märchen, die viele Prüfungen zu
bestehen hätten und am Ende nicht mehr die wären, als die sie
losgezogen seien, um ihre Aufgabe zu erfüllen, sondern andere, größere, wissendere, wenn sie die Herausforderung annäh-
men, wurde ich wütend von einigen Transplantierten angegrif-
fen, die das für Humbug hielten; sie beteuerten, sie hätten sich
in gar keine Weise verändert. Sie waren von Chirurgen unseres
Hauses mitgebracht worden und vertraten vehement die These:
ein Herz sei ein Muskel oder eine Pumpe und sonst nichts; eine
Transplantation sei wie die Reparatur eines Autos, dessen Mo-
tor man auswechselt. Auch das bliebe immer noch ein Merce-
des, wenn es vorher einer gewesen wäre, und würde mit der
Transplantation oder mit der Veränderung des Motors kein
Opel. Es hat mich betroffen und nachdenklich gemacht, dass
sich viele Menschen gegen Veränderungen ihrer Person so vehement wehren. Und es hat mich verwundert, dass sie keine
Chance darin sehen konnten, denn mein Bild von einem Märchenhelden war ja nichts Abwertendes gewesen.

Ich glaube, dass es damit zusammenhängt, dass das Bild des
Märchenhelden mit der Aufforderung zu Wachsamkeit und
Mut gekoppelt ist, zu dem eigene Bedürfnisse übersteigenden
Handeln, zur Bereitschaft, das Leben zu wagen und es nicht
aus den Augen zu verlieren und alle persönlichen Fähigkeiten
für diese Sache zu mobilisieren. Das ist Arbeit; die Helden des
Märchens bekommen nichts geschenkt. Sie werden zwar von
guten Geistern unterstützt, ohne die sie ihr Ziel nicht erreichen
könnten, aber sie müssen ihre Freundschaft zuvor erst verdient
haben. Wer sagt: ein Herz ist nichts als eine Pumpe, und ein
Mensch ist eine Maschine, die man reparieren kann, das kostet
außer Geld und Know-how nichts, der macht die Transplantati-

on zu etwas Billigem, verkauft das Herz zu Dumping-Preisen, entsprechend wertlos wird es dann sein.

Ich möchte Ihnen zur Verdeutlichung die Geschichte eines jungen Mannes erzählen, den ich vorher nicht kannte, zu dem ich aber gerufen wurde, weil er sich weigerte, seine Medikamente und Nahrung zu nehmen. Er war vier Monate zuvor herz- und lungentransplantiert worden, die Operation war erfolgreich verlaufen. Nach drei Wochen war er entlassen worden, drei Monate lang lief alles ausgezeichnet, dann wurde der junge Mann depressiv, er verweigerte immer mehr die Nahrung und zum Schluss auch die lebensnotwendigen Medikamente. Das wusste ich, bevor ich in sein Zimmer trat. Der Auftrag an mich war, ihn wieder auf den rechten Weg zu bringen, ihn wieder, wie man sagte, compliant zu machen, also zur Mitarbeit zu bewegen.

Ich fand auf dem Bett liegend einen bis auf die Knochen abgemagerten jungen Mann. Sein blasses, von dunklen Haaren umrahmtes Gesicht, die an seiner feuchten Stirn und an den Schläfen klebten, war starr zur Decke gerichtet, als sei er an einem Punkt an ihr fixiert. Seine Hände waren in das Laken verkrampft, so dass die Knochen seiner Finger kantig hervorstanden. Seine Beine waren angewinkelt, so lag er starr und stumm da, ohne mich wahrzunehmen. Er hatte eine verzweifelt-aggressive Ausstrahlung; ich wagte es nicht näher als zwei Meter an ihn heranzutreten. Während ich ihn betrachtete, überfiel mich eine ungewohnte Erschöpfung. Ich trat daraufhin an sein Bett und sagte: »Sie sind ja todmüde!« Er schaute mich an, ohne den Kopf zu bewegen. Ich erschrak über die tiefe Trostlosigkeit in seinen Augen. Ich fragte ihn: »Möchten Sie sterben?« Er schaute mich aufmerksam an und nickte kaum merklich. Ich fragte: »Warum?« Es dauerte eine halbe Stunde, bis er anfing zu sprechen. Ich spürte die ganze Zeit, in der er schwieg, dass er sprechen wollte. Er erzählte mir dann von einem Traum, den er drei Monate nach seiner Transplantation gehabt hatte. Er hat geträumt, er habe sich auf den Brustkorb eines Menschen gestürzt und habe ihm mit spitzen Zähnen und in unsagbarer Gier das Herz aus der Brust gerissen. Dann sei er voller Panik, Scham und Ekel aufgewacht, denn das Herz sei in seinem Körper schon in Verwesung übergegangen und er habe das Gefühl, er lebe mit einem Haufen verdorbenen Hackfleisches in sich. Er verstummte vor Entsetzen und schaute wieder starr an die Decke.

Als ich ging, sagte ich zu ihm: »Das ist schrecklich.« Er legte seine eiskalte Hand eine Weile in meine, und eine Träne lief über seine Schläfe herunter. Der junge Mann war, wie ich später von seiner Mutter erfuhr, ein trotz schwerer Krankheit sehr zufriedener Mensch gewesen. Er hatte Musik gemacht, Gedichte geschrieben und liebte sein Leben trotz Krankheit und Einsamkeit. Seinen Eltern zuliebe, er war ihr einziges Kind, hatte er in die Transplantation eingewilligt. Er selber sei bereit gewesen, zu sterben. Nach der Einwilligung habe er sich keine Gedanken gemacht; er wollte die Transplantation nur hinter sich bringen. Aber nach diesem Traum war ihm bewusst geworden, dass ein Mensch für ihn sein Leben lassen musste, wenn er leben wollte. Es kam ihm wie ein schweres Unrecht vor. Verzweifelt sagte er mir in unseren späteren Gesprächen: »Sehen Sie, ich bin überzeugt davon, dass jeder von uns eine ganz einmalige seelische und körperliche Ausstattung bekommt. Und Leben bedeutet, seine Zeit mit dieser einmaligen Ausstattung zu durchlaufen und seine Aufgabe innerhalb dieser Möglichkeiten und Grenzen zu erfüllen und gerade in dieser Begrenzung seine Persönlichkeit zu entwickeln. Ich wusste das immer, und es ging mir gut damit. Nun ist mein Herz schon tot, und ich gehöre doch zu ihm, und der andere, dessen Herz mich am Leben hält, kann nicht sterben, weil etwas von ihm in mir weiterlebt. Ich habe eine Ordnung durchbrochen, das darf man nicht. Ich möchte sterben und dem anderen sein Herz zurückgeben, damit auch er ganz sterben kann.«

Ich war betroffen von der Unerbittlichkeit seiner Worte. Ich fragte, ob er sich gewünscht hätte, jemanden zu haben, mit dem er über alles hätte sprechen können, vor der Transplantation: »Nein«, sagte er verzweifelt, »ich hätte mir eine solche Möglichkeit suchen können, denn ich bin befreundet mit einem Priester, er hätte mir zugehört, aber ich wollte es eigentlich nicht. Ich wollte nicht transplantiert werden. Ich tat es nur meinen Eltern zuliebe. Deshalb wollte ich nicht darüber nachdenken, um nicht unsicher zu werden. Ich mied in dieser Zeit den Kontakt zu meinem Freund und hielt mich an meinen Arzt. Dass die Transplantation nur der Wechsel eines Ersatzteiles in einem Apparat sei, war mir gerade recht. Aber ich war von da an wie tot. Ich wurde ganz hart, hatte das Gefühl, mir stünden die neuen Organe zu, weil ich sie zum Leben brauchte. Ich wartete auf den Tod des anderen, dessen Organe ich brauchte. Sein Tod ließ mich kalt, denn ich hatte nichts mit ihm zu tun. Mein ganzes Denken und Fühlen war umgepolt, seit ich mich zur Transplantation entschlossen hatte. Heute würde ich sagen, ich wurde auf allen Ebenen blind. Nun liege ich hier und weiß nicht mehr, wer ich bin. Die Schuldgefühle bringen mich fast um. Ich habe ohne Mitleid den Tod des anderen ersehnt. Die Organe habe ich nicht dankbar als Geschenk angenommen, sondern als etwas, was mir zusteht. Ich habe mir meine kranken Organe bewusstlos herausnehmen lassen; ich habe mich nicht verabschiedet, ihren Verlust nicht betrauert. Ich habe gewusst, dass ein Leben, das durch die Krankheit geprägt war, mir besondere Möglichkeiten bot. Ich war dankbar und hatte keine Angst vor dem Tod, und trotzdem habe ich mich zur Transplantation verleiten lassen.«

Er weinte verzweifelt, bis zur völligen Erschöpfung. Beim nächsten Mal griff ich sein Schuldbekenntnis auf. Ich versuchte nichts zu bagatellisieren. Für mich war es etwas Großes, wie er sein Verhalten unerbittlich anschaute und zu seiner Schuld stand. Wir gingen sein Bekenntnis in der gleichen Reihenfolge durch. Ich bat ihn, in Kontakt zu treten mit seinem Spender und ihm für seine Organe zu danken, sich zuvor aber auch bei ihm zu entschuldigen, dass er sich seinen Tod hatte wünschen müssen.

Es mag Ihnen seltsam vorkommen, dass ich von einer
Schuld dem Toten gegenüber spreche, denn in einem logischen
Sinne stimmt das ja nicht. Auch ich habe zu Anfang meine
Patienten beruhigt und ihnen gesagt, der andere wäre sowieso
gestorben, unabhängig vom Wunsch des Empfängers nach Organen. Aber das ist eine billige Vereinfachung. Auf einer tieferen Ebene scheinen beide Leben miteinander verbunden zu
sein und insofern auch Wunsch und Wunscherfüllung. In den
Träumen meiner Patienten kam das immer wieder zum Ausdruck. In diesem Sinne bat ich den jungen Mann, den Spender
um Entschuldigung zu bitten. Einmal, dass er seinen Tod hatte
wünschen müssen, um leben zu können, zum anderen, dass er
sein großes Organgeschenk nicht als solches dankbar gewür-
digt hatte. Er tat das mit großer Erschütterung, und es entstand
eine innere Brücke zu dem Menschen, dem gegenüber er sich
zuvor verbarrikadiert hatte. Er nahm auch noch einmal Abschied von seinen eigenen Organen, seiner Lunge, seinem Herzen, und er fühlte tiefe Dankbarkeit ihnen gegenüber, weil sie
ihm trotz progressiver Einschränkung Leben ermöglicht hatten. Er fühlte sein altes Herz, wie es immer heftiger geschlagen
hatte, um das Blut schneller durch seinen Körper zu pumpen,
je mehr seine Lunge versagte. Er verabschiedete und betrauer-
te beide als einen Teil von sich, der ihm in den Tod vorausge-
gangen war.

Danach wurde er gelassen und zugewandt, so wie er vor
seiner Transplantation war. Er war bereit, die Medikamente zu
nehmen und auch Nahrung. Aber seine neuen Organe waren
durch die Abstoßung schon sehr geschädigt und sein ungeheuer abgebauter Körper konnte die Nahrung nicht mehr ausrei-
chend verstoffwechseln. Ich sprach oft mit seinen Eltern, die
ihren Sohn von Herzen liebten, und ließ mir aus seinem Leben
erzählen. Es war sehr schlimm für die Eltern, ihr einziges Kind
zu verlieren. Sie hatten gehofft, ich hätte ihrem Sohn helfen
können, am Leben zu bleiben. Aber sie waren bereit, seinen
inneren Prozess bedingungslos mitzugehen. Eines Morgens

sagte er mir mit leuchtenden Augen: »Ich habe heute Nacht mit ihm gesprochen, mit dem Spender, ich habe ihm gesagt, ich schaffe es nicht mehr, mit deinen Organen zu leben, er hat mir die Hand gereicht und gesagt, dann komm. Nun bin ich vollkommen glücklich.«

Er starb wenige Tage später. Für ihn, die Eltern und mich war es ein guter Tod. Vom medizinischen Standpunkt aus war es ein Fiasko. Alles hatte geklappt, man musste nur noch die störende Non-Compliance des Patienten ausschalten, um den Erfolg zu erhalten. Insofern war ein Mensch komplizierter als eine Maschine. Aber für diesen Bereich kann man ja einen Psychologen holen, der dann hoffentlich seine Arbeit so kompetent und erfolgreich machen wird wie die Chirurgen.

Ich versuchte auf der Station zu erklären, welche Prozesse bei ihrem Patienten abliefen, in welche Identitätskrise er gekommen war und dass mein Anliegen sei, ihn sich selber wieder finden zu lassen, und dass ich nicht vorhersagen könne, ob das mit seinem Leben oder mit seinem Tod verbunden sei. Das wollte niemand hören. Was Erfolg gewesen wäre, war von vornherein festgelegt. Adaption an das mechanistische Menschenbild, die Vorstellung von einem hochkomplexen Apparat, der letztendlich durchschaubar und manipulierbar ist. Das war aber weder mein Menschenbild noch das des Patienten. Im Spiegel der High-Tech-Medizin war er zu einem Spielverderber, einem Boykotteur geworden. Das hatte ihn erstarren lassen. So wäre er gestorben, innerlich unsagbar gepeinigt und äußerlich erstarrt als Schutz gegen die Anforderung und Abwertung. So starb er zwar, aber er starb ohne die Schuld, die er ahnungslos auf sich geladen, dann aber bewusst akzeptiert hatte, und er hatte Vergebung erfahren. Er hatte getrauert und Abschied genommen von seinen Organen und hatte sich mit dem Spender in Dankbarkeit verbunden. Er war vor seinem Tod lebendig und glücklich geworden. Er hatte alles vollzogen, was zur neuen Identität eines Transplantierten gehört.

Bei der Frage nach Persönlichkeitsveränderung nach Organ-

Transplantation fällt mir ein anderer Patient ein. Er war der erste meiner Patienten, der Herz-Lunge bekam. Ich kannte ihn schon Jahre, und wir hatten fast ein Jahr lang Zeit, um uns auf die Transplantation vorzubereiten. Mit ihm habe ich viel lernen können. Er war ein sehr disziplinierter, vernünftiger, kluger Mensch und seine Transplantation verlief vorbildlich. Aber im ersten Jahr danach hatte er drei schwere Unfälle, durch zu schnelles Fahren. Gott sei Dank wurden weder er noch die anderen Betroffenen schwerer verletzt – obwohl alle drei Autos Totalschaden hatten. Ich war fassungslos und konnte das mit dem Menschen, den ich kannte, nicht in Verbindung bringen. Er liebte es auch, zum Fußball zu gehen und dann da zu stehen, wo die verschiedenen Fan-Gruppen aufeinanderprallten. Begeistert erzählte er mir von gefährlichen Situationen. Er nahm Verletzungen in Kauf, nur um diesen Lebenskitzel zu spüren, wie er sagte. Ich machte mir damals viele Gedanken. Dass er ein Stück Leben nachholen wollte, konnte ich gut verstehen, aber warum so exzessiv? Ich wusste zufällig, dass er das Herz eines verunfallten Motorradfahrers bekommen hatte; konnte es damit zusammenhängen? Kann es vielleicht sein, dass Informationen, die in den Zellen des fremden Herzens gespeichert sind – wir wissen, dass wir sehr stark durch unser Erbgut bestimmt sind –, Einfluss auf sein Fühlen und Denken nehmen konnten? Die meisten, die ich fragte, hielten diese Frage für absurd.

Einige Jahre später las ich den Bericht über einen Patienten in Amerika, der 70 Tage mit einem Affenherzen überlebt hatte, er hatte sich offenbar auch rein äußerlich sehr verändert, und bei seiner Obduktion fand man Zellen des Affenherzens in seinem ganzen Körper, auch in seinem Gehirn. Wenn das so ist, ist es doch unwahrscheinlich, dass diese Tatsache ohne Einfluss auf den ganzen Menschen, also auch auf seine Identität bleibt. Die Frage ist für mich immer noch unbeantwortet; die Frage der Identität des Menschen wird oft vereinfacht: Sie ist wesentlich komplexer. Möglicherweise musste sich dieser junge Mensch immer wieder in die Nähe des Todes bringen, um zu wissen, dass er ihn austricksen konnte. Vielleicht hatte er unbewusste Unsterblichkeitsphantasien entwickelt, die er sich ständig neu beweisen musste; vielleicht aber auch eine tiefe Todessehnsucht.

Mich machte dieses Spiel trotzdem wütend, und ich erinnerte ihn an das, was er sich vor der Transplantation vorgenommen hatte. Wir hatten uns in diesem Zusammenhang während der Vorbereitung damit beschäftigt, wie er mit Geschenken umgeht: das ist eine sehr wichtige Frage, da man ein sehr großes Geschenk annehmen muss. Ihm wurde dabei bewusst, dass er sehr selbstverständlich nahm, ohne zu danken, und dass er selten etwas zurückschenkte. Ihm wurde klar, dass er als chronisch kranker Mensch permanent auf die Hilfe anderer angewiesen war und dass ihn das so belastete, dass er die Hilfe und Gaben lieber nicht mehr wahrnahm, das heißt dass er sie zwar annahm, aber so reagierte, als habe er nichts bekommen. Geschenke aber, die man nur mit der Hand und nicht mit dem Herzen nimmt, machen nicht glücklich, denn sie gehören einem nicht wirklich, nicht selten werden sie sogar zum Ballast, von dem man sich befreien möchte. Er begriff, dass, wenn er die neuen Organe auf diese Weise nehmen würde, sie wie ein Fremdkörper seinen Körper besitzen würden, und dass es wichtig war, das große Lebensgeschenk auch wahrzunehmen und dafür zu danken. Seinen Dank wollte er als Zuwendung zu anderen Kranken zurückgeben.

Er wurde nach der Transplantation von den Medien, weil er der erste in Deutschland transplantierte Mukoviszidose-Patient war, in eine Richtung gezogen, die ihn von sich selbst entfernte. Viele Interviews machten ihn zu etwas Großem. Er nahm an Dauerläufen teil und an Kanuregatten; Leistung wurde verlangt und honoriert, toll sollte er auf jeden Fall sein. Sein angeborener Ehrgeiz passte gut in diese Welle. Aber er wurde getrieben und hektisch. Ihm wurde bewusst, dass er in einer gefährlichen Sackgasse war, die ihm keine Ruhe ließ.

Er fing dann an zu studieren und machte gleichzeitig eine psychotherapeutische Ausbildung und arbeitet jetzt seit drei Jahren in einer Klinik mit Patienten, deren Nöte er von seiner eigenen Erkrankung her kennt. Das ist sein Dank für ein kostbares Geschenk und ein Leben, das ihn erfüllt. Als Transplantierter ist ihm bewusst, dass jeder Tag ein Geschenk ist, und das Leben eine kostbare Gabe für die man verantwortlich ist.

Einige meiner Patienten klagten nach der Transplantation über Gefühlskälte und Gleichgültigkeit. Sie fragten sich voller Schrecken, ob sie vielleicht ein kaltes oder hartes Herz bekommen hätten, wie man das ja manchmal sagt. Oder eine junge Frau sagte mir, sie habe Angst mit einem Männerherzen nicht als Frau lieben zu können – Humbug? Einbildung? Ich weiß es nicht. Ich nehme grundsätzlich ernst, was Menschen fühlen. Die junge Frau, die Angst hatte, ein Männerherz in sich zu tragen und nicht mehr wie eine Frau lieben zu können, war extrem unruhig. Sie hastete dem Leben hinterher und verpasste es ständig, da sie nie da war, wo es stattfand, nämlich im jeweiligen Augenblick. Sie versuchte so zu sein wie alle anderen und versuchte sich mit ihrem Schicksal, ihrer schweren Krankheit und ihrer Transplantation Vorteile zu verschaffen als eine interessante Person. Aber dies währte nur kurz, denn ihre Altersgruppe war mit ganz anderen Dingen beschäftigt, mit Beruf, Familiengründung, Ansehen. Sie hatte soviel verpasst und hatte sich während ihrer schweren langen Krankheit mit ganz anderen Fragen befasst. Die jungen Männer machten einen Bogen um sie. Einer, mit dem sie sehr gerne näher in Kontakt getreten wäre, sagte zu ihr: »Kannst du überhaupt mit einem anderen Herzen lieben?« Das traf ins Zentrum. Sie zog sich verzweifelt mit dieser Frage zurück und geriet in eine tiefe Krise, die von einer Abstoßung begleitet wurde.

In dieser Not hatte sie eines Nachmittags, als sie unter einem Baum saß, eine Tagtraumphantasie, die ihr Leben veränderte: Sie sah über sich im Geäst des Baumes ihren Spender. Ein

Strom tiefer Gefühle, die sie noch nie erlebt hatte, verband beide. Sie malte später zwei Bilder, das eine zeigt diese Tagtraumphantasie, und das andere etwas, was sie auf einmal wusste: man sieht zwei Wesen; sie beide, der Spender und sie, waren wie mit einer Nabelschnur verbunden.

Hinter diesem Nebel, der zwischen ihnen lag, wussten sie beide umeinander. Sie entwickelten eine Zwillingsidentität. Der Spender wurde in der Vorstellung zu ihrem Bruder, durchbrach ihre Einsamkeit und wurde zu demjenigen, zu dem sie einen permanenten Dialog aufbaute. Sie lebte durch ihn, und er durch sie. Sie wurde ruhiger und zufrieden. Die Abstoßung, die schon als chronisch eingestuft worden war, verschwand. Auf dem Hintergrund dieser sicheren Beziehung zog sie sich nicht zurück, sondern konnte gelassener mit anderen Menschen in Kontakt treten. »Ich bin jetzt mehr als vorher«, sagte sie, »ich bin jetzt zwei.« Sie lächelte, als sie das gesagt hatte, und ergänzte: keine multiple Persönlichkeit, sondern ein Zwilling.

Es gibt eine Zeit im Laufe des Transplantationsprozederes, die ich noch erwähnen möchte, weil sie schwere Anforderungen an die Person stellt, um die niemand herum kommt. Viele vergessen diese Zeit, wie es mit manchen extremen belastenden Dingen ist: wir streichen sie einfach aus unserem Erleben. Dann ist sie zwar manchmal als Erinnerung noch vorhanden, aber der Schrecken und die Nöte sind nicht aufgearbeitet, sondern verdrängt. Ich bin vielen Transplantierten begegnet, wenn ich meine Patienten zur Untersuchung begleitete, die nach der Transplantation unter diffusen Ängsten und Schlafstörungen litten. Ich glaube, dass das Auswirkungen verdrängter Erlebnisse waren, weil sie niemanden hatten, dem sie es sagen konnten.

Die Zeit, über die ich sprechen möchte, sind die ersten Tage und Wochen nach der Transplantation. Der Patient liegt auf der Intensivstation, von Apparaten umgeben, die ihn dauerhaft und perfekt kontrollieren. Seine Lebensfunktion schlägt sich auf Monitoren in verschiedenen Aufzeichnungen nieder. Seine Körperoberfläche ist vielfach durchbrochen von Schläuchen, die in seinem Körper liegen und das Wundwasser abführen sollen, und von Kathetern, die in die Hauptvene führen, durch die jederzeit Medikamente laufen können und aus denen regelmäßig Blut entnommen wird, um es auf Abstoßungsreaktionen und Keime zu untersuchen. Alles muss absolut steril sein, Sterilität ist das oberste Gebot dieser Zeit. Denn die vielfältigen Durchbrüche im Körper sind wie Einfallstore für die Keime. Dazu kommt, dass die lebenswichtige Immunabwehr des Patienten durch Immunsuppressiva zerstört werden muss, damit das fremde Organ nicht erkannt und nicht abgestoßen wird: eine sehr gefährliche Situation, der durch Präzision zu Leibe gerückt wird. Jeder, der in den Raum kommt, muss zuvor sterile Kleider anziehen, einen Mundschutz und Gummihandschuhe. Das geht nicht anders, es ist lebensnotwendig für den Patienten.

Aber versuchen Sie sich einmal in die Situation hineinzuversetzen: Die wichtigen Informationen, die wir über die Mimik eines Menschen, seinen Gesichtsausdruck, sein Lächeln, seine Betroffenheit usw. bekommen, sind hinter dem Gesichtsschutz wie weggefiltert. Berührungen der Hände sind durch die Gummihandschuhe abgestumpft. Jede Schwester, jeder Arzt muss wie ein Dompteur auf die Situation reagieren, in der es darauf ankommt, alles im Auge zu behalten und genau zu protokollieren. Dabei wird die Beziehung zum Patienten funktionalisiert, und das oft wochenlang. Was bleibt da noch übrig von dem ganz einmaligen Menschen, seinen Fähigkeiten, seinen Sehnsüchten und Visionen? Es zählt nur seine Bereitschaft, sich bedingungslos diesem Regime zu unterwerfen, alles andere stört. Der Blick und das Interesse der Behandler gehen auf das Innere des Menschen, das, was normalerweise verborgen ist, den eigenen Augen unsichtbar, und gerade das wird auf Monitoren und mit dem Sonogerät gleichsam sichtbar gemacht. Besonderes Interesse gilt dem, was gar nicht das Eigene ist: dem fremden Organ. Da kann einem das Gefühl vergehen, man selbst zu sein. Der Mensch ist – wie auf dem Bild einer Patientin dargestellt – fast verschwunden. Die Körperoberfläche ist aufgelöst. Im Bewusstsein bleiben die Apparate, von denen man umgeben ist. Die Naht, das Wundwasser, das verschwinden soll, und das oder die fremden Organe.

Die Immunsuppressiva, die in dieser Zeit in großer Menge gegeben werden müssen, lösen häufig psychoseähnliche Zustände aus, die viele Patienten kaum zu sagen wagen. Ich entdeckte das zufällig, als ich eine Patientin im Rollstuhl zum Röntgen brachte und sie mich verzweifelt bat, nicht jeden Menschen zu überfahren, an dem wir vorbeikämen. Ich war überrascht, und während wir gemeinsam warteten, erzählte sie mir, dass sie von Ungeheuern, vor allem nachts, heimgesucht würde und dass sie das Gefühl habe, die Wände des Zimmers kippten in sie hinein. Sie hatte nicht gewagt, es jemandem zu sagen, sie fühlte sich so schlecht, weil es körperlich viele Komplikationen gab, die sie sich selber zuschrieb, als hätte sie versagt; dass sie auch psychische Probleme hatte, deren Möglichkeit noch nie jemand erwähnt hatte, ließ sie sich noch minderwertiger vorkommen. Sie wollte es lieber allein tragen. Sie hatte in der Nacht zuvor versucht, sich umzubringen, indem sie die Schläuche herauszog, aber alles war ja, wie sie verzweifelt sagte, perfekt kontrolliert. Sie hatte sich also nur den Ärger des Arztes und der Schwester zugezogen.

Ich war erschüttert über soviel Elend und fragte den Arzt, ob er wüsste, was solche Zustände in ihr ausgelöst haben könnte. Er sagte, dass es mit großer Wahrscheinlichkeit an den Immunsuppressiva läge. Aber in der Nacht hatte trotz dieses Wissens niemand nach ihrem Motiv gefragt.

Ein anderes Bild, ein Selbstbildnis, zeigt sie als eine zarte Person mit kraftlos herunterhängenden Armen; ohne richtigen Boden unter den Füßen schwebt sie im Raum, mit dunklen angstvollen Augen. Durch ihr dünnes Hemd wird das blutende Herz wie eine Wunde sichtbar. Von ihr, der vorher trotz schwerer Krankheit lustigen geistreichen jungen Frau, war nichts übrig geblieben. Ich war jeden Tag viele Stunden bei ihr in diesen Wochen und konnte miterleben, durch welche Hölle sie gehen musste. Es hat sich schließlich für sie gelohnt.

Welch schweren Weg müssen Transplantierte oft gehen und welche körperlichen und seelischen Leiden müssen sie ertragen! Manchmal haben sie vielleicht das Gefühl, den Anforderungen zu erliegen, und nicht selten taucht die Frage auf: Ist das Ganze nicht zu teuer bezahlt? Aber das Glück, wenn man sich allen Anforderungen gestellt und die Prüfung bestanden hat, ist vielleicht wie das Glück eines Bergsteigers, wenn er den Gipfel erreicht hat. Etwas von den Grenzen überschreitenden Möglichkeiten des Menschen wird erfahrbar – und von der Kostbarkeit des Lebens. Das alles ist allerdings nicht möglich, wenn man die Transplantation zur bloßen Reparatur eines Apparates herabmindert und das Organ zu emotionalen Dumping-Preisen anbietet. Dann sind all die Schrecken und Nöte, die ich erlebt habe, Ungeschicklichkeiten, die man bald im Griff zu haben hofft, und nicht Herausforderungen, innerhalb derer sich ein Mensch verwirklichen und eine neue Identität entwickeln kann.

Verstehen Sie jetzt besser das Grauen, das mich überkam, als ich die Filme über Transplantierte in London sah, die aus ihnen nur das Gleiche, die Normalität herausfilterten, ohne ihrer Besonderheit Rechnung zu tragen? Wir können Menschen mit einem besonderen Schicksal durchaus in die Normalität herunterdrücken, indem wir uns taub und blind stellen gegenüber ihren Erfahrungen. Das kann auf die Dauer niemand aushalten. Wer nicht vereinsamen will, muss sich anpassen. Aber wie schlimm ist das für die Transplantierten! Und wie schlimm ist es für uns, nicht von diesen Erfahrungen zu wissen, und wie fatal ist es für die ganze Gesellschaft, etwas an sich Großartiges so zu banalisieren, weil sie es durch die Brille eines mechanistischen Menschenbildes sieht! Nehmen wir uns doch die Zeit, die Transplantation in einem umfassenden Rahmen zu sehen und die vielen ungelösten Fragen anzugehen und die Menschen zu unterstützen, denen sie zuteil wurde. Medizinisch wird alles getan und alle Vorsorge und Nachsorge getroffen, zu der man fähig ist. Aber wo bleibt der Schutz der Person, die Fürsorge und Begleitung für die Seele auf diesem Weg, dass sie nicht zerbricht, sondern sich weiterentwickelt?

Eine Zuhörerin: Sie haben davon gesprochen, dass die Transplantierten im Nachhinein Schuldgefühle bekommen haben, weil einer für sie gestorben ist; es ist doch so, dass die meisten Transplantierten nicht wissen und größtenteils verdrängen, dass dieser sogenannte »Hirntote« an der Organentnahme stirbt, dass der »Hirntote« gar nicht tot ist, wenn er in den Operationssaal gefahren wird.

Wellendorf: Das ist etwas, was ich kaum zu sagen wage. Keiner von meinen Patienten hat angenommen, dass der Spender nicht tot war, weil es wahnsinnige Angst gemacht hätte. Für den Organempfänger ist es ganz wichtig, glauben zu können, dass der Spender die Organe freiwillig gespendet hat; im anderen Falle wären die Schuldgefühle zu groß! Ich bin oft bei Patienten im Zimmer gewesen, wenn draußen Glatteis oder Nebel war: Wenn sie den Hubschrauber hörten und sagten: »Jetzt muss es doch endlich so weit sein!«, schauten sie mich erschrocken an, weil sie selber über sich entsetzt waren, dass sie sich das hatten wünschen müssen.

Was im Zustand des »Hirntodes« noch empfunden werden kann, weiß niemand; dass man nicht mehr sprechen kann, dass man nicht mehr denken kann, das lässt sich feststellen. Das ist aber nicht alles, was einen Menschen ausmacht, und es spricht sehr vieles dafür, dass diese Menschen noch etwas empfinden, wenn man auf die Reaktionen achtet, die bei der Organentnahme vorkommen. Ich könnte mir vorstellen, wie es auch Hans Jonas gesagt hat, dass es Menschen gibt (ich habe mit sehr vielen darüber gesprochen), die einen Spenderausweis haben, die sich sehr bewusst gesagt haben: Wenn ich damit jemanden helfen kann, bin ich bereit, das für einen anderen Menschen zu tun, auch wenn ich nicht weiß, was ich dann spüre: dann wäre es wirklich eine kostbare Gabe!

Was ich empörend finde, da stimme ich Ihnen zu, ist die Behauptung, ein Mensch empfinde nichts mehr dabei, ohne dass man das nachweisen kann!

Eine Zuhörerin: Sie sprachen von transplantierten Kindern: Wenn diese ein Herz eingepflanzt bekommen, wächst das mit ihnen mit?

Wellendorf: Organisch gesehen ja. Wenn alles klappt, wächst das Organ offenbar mit, es muss in der Größe etwa passen.

Ich habe mehrfach Transplantationen bei kleinen Kindern erlebt, die alle nach kurzer Zeit gestorben sind; ich habe mir darüber Gedanken gemacht, weil diese Erlebnisse für mich schrecklich waren. Einem Erwachsenen, der zugestimmt hat, kann man vorher erklären, um was es geht. Vielleicht kann er sich auch kein richtiges Bild machen, aber er kann es wenigstens ahnen. Er kann mit der Zeit anders umgehen, er weiß, in vierzehn Tagen, in drei Wochen, in einem Vierteljahr geht es mir besser; aber ein Kind hat keine so geartete Zeitvorstellung, es lebt nur im Augenblick, und der wird ohne Zeitvorstellung zur Ewigkeit. Ich finde es unverantwortlich, kleinen Kindern eine Herztransplantation zuzumuten. Das kleinste Kind, das ich erlebt habe, war zweieinhalb Jahre alt. Nach intensiven Diskussionen über sein Sterben sind auf den Stationen, auf denen ich gearbeitet habe, nach Gesprächen mit den Ärzten und den Eltern, Kleinstkinder nicht mehr transplantiert worden. Ab einem Alter von etwa fünf Jahren wird es allerdings gemacht; meistens waren es aber Jugendliche oder Erwachsene, die ich betreut habe.

Ein Zuhörer: Sie haben anfangs Transplantierte erwähnt, die sich gewehrt haben, als nicht normal zu gelten. Hatten Sie Gelegenheit, solche Menschen über einen längeren Zeitraum zu beobachten?

Wellendorf: Transplantierte müssen regelmäßige Kontrollen über sich ergehen lassen, dabei müssen sie oft relativ lange warten; zu den Untersuchungen bin ich häufig mitgegangen und bin dabei auch anderen Patienten begegnet. Obwohl ich sie nicht kannte, habe ich mich gewundert, welches Bedürfnis sie hatten, mir ihre Not mitzuteilen. Als erstes haben sie immer gesagt, es gehe ihnen prima, es sei alles in Ordnung, und das würden sie auf jeden Fall wieder machen; wenn man sich etwas länger mit ihnen unterhielt, kam die andere Seite heraus: Ich glaube, es ist ein bisschen so, als wenn sie sich verkauft hätten: Stellen Sie sich vor, Sie haben furchtbar viel Geld ausgegeben, meinetwegen für ein teures Möbelstück, und stellen dann fest, es ist völlig überteuert und ich mag es eigentlich gar nicht; vielleicht muss man sich dann umso mehr beweisen, dass es eigentlich ein ganz guter Kauf gewesen ist.

Das Merkwürdige ist, dass offenbar in der Vorstellung vieler Menschen das Gegenteil von normal unnormal ist. Unnormal hat aber etwas Negatives an sich. Das Gegenteil könnte man ja auch als etwas Besonderes bezeichnen: Ich glaube, darin liegt das Dilemma!

Eine Zuhörerin: Weiß man, ob die psychologische Betreuung einen positiven Einfluss auf den Patienten hat, und findet in allen Zentren eine psychologische Betreuung statt?

Wellendorf: Soweit ich das mitbekommen habe, gibt es eine psychologische Betreuung sehr, sehr selten; ich bin auch nur »zufällig« dazu gekommen, weil ich mit den Mukoviszidose-Patienten gearbeitet habe. Es gab für den ganzen Bereich von hunderten erwachsener Menschen nur einen Psychologen bei uns. In der Kinderklinik war das anders. Nachdem ich den Psychologen darauf hingewiesen hatte, wie wichtig seine Arbeit sei, sagte er mir, er hätte an der Tür ein Schild mit den Sprechzeiten, aber es käme fast nie jemand, und das zeige, dass solche Probleme den Patienten nur eingeredet würden; er sagte, er sei froh, dass er nicht in meine Klauen geraten sei, denn dann würde ich ihm das vielleicht auch alles einreden. Das fand ich schlimm, aber mit der Versorgung wird es sicher noch schlimmer, denn es werden eher Stellen gestrichen als neue eingerichtet, obwohl ein großer Bedarf besteht. In einer medizinischen Hochschule, die eine High-Tech-Medizin betreibt, ist die Vorstellung, der Mensch sei ein Leib-, Seele-, Geistwesen in diesem Zusammenhang völlig irrelevant.

Eine Zuhörerin: Ich habe gehört, dass in einer Fernsehsendung Ärzte aus Hannover gesagt haben sollen, dass sie nur transplantieren, wenn eine psychologische Beratung oder Betreuung gesichert sei und wenn der zu Transplantierende in einer gesicherten Beziehung lebe, so dass er auch hinterher Unterstützung bekommt. – Ist das so?

Wellendorf: Das finde ich vermessen und unverschämt! Ich kenne die Verhältnisse recht gut. Der Arzt macht Diagnostik, er versteht nichts von Therapie und würde das auch nicht behaupten. Bis auf wenige Ausnahmen haben Ärzte keine Zeit für die Not der Patienten. Allerdings stimmt es – das habe ich selber mitbekommen –, dass durchaus geschaut wird, ob die zu transplantierenden Menschen sozial einigermaßen gut eingebunden sind; es gab Situationen, in denen jemand ohne diesen sozialen Hintergrund ganz von der Transplantation zurückgestellt wurde, weil die Chancen dann wirklich sehr viel kleiner sind, die Transplantation zu überstehen.

Marcovich: Warum spricht man immer von Transplantierten? Für mich ist das das transplantierte Organ! Der Mensch ist der Empfänger, aber doch nicht der Transplantierte, sonst hieße das, dass ich diesen Menschen mit seiner Ganzheit in einen anderen transplantieren muss, das wäre dann der Transplantierte!

Wellendorf: Ja, sie haben Recht!

Marcovich: Die Begriffe, die verwendet werden, sind manchmal sehr merkwürdig: So zum Beispiel der Spender als Organ-Kollektiv ...

Wellendorf: Es gibt auch im angelsächsischen Sprachraum fürchterliche Wörter dafür, so zum Beispiel human vegetables für die Organe oder Organ-Bank. Das weist auf die totale Funktionalisierung des Menschen.

Petersen: Lassen sich vielleicht noch einige positive Aspekte hervorheben?

Wellendorf: Wenn transplantierte Menschen begleitet werden, wenn sie Unterstützung dabei finden, dann finde ich das positiv. Ich finde es positiv, dass ich überhaupt in der Hochschule arbeiten kann, aber meine Arbeit wurde wenig anerkannt oder gefördert. Sie wurde eine ganze Weile akzeptiert als etwas, was die Compliance fördert im Sinne von: »Das kann nicht schaden, das macht nichts, kümmern Sie sich um die Seele, dann geht es dem Patienten besser.« Ich bin aber nicht dazu da, Vorbereiterin zu sein für eine reibungslose Transplantation, sondern ich verstehe mich als ein Mensch, der die Bedürfnisse der Patienten aufnimmt und ihnen erst einmal Raum verschafft, damit sie ausgesprochen werden können. Da es im Ablauf der medizinischen Behandlung keine Zeit für Zaudern, Zweifeln, Abwägen gibt, bin ich entsprechend auf Widerstände gestoßen, die nicht selten mit persönlicher Abwertung verbunden waren.

Ich bin keine Transplantationsgegnerin, aber ich meine, dass man die Transplantation umfassender sehen muss und dass da mehr dazugehört als nur das Machbare; deshalb denke ich, ist es wichtig, darauf aufmerksam zu machen und nicht so zu tun, als sei das nur eine einfache Sache. Ich bin froh, dass einige der

Mediziner, obwohl sie ein anderes Menschenbild hatten als ich, trotzdem gesagt haben: »Es gibt Dinge, die bekommen wir nicht in den Griff, es muss noch etwas anderes dahinterstecken.« Ich finde, das ist viel! Ich möchte keine Konfrontation, mein Anliegen ist das Gespräch, der Dialog.

Gespräch nach dem Vortrag von Elisabeth Wellendorf

Schürholz: Ich fand Ihren Vortrag sehr schön, weil man die menschliche Beteiligung in allem, was Sie geschildert haben, gespürt hat. Es waren Schilderungen aus unmittelbarer Erfahrung und innerer Anteilnahme.

Wir haben Ende der Sechzigerjahre in der Pathologie die Frage gehabt, was mit einer Empfängerniere, die gegengeschlechtlich gespendet wurde, geschieht; wir haben bemerkt, dass sich nach etwa vierzehn Tagen das zellmorphologische Geschlecht entlang den Blutgefäßen langsam umwandelte, und dieser Prozess war nach sechs bis acht Wochen abgeschlossen. Aus der vormals männlichen Niere wird beispielsweise eine weibliche Niere, entsprechend dem Empfänger. Ist das tatsächlich so?

Es wird deutlich, dass das Organ nach und nach gleichsam einverleibt wird und schrittweise Bestandteil des eigenen Organismus wird – zumindest versuchsweise. Welche Kraft hat der Empfängerorganismus bis ins Seelische hinein, das Fremde wirklich zu überwinden und sich zu Eigen zu machen? Bei Transplantationen ist es beeindruckend zu sehen, wie rasch die Urinproduktion beginnt, nachdem die Niere an den Blutkreislauf angeschlossen ist.

Aus ganz sachlichen Gesichtspunkten ist zu fragen: Was geschieht eigentlich auf der Organebene, auf der biologischen Ebene? Was geschieht seelisch, was geschieht geistig? Was überträgt der Spender? Sie haben diese Frage gestern aufgeworfen. Ohne das weiter zu hinterfragen, transfundieren wir seit langem Blut; dies ist ja ein flüssiges Organ. Wir haben Schwierigkeiten mit den Zeugen Jehovas, weil sie der Auffassung sind, dass sich mit dem Blut etwas vom Spender überträgt und sie deshalb eine Übertragung ablehnen. Aus der anthroposophischen Menschenkunde heraus sind wir der Auffassung, dass vom Menschen auf den Menschen übertragene Organe nur den physischen Leib betreffen.

Nachdem Sie über die Schuldgefühle der Empfänger gesprochen haben, haben Sie angedeutet, dass es vielleicht ganz anders wäre, wenn der Spender sich freiwillig entscheiden würde, aus einem gewissen Opferwillen ein Organ zu spenden, das heißt aus dem Wissen und dem Willen, dass er damit einem anderen Menschen hilft, weiter zu leben; dann hätte auch der Empfänger eine andere Möglichkeit, dieses Geschenk anzunehmen.

Bei dem Umfang dieser Frage ist dennoch nicht zu übersehen, dass die Anzahl Betroffener weltweit gesehen relativ gering ist. Krankheit betrifft immer den Einzelnen, aber auch den sozialen Zusammenhang; sie ist aber immer eine menschheitliche Frage, und so ist das mit der Transplantation auch. Die Frage ist also, wie schafft es einerseits der Empfänger und wie schafft es andererseits der Spender, den Prozess aus diesem anonymen Maschinenbetrieb herauszuhalten und daraus eine menschliche Gabe und einen menschlichen Empfang zu machen, in dem Bewusstsein, dass man etwas für einen anderen Menschen tut, mit dem man dann schicksalsmäßig verbunden ist. Eine ethische Frage wird zu einer Schicksalsfrage, und diese kann nur individuell betrachtet werden und nicht allgemein.

Wie könnte man den Empfänger »orientieren«, der diese existenziellen Nöte durchmacht? Denn dass manche Menschen ihr Maß verlieren, mag auch damit zusammenhängen, dass jetzt nicht mehr die Behinderung vorherrscht, sondern eine andere Amplitude der Atmung und des Kreislaufes gewonnen sind, also ein anderes Maß. Der Empfänger muss sich erst einmal auf dieses neue Maß seines Leibes einstellen. Für ihn ist das möglicherweise »verdaulicher« – unabhängig davon, welche Qualität Organen anhaftet –, wenn er in dieser Richtung eine Orientierung bekommt. Alleine aus der Tatsache, dass er eine andere physiologische Grundlage hat, resultiert für seine Existenz auch ein anderes Verhalten, mit dem er erst wieder umgehen lernen muss. Sie haben es so schön herausgearbeitet, wie Begleitung notwendig ist, damit der Empfänger lernen kann, mit dieser neuen Situation fertig zu werden.

Wellendorf: Zu Ihren ersten Ausführungen kann ich nichts sagen. Wenn es so ist, dass sich das Organ mit seinen Zellen »adaptiert«, warum behandelt man dann lebenslänglich mit Immunsuppressiva? Das wäre dann eigentlich nicht notwendig ...

Es ist klar, dass man ein anderes Gefühl hat, wenn man wieder Luft bekommt und sich bewegen kann, das gibt ein ganz anderes Lebensgefühl. Aber ich möchte körperliches und seelisches Geschehen nicht trennen, ich möchte es als eine Einheit sehen, selbst wenn wir das Ganze nicht überschauen; auch wenn Sie sagen, dass es nur der physische Leib ist, der betroffen sein soll – in meinen Augen ist es der ganze Mensch. Die ganze Persönlichkeit wird mitverändert!

Schad: Man muss das Wort Person wörtlich nehmen: Per-sonare heißt auch durchtönen. Ich möchte vorschlagen zu unterscheiden zwischen Person und Ich. Die Person ist das, was vom Ich durchtönt wird, aber nicht das Ich selbst. Sollten wir nicht besser von Persönlichkeit sprechen? Die Persönlichkeitsstruktur wird sich wahrscheinlich nach der Transplantation immer mehr oder weniger ändern, aber nicht das Ich; dieses muss die neue Gegebenheit ergreifen; die Persönlichkeit ist doch etwas, was letztlich nicht unser Kern ist, sondern eine bestimmte Darstellungsstruktur. Die Darstellungsstruktur wird durch die Transplantation verändert, aber die Ich-Individualität des Spenders geht darin nicht auf.

Wellendorf: Das Ich ist das Ursprüngliche. Es kommt mir jetzt so vor, als sei hier der Mensch, das andere ist die Maske, die Maske verändert sich ...

Schürholz: Wenn ich in eine Wohnung einziehe, dann habe ich ein anderes Lebensgefühl, ich habe auch andere Möglichkeiten, wenn sie größer und schöner ist als die alte; aber ich bleibe derselbe, auch wenn ich die Wohnung wechsle.

Wellendorf: Das Ich arbeitet mit dem, was auf es zukommt, es versucht die neuen Organe zu integrieren; wenn aber das Ich daran zerbricht – ich habe die Menschen vorher gekannt und habe gesehen, wie sie sich verändern und daran zerbrechen – was ist das dann, warum soll sich das Ich nicht ändern?

Marcovich: Ich habe den Eindruck gehabt, dass das Ausmaß des Akzeptanzproblems oder der Persönlichkeitsveränderung abhängig ist von der Art des verpflanzten Organs; mit dem Herzen verbinden wir andere Vorstellungen, auch bezüglich der Persönlichkeit und Liebesfähigkeit, als zum Beispiel mit der Niere. Man könnte das ad absurdum führen: wenn ich mir einen Fingernagel von jemandem transplantieren lasse, wird mich das wahrscheinlich nicht so berühren, wie wenn ich mir Herz und Lunge en bloc transplantieren lasse. Ist die Art des Organs maßgeblich für die Veränderung, die dann in dem Menschen stattfindet, und mit dem Problem, das er dann damit hat?

Wellendorf: Das glaube ich bestimmt, weil wir unsere Organe unterschiedlich besetzen, wie es auch in der Sprache unterschiedlich zum Ausdruck gebracht wird; wenn ich sage, »ich liebe dich von Herzen«, heißt das, Liebe ist etwas ganz Zentrales, sie kommt also vom Herzen und nicht von den Nieren. Ich habe auch Nierentransplantierte betreut und habe zum Beispiel eine Patientin in Erinnerung, die vier Nieren bekommen und alle abgestoßen hat; sie hatte eine solche körperliche und seelische Veränderung durchgemacht, also in ihrer Gesamt-Persönlichkeit, dass ich sagen würde, sie war gewissermaßen zu einem Ungeheuer geworden; ich vergesse nie, wie sie in der Türe stand und mich anschrie: »Was habt ihr aus mir gemacht, ich kenne mich selber nicht wieder, ich will mich umbringen!« Sie stand auf der sogenannten Erfolgsliste, sie hatte lange überlebt, sie war berufstätig, sie wohnte allein; sie war aber vollkommen einsam, sie war so hässlich geworden, dass ich immer gedacht habe: durch welche Hölle muss sie gehen und in welche Spiegel muss sie schauen, wenn die Menschen sie betrachten! Sie war sieben Jahre alt, als sie die erste Niere bekam, jetzt ist sie zwanzig Jahre alt. Sie ist eine völlig andere Persönlichkeit geworden. Für mich ist deshalb die Frage: Sitzt das Problem nicht viel tiefer, ist es möglich, zwischen Ich und Person zu trennen? Ich weiß das einfach nicht.

Marcovich: Sie haben nicht so viel Erfahrung mit verschiedenen Organen?

Wellendorf: Nein, im Wesentlichen mit Herz- und Lungen-Transplantationen.

Marcovich: Wenn man ein Ausscheidungsorgan transplantiert bekommt, ist es eines; wenn man dagegen ein Herz transplantiert bekommt, mit dem man zum Beispiel Gefühlsfähigkeit verbindet, dann ist das etwas anderes – wie ist das nach ihrer Erfahrung?

Wellendorf: Ich habe Erfahrungen mit Herz-Lungen-Transplantationen gesammelt, mit Leber- und Nieren-Transplantierten nur am Rande. Auch durch Gespräche mit Kollegen bin ich der Überzeugung, dass es ein Unterschied ist, welches Organ transplantiert wird, aber auch, wie besetzt dieses Organ ist. Auch der Zeitraum der Erkrankung spielt eine Rolle. So besteht ein Unterschied zwischen chronisch Kranken, die sich lange damit beschäftigen können und müssen, und akut Erkrankten. Die chronisch Kranken sind natürlich in besonderer Weise mit der Krankheit identifiziert, weil sie ein ganz anderes Gefühl für ihre Organe haben. Das kranke Organ und die Krankheit gehören ganz anders zu ihnen!

in der Schmitten: Die genetische Identität des Organs bleibt gleich, es bleibt immer das Organ des Spenders, was den Chromosomensatz betrifft. Was Sie geschildert haben, Herr Schürholz, ist ein Phänomen, das sich unter dem Mikroskop beobachten lässt, es bedeutet aber nicht, dass sich die Gene geändert hätten; es bleiben die Fremdgene einschließlich der fremden genetischen Information – deshalb muss lebenslänglich eine Immunsuppression durchgeführt werden.

Zu der Ich-Problematik: Wird das Ich nicht ohnehin in der Entwicklung verändert, auch ohne Organverpflanzung, durch Umzug beispielsweise oder durch vielfältige Erlebnisse und natürlich auch durch ein so einschneidendes Erlebnis wie eine Organverpflanzung? Das ist, meine ich, die Veränderung, die Ihnen so wichtig ist, die nicht nur eine Veränderung der Maske ist, sondern eine Veränderung des ganzen Ich. Es ist keine Übertragung der Identität vom Spender auf den Empfänger, sondern eine Entwicklung, die der Empfänger durch ein einschneidendes Erlebnis durchmacht.

Schad: Es ist nicht ganz so. Ich muss Frau Wellendorf Recht geben: Wenn man nur wüsste, was sich abspielt. Sie sagt: Ich weiß es nicht. Das kann ich voll mitempfinden. Wenn man dem Ich-Verstehen in der anthroposophischen Menschenkunde nachgeht – das tue ich jetzt seit fünfzig Jahren! –, bin ich immer mehr dazu gekommen, dass ich – je weiter ich komme – je weniger weiß, was das Ich eigentlich ist. Es ist eines der tiefsten Rätsel des Menschseins! Deshalb würde ich das Wort hier nicht definieren wollen. Ich würde dies nicht bis zum Schluss lösen wollen, sondern es umrätseln. Das war mein Votum gestern: Wir brauchen erst noch eine Ich-Kunde! Was ist das überhaupt? In dem ersten anthroposophischen Buch von Steiner, der »Theosophie«, wird das Ich mit vier verschiedenen sprachlichen Bezeichnungen benannt: ich, Ich, »ich«, »Ich«. Es wird immer eine andere sprachliche Form dafür gesucht, weil es das Rätselhafteste ist.

Wellendorf: Dass das Ich etwas Umrätseltes ist, gefällt mir. Mit Ich meine ich das ganz Einmalige, das einen Menschen ausmacht. Aber dieses Einmalige ist nicht konstant, es ist eher ein Wandlungsgebilde, das auf seine unverwechselbare Art auf die Welt antwortet, indem es sich verändert.

Ein massiver Eingriff wie die Transplantation scheint mir wie ein Schock zu sein, physisch und psychisch, der den persönlichen Wandlungsrhythmus unterbricht.

Schürholz: Ein Wort noch: Die Immunsuppressiva haben natürlich eine Wirkung auf die Seele. Das muss man auch noch im Gesamtzusammenhang sehen, aber es muss gleichzeitig getrennt werden von dem, was mit dem Organ selbst zusammenhängt, es muss zumindest versucht werden. Wenn eine Abstoßung droht, so bekommt der Patient natürlich mehr Immunsuppressiva und Cortison, um das Organ zu halten; von medikamentöser Seite her bekommt er einen massiven Widerstand und Einfluss auf die Seele; das muss man zusammen sehen und gleichzeitig auseinanderhalten.

Schad: Vielleicht sind die Immunsuppressiva in diesem Zusammenhang noch wirksamer als die Verpflanzung des Organs selber …

Wellendorf: Das Immunsystem ist doch ein sehr intelligentes System im Körper: Ich frage mich, was es bedeutet, wenn man es unterdrückt, wenn man sozusagen etwas »verblindet«, das körperlich gesehen sehr bewusst die Ordnung zu halten in der Lage ist.

Schwangerschaftsabbruch und Individualität

Peter Petersen

Betrachtung eines Grenzgängers aus 35 Jahren psychothera-peutischer Erfahrung

Meine Situation als handelnder Arzt und Therapeut beim Schwangerschaftsabbruch

Das Thema Schwangerschaftsabbruch wählte ich nicht nur des-halb für dieses Symposion, weil ich auf diesem Gebiet die meis-ten eigenen Erfahrungen gesammelt habe. Nein, es ist mir um das Bewusstsein der Individualität zu tun; das ist der wesentli-che Grund meiner Wahl. Ich hatte als Fachmann zu wählen zwi-schen künstlicher Befruchtung (mit dem vorläufigen Gipfel der intrazellulären Retortenbefruchtung), genetischer Keimbahn-manipulation, Transplantationsmedizin (inklusive Hirntod-

Problem) und Schwangerschaftsabbruch. Unter diesen bioethisch bedeutsamen Bereichen scheint mir beim Schwangerschaftsabbruch aufgrund meiner Empirie heute ein Bewusstsein der Individualität am ehesten und am klarsten entwickelt zu sein – und zwar ein positives und produktives Bewusstsein der Betroffenen. Dagegen scheint mir bei den anderen genannten Bereichen das Bewusstsein der Individualität mehr verschleiert und verdrängt, wenn nicht sogar verleugnet zu sein.

Diese Feststellung erscheint zunächst paradox.

Dazu einige kurze Beispiele: Eltern, die im jahrelangen Kampf um ein Kind die reproduktionsmedizinischen Prozeduren durchlitten haben, sind seelisch selten noch in der Lage, ein geschärftes Bewusstsein für die reale Individualität ihres Kindes zu entwickeln. Eher geht dieses Bewusstsein verloren, konzentriert sich bestenfalls auf die Attribute und Eigenschaften eines Kindes, so dass beispielsweise pränatal geschädigte Kinder abgetrieben werden oder der Fetocid bei Drillingen verlangt wird.

Bei der Genmanipulation in der Keimbahn ist die Ablehnung der Individualität ganz offensichtlich: Weil nur ein normgerechtes und gesundes Kind akzeptabel ist, deshalb muss die zur Individualität notwendigerweise gehörende Krankheit ausgeschaltet werden.

Bei der Transplantation grenzt die Verleugnung der Individualität ans Makabre: Die Psychotherapeutin Elisabeth Wellendorf beschreibt psychische Prozesse, bei denen sich transplantierte Kinder mit der Seele des Herzspenders auseinanderzusetzen haben – solche Auseinandersetzungen werden üblicherweise nicht vom normalen Bewusstsein zugelassen.

Anders hier jedoch ist die Situation beim Schwangerschaftsabbruch – deshalb wählte ich dieses Thema.

Ich möchte einige wenige Worte zu meiner eigenen Haltung gegenüber dem Schwangerschaftsabbruch sagen. Mir ist es um eine möglichst umfassende und tiefe Bewusstheit im Hinblick auf diesen Eingriff zu tun – also das Gegenteil der heute auf vielfältige Art geübten Verdrängungen und Verschleierungen. Schon das Wort Schwangerschaftsabbruch ist irreführend: Das Entscheidende ist nicht die Schwangerschaft oder gar ein Schwangerschaftsprodukt (wie es in der gynäkologischen Fachsprache nicht selten verschleiernd heißt), das Entscheidende ist: hier wird ein Kind abgetrieben – jedenfalls spricht jede bewusst erlebende Frau immer von *ihrem Kind,* nicht aber vom Fötus oder ähnlichem. Deshalb ist das alte Wort Abtreibung auch zutreffender. Damit will ich sagen: Ich bin überzeugt, hier wird ein Mensch getötet. Denn: der Mensch ist Mensch von Anfang an (Erich Blechschmidt)*, auch wenn er immer ein Werdender ist. Zu dieser Überzeugung, vor meinem Gewissen als Wissenschaftler, gelangte ich erst in den letzten zwanzig Jahren, auch aufgrund pränatal-psychologischer Studien, die das früheste Menschsein auch schon zur Zeit von Empfängnis und Zeugung wahrscheinlich erscheinen lassen (Petersen 1986, Schlichting).

Nur scheinbar ist es ein Widerspruch, wenn ich schon lange für die Fristenlösung mit Beratungspflicht eintrete. Warum? Aus einem psychotherapeutischen Grund! Es ist inzwischen deutlich: Das Phänomen Abtreibung wird mit strafrechtlichen Mitteln nicht zum Verschwinden gebracht. Jedoch ist in einer strafrechtlich restriktiven gesellschaftlichen Atmosphäre die produktive seelische Verarbeitung – also ein bewusster Trauerprozess – erschwert oder sogar verunmöglicht. Das zeigt eine vor dreißig Jahren durchgeführte Studie von Schulte und Schulte. Dabei haben die Forscherinnen Frauen nach Abtreibung in Tübingen und Zürich auf ihr seelisches Befinden befragt. Es gab paradoxe Ergebnisse. Im damals vergleichsweise liberalen Zürich litten die Frauen weitaus mehr unter Schuldgefühlen als im restriktiv eingestellten Tübingen. Die mögliche Auflösung dieser Paradoxie: Im liberalen Züricher Klima konnten die Frauen mehr zu sich selbst und damit auch zu ihrer schuldgefühlhaften

---

* Literaturangaben im Anhang

Auseinandersetzung mit der Abtreibung ihres Kindes stehen als in dem mehr von Strafe bedrohten Tübingen, wo die Auseinandersetzung verdrängt und die eigene Verantwortung für den Eingriff dem Arzt übergeben wurde. Psychische Delegation nennt man das in der psychotherapeutischen Fachsprache. Dementsprechend waren Schuldgefühle seltener in Tübingen.

Ich möchte damit schon an dieser Stelle sagen: Der unter anderem durch Schuldgefühle gekennzeichnete Trauerprozess ist etwas Normales, sein Fehlen wirft zumindest Fragen auf. Auch hier schon wird eine Umkehrung der in den psychologischen Wissenschaften üblichen Bewertungen deutlich: Das Nichtvorhandensein von seelischen Störungen (hier das Schuldgefühl) wird als normal oder gar gesund bezeichnet, während seelisches Gestörtsein in diesem Fall zur Pathologie gerechnet wird. Diese Aussage ist keine begriffliche Spielerei, sondern spiegelt den bitteren Ernst unseres auf statistischen Massenstudien sich gründenden wissenschaftlichen Bewusstseins über die seelischen Folgen der Abtreibung wider: unauffälliges, symptomloses Befinden wird als gesund und normal angesehen, dagegen seelische Befindensstörungen als krankhaft. Kurz gesagt, ich habe mich deshalb seit zwanzig Jahren (als einer der opinion leader, wie mir einmal zu meiner eigenen Überraschung ein britischer Journalist sagte) für die Fristenlösung mit Beratungspflicht eingesetzt, weil sich dadurch am ehesten ein Bewusstsein der Individualität des toten Kindes bilden kann – in Verbindung mit einem intensiven Trauerprozess, auf den ich nun zu sprechen komme.

Meine Trauer und meine Verantwortung: Wie bildet sich bei den Betroffenen ein Bewusstsein der Individualität des abgetriebenen Kindes?

In der heutigen öffentlichen Diskussion, die ich nun seit dreißig Jahren als ebenfalls Beteiligter und Betroffener mitverfolge, wird vielfach ausgeblendet: Die bei der Abtreibung unmittelbar beteiligten fünf Personen sind häufig, und wenn sie ihr Erleben in der Tiefe zulassen können, immer in intensiver Weise betroffen. Die fünf Personen sind die Frau, der Mann, das Kind, die Beraterin, der operierende Arzt. Je nach ihrer Rolle ist ihr Betroffensein unterschiedlich, für die Frau und den Mann gibt es viele Ähnlichkeiten, dagegen sieht das Betroffensein bei Beraterin und Operateur anders aus. Und was das Kind angeht: unser übliches wissenschaftliches Wissen findet hier seine Grenze, aber ein intuitives Wahrnehmen kann möglicherweise auch das Kind erreichen. Darüber möchte ich auch sprechen.

Ich möchte mich heute aber auf das Erleben der Frau konzentrieren – der Einfachheit halber und weil wissenschaftlich darüber am meisten geforscht ist.

Als Beispiel und pars pro toto bringe ich Ihnen die Geschichte einer etwa vierzigjährigen Frau. Ich nenne sie Elisabeth. Elisabeth zitierte mir am vierten Tag nach der Abtreibung ihres mongoloiden Kindes dieses Gedicht des Rainer Maria Rilke (aus dem Jahre 1898) als Beschreibung ihres Befindens:

Es ist vielleicht eine Traurigkeit;
aber keine von jenen kleinen, die beginnen mit einem Weinen –
und sich lösen in leisem Leid; –

Es ist jenes einsame heilige Trauern,
das Blüten und doch nie Frühling hat:
Wie ein Garten mit hohen Mauern
tief in der Stadt ...

Elisabeth – eine Gymnasiallehrerin auf dem zweiten Bildungsweg mit zwei eigenen Kindern und einem behinderten Adoptivkind, ihr behinderter Mann vorzeitig pensioniert, die alten Eltern bei ihr in Pflege –, hatte sich nach schweren seelischen Kämpfen und vielen Gesprächen zur Abtreibung durchgerungen. Nun saß sie zum zweiten Mal in meinem

Therapiezimmer – in tiefer, glasklarer Trauer. Die vernichtenden Schuldgefühle und seelisch-leiblichen Schmerzen, die niederdrückende Depression und die Panik der ersten Sitzung zwei Tage zuvor waren verschwunden. Jetzt anerkannte sie ihre Verantwortung für das Töten ihres Kindes – ohne Selbstanklage und ohne Vorwurf gegen die Ärzte oder gegen ihren Mann. Ihr Schuldgefühl hatte sich gewandelt zur akzeptierten Schuld. Diese akzeptierte Schuld machte in den nächsten sechs Jahren, im Laufe eines teilweise qualvollen Prozesses mit psychiatrischer Hospitalisation und psychotherapeutischer Begleitung durch eine Kollegin, eine weitere Wandlung durch: ihre Lebens-Schuld wurde für sie zum Fenster, durch das sie ihr abgetriebenes Kind, ihre Tochter mit dem Namen Andrea (Pseudonym) wahrnehmen konnte und den Dialog mit ihrer Tochter suchte. Diese inneren Dialoge waren für Elisabeth ebenso fordernd, ernüchternd wie auch tröstlich. Sie ist überzeugt: Sie spricht mit ihrem Kind als personalem Wesen, als Individualität, nicht mit einem Schemen oder einem Wunschbild. Schuld und akzeptierte Verantwortung hatten sich gewandelt zu einer Beziehung, die über ihre eigenen, persönlichen Grenzen hinausgeht. Schuld hatte die Bedeutung bekommen: ich schulde dir dein Leben, ich schulde dir meine innere Aufmerksamkeit, und ich erhalte deine (Andreas) Zuwendung.

Ich hatte in den letzten neun Jahren nach der Abtreibung, in kürzeren oder längeren Abständen, immer wieder Kontakt mit Elisabeth. Insofern kenne ich den Verlauf ihres Befindens recht gut. Seit drei Jahren ist ihr seelisches Befinden so gut stabilisiert, dass sie wieder eine erfolgreiche Lehrerin ist und mit ihrem behinderten Mann und den Kindern ein gedeihliches Leben führt.

Entscheidend für mein heutiges Thema ist Folgendes: Elisabeth hat im Laufe dieser vier Jahre die vier verschiedenen Dimensionen des seelischen Befindens nach Abtreibung immer wieder durchleben müssen. Es sind vier Dimensionen, die sich aus didaktischen und rationalen Gründen gut differenzieren lassen, die sich aber im Leben des betroffenen Menschen immer wieder vermischen, zumal bei einem so existenziellen Ereignis wie dem Schwangerschaftsabbruch. Ich nenne diese vier Dimensionen ganz kurz, die Dimension zwei bis vier kennen Sie schon aus dem Gedicht Elisabeths. Die Dimensionen nehmen von Ebene zu Ebene an Tiefe zu – die erste Dimension ist die uns vertraute und wird auch wissenschaftlich am häufigsten registriert.

1. Normalpsychologische Erfahrung und oberflächenhaftes Bewusstsein – Schuldgefühl und Angst, psychosomatische Beschwerden herrschen hier vor, sie lassen sich mit den statistischen Methoden der Psychiatrie und Sozialpsychologie erfassen. Sie bestimmen die Diskussion in der Politik und auch in der Wissenschaft.

2. Durchbruch destruktiver Tiefenerlebnisse mit Panik, jagendem Schmerz, Vernichtungsgefühl, Vorwürfen und Anklagen gegen andere und sich selbst. Diese Dimension tritt am ehesten zutage bei psychoanalytischen Tiefeninterviews.

3. Klären und Akzeptieren existenzieller Schulderfahrung – hier herrscht glasklare, ruhige Trauer und das Bewusstsein, ein Kind getötet zu haben, um selbst leben zu können. Diese Dimension erscheint am ehesten bei anthropologischer Betrachtungsweise.

4. Verantwortete Schuld: Begegnen und Erfüllung im Zwischenmenschlichen. Diese Dimension ist am ehesten zugänglich einem meditativen Bewusstsein (Petersen 1986).

Das Klären dieser vier Dimensionen bildet den ganzheitlichen Trauerprozess nach der Abtreibung. Nur selten wird er von den betroffenen Frauen mit ganzer Bewusstheit erfüllt. Jedoch einzelne Dimensionen kommen immer zum Ausdruck.

Es liegt auf der Hand: Elisabeth hatte in der vierten Dimension nicht nur die Person ihrer toten Andrea wahrgenommen, sie war in diesem schmerzvollen Trauerprozess auch ihrer eigenen Individualität treu geblieben oder treu geworden. Sie war geworden, die sie ist (siehe auch Anhang I, 1, S. 271).

Zur Demonstration der Wahrnehmung des toten Kindes möchte ich Ihnen jetzt noch eine Reihe von Phänomenen und deren Einordnung nahe bringen. Damit möchte ich auch meine Überzeugung darlegen: Wir sind zur Wandlung unseres Bewusstseins gezwungen – die Wahrnehmung der Toten steht uns als kulturelle Herausforderung ins Haus.

Ich berichte Ihnen nun über einige Phänomene der Beziehung zum toten Kind (Petersen 1989).

Zum guten Teil sind es Beobachtungen, die mir von anderen Kollegen mitgeteilt wurden oder auch publiziert vorliegen. Die mir bis jetzt bekannt gewordenen Phänomene sind: die personale Benennung, der Dialog, Traum-Erlebnisse, die Lokalisierung, das Evidenzerleben.

Zur Einführung zitiere ich aus dem Buch von Markus Merz »Schwangerschaftsabbruch und Beratung bei Jugendlichen« aufgrund seiner empirischen Untersuchungen:

»Sobald die Einwilligung zum Abbruch der Schwangerschaft erlangt war, schien sich im Erleben der jungen Frauen eine Änderung zu vollziehen. Sie begannen zu spüren, dass dieser Eingriff nicht einfach nur eine banale, kleine Operation bedeutet, sondern den ganzen Ernst einer fundamentalen, existenziellen Krise an sie herantrage. Die Frage nach dem Wert, dem Sinn und der Vergänglichkeit des menschlichen Wesens trat vor sie und forderte eine Antwort. Offenbar rührt der Abbruch einer Schwangerschaft an seelische Bereiche, die bedeutend umfassender und tiefer sind als diejenigen, welche der Verstand mit seinen logischen Kategorien erreicht. Wohl ist der Abbruch einer Schwangerschaft zunächst ein körperlicher Eingriff, bei welchem aus dem Körper der betroffenen Frau etwas entfernt wird. Aber dieses Etwas ist für die archaischen Schichten des Erlebens offenbar ein Kind – und dieses Kind wird gewaltsam zu Tode gebracht. Ganz unabhängig von dem, was der Verstand sagt, bedeutet der Abbruch einer Schwangerschaft in den tieferen, unbewussten Schichten des Erlebens die Tötung eines Kindes. Aus diesen Untersuchungen wird auch deutlich: die Frauen sprechen niemals von einem ›Embryo‹, sondern spontan immer nur von einem oder ›ihrem Kind‹.

Gegenüber den Argumenten des Verstandes, dass es nur etwas Kleines, Winziges, noch kein rechtes Leben, erst eine Anlage, nur ein Stückchen Fleisch sei, drängte sich unüberhörbar und unmissverständlich das Wort ›Kind‹ auf. Dem entspricht, dass die jungen Frauen in ihren Phantasien dem ›Kind‹ Eigenschaften zusprachen, welche mit der Vorstellung von Leben verbunden sind: das ›Kind‹ bekam am Abend vor dem Eingriff sein letztes Essen, oder die Frage kam in einer jungen Frau auf, was wohl das ›Kind‹ von ihr denke.«

1. Personale Benennung

Entsprechend den Ausführungen von Merz sprachen die Frauen mit völliger Selbstverständlichkeit immer von »meinem Kind«. Sie gaben damit ganz klar zu erkennen: Hier ist nicht irgendein beliebiges Kind, sondern ihr eigenes, also ein ganz bestimmtes Kind gemeint. Diese individuelle – oder heute gebräuchlich – *personale Beziehung* lässt sich auch daran erkennen, dass die Frauen oft einen Namen gegeben haben, womit sie ja auch das Geschlecht ihres Kindes festlegten. Am eindrucksvollsten und bewegendsten für mich war es, als ein etwa dreißigjähriger Künstler – er litt lange Zeit unter der Abtreibung – mir den Namen seines Kindes mitteilte: Theophil. Er hat sich auch in künstlerischer Weise als Bildhauer mit dem Wesen seines Kindes auseinandergesetzt. Ich nahm ihn 1984 im Sommer als Tramper im Auto mit. Damals erzählte er mir die Geschichte der Abtreibung seines Sohnes, denn er war überzeugt, es sei ein Sohn gewesen. Er war damals noch voller Bitterkeit und Verzweiflung, indirekte Vorwürfe gegen seine Freundin waren spürbar. Beim Abschied schenkte er mir einen Plastikembryo. Diese Plastikembryos stellte er in Serien her und verschenkte sie. Ein Sühne-Akt? Es ist ein naturalistisches Produkt, fast ein Abbild aus einem embryologischen Atlas. Ein Jahr später habe ich ihn eingeladen zu der von mir geleiteten öffentlichen Tagung an der Evangelischen Akademie Loccum (Herbst 1985, Schwangerschaftsabbruch: unser Bewusstsein vom Tod im Leben). Er kam von über tausend Kilometer Entfernung angereist, um diese Tagung eine Woche lang mitzuerleben und mitzugestalten. Inzwischen hatte er einen Embryo aus Marmor gefertigt; er schenkte mir diese nun künstlerische Gestaltung. Hier hatte sich eine Wandlung sinnenfällig vollzogen.

2. Dialoge

Etliche Frauen haben mir über innere Dialoge mit ihrem Kind berichtet. Verständlicherweise waren die Antworten des Kindes dabei gelegentlich durch vorwurfsvolle Emotionen getönt – häufiger, und das beeindruckte besonders, waren diese Antworten aber frei von Schuldzuweisungen oder Vorwurf. Die Dialoge beschränkten sich nicht auf die ersten Wochen nach dem Abbruch, ich hörte davon auch bis zu zwei Jahren nach dem Abbruch, ohne dass die Frauen dabei depressiv wirkten. Zur formalen Struktur des Dialoges berichteten die Frauen, sie hätten das Bewusstsein, ihr Kind antworte ihnen – nicht sie selbst produzierten die Antwort. Sie wussten: die Dialoge vollziehen sich in ihrer eigenen Seele. Ihre Seele also ist die Bühne, auf der sich das Geschehen abspielt und wo die Toten zu ihnen sprechen.

3. Lokalisierung

Gelegentlich wird das Kind im Raum erlebt. Eine achtundzwanzigjährige Studentin berichtet zehn Tage nach ihrem Schwangerschaftsabbruch aus medizinischer Indikation (auf Anraten ihres Internisten und Frauenarztes), sie lebe ständig in ruhigem Dialog mit ihrem Kind, habe ihm einen Namen gegeben und spüre es auf ihrer rechten Seite etwa 70 cm entfernt.

Zur formalen Struktur dieses Räumlichen möchte ich bemerken: Erstens schloss ich hier eine Halluzination oder ein Wahnerleben aus. Die Frau verwechselte die Spürung weder mit einer Sinneswahrnehmung (optisch, akustisch, ästhetisch oder kinästhetisch) noch zeigte sie die Kennzeichen einer paranoiden Wahrnehmung, zum Beispiel, dass ihr das kritische Bewusstsein gefehlt hätte. Außerdem fehlt hier auch die psychologische Gestalt des inneren Verfolgers, der ja auf die Unerbittlichkeit einer Über-Ich-Struktur hinweisen würde.

Zweitens sind aus der Ethologie (Verhaltenslehre) bestimmte Gesprächs-Distanzen beim Menschen bekannt; so etwa beträgt die Distanz zwischen intimen Partnern etwa 40 bis 80 cm, die Dialogdistanz zum Beispiel bei ärztlichen Konsultationen 100 bis 150 cm, die Konferenzdistanz liegt jenseits von 200 cm. Diese Frau spürte ihr Kind in der üblichen Intimdistanz.

4. Traumerlebnisse

Erscheint das Kind als Traumfigur, so erkennen auch hier die Frauen das Kind als ihr eigenes, also als »mein Kind«. Als Beispiel von mehreren schildere ich kurz eine Episode aus einer Psychotherapie nach Schwangerschaftsabbruch bei einer dreiundzwanzigjährigen Frau. Sie durchlitt drei Monate lang nach dem Abbruch eine mittelschwere bis schwere Depression. Nachdem sie die Verantwortungsfrage mit ihrem Freund genauer geklärt hatte und beide Partner ihre Schuldzuweisungen zurücknahmen, also zu ihrer jeweils eigenen Verantwortung standen, bildete sich der Traum heraus. Sie berichtet einen Traum aus den letzten Tagen. »Ich stehe mit meinem Freund am Meer; es ist eine blau-schleierne Atmosphäre; auf dem Meer schwimmt ein Boot, darinnen ein Kind. Das Boot kentert. Das Kind ertrinkt. Wir können beide nicht helfen, aber wir sehen es beide, nebeneinander stehend.«

Sie erkennt das Kind als das ihre. Der Traum verdeutlicht auch die jetzt gewonnene Partnerstruktur: beide sehen den Vorgang, nebeneinander stehend, sind also gleichrangig in der Beziehung zum Kind. Inhaltlich deutet der Traum zunächst auf den Tod des Kindes hin. Jedoch machte mich das traumforschende Ehepaar Pohler-Wagner aus Wien – sie beschäftigen sich mit Träumen aus der Frühschwangerschaft, bei kinderlosen Paaren sowie bei Schwangerschaftsabbruch – darauf aufmerksam, dass der Trauminhalt auch auf eine Konzeption hinweisen könne, nämlich das Eintauchen des Kindes ins Wasser. Tatsächlich konzipierte meine Patientin fünf Monate später.

5. Evidenzerleben

Für die Frauen sind diese Erlebnisse ein höchst persönliches und für ihr Leben höchst bedeutsames Ereignis, es gehört zu ihrem persönlichen Besitz. Es ist für die Frauen evident, dass in ihren Erlebnissen ein Kind gemeint ist. Wenn ich in ihrer Sprache mit ihnen spreche – also von »ihrem Kind« spreche –, so fühlen sie sich in hohem Grade verstanden und akzeptiert. Offenbar treffe ich damit einen ganz wesentlichen Teil ihres Evidenzerlebens. Ich hebe hier ausdrücklich diese Art des Verstandenseins und Akzeptiertseins hervor: erstens weil es psychotherapeutisch-praktisch natürlich in hohem Maße vertrauensbildend wirkt; zweitens aus theoretischen Gründen, weil das Evidenzerleben für die Theorie der Psychotherapie eine wesentliche Grundlage überhaupt darstellt. Kurz gesagt: das, was in der naturwissenschaftlichen Medizin der Beweis durch ein effektives Experiment ist, das ist in der Psychotherapie das Evidenzerleben.

Zur formalen Struktur der Evidenz bemerke ich kurz: Häufig bleibt es offen für die Frauen – und damit auch für mich als Dialogpartner: Betrachten die Frauen ihr Kind als Teil ihres umfassenden und tieferen Selbst? Oder sehen sie im Kind ein eigenes, von ihnen unterschiedliches Wesen? Oder fließt das Erleben zwischen beiden hin und her?

Wesentlich ist: spontan haben die Frauen diese Frage bisher nicht geklärt. Stand sie für die Frauen selbst nicht im Vordergrund? Oder wollten sie sich schützen vor rationaler Skepsis? Eindeutig ist so viel: Die Bühne unserer Seele ist der Ort, auf dem die Kommunikation mit den Toten stattfindet.

Da ich für die Frauen erstrangig Therapeut bin und ihnen gegenüber nicht mit der Neugier eines rational definierenden Forschers auftrete, habe ich die Frage bisher mit meinen Patienten offen gelassen, ihr Bedürfnis nach Schutz wahrnehmend und respektierend.

Einordnung der Phänomene

Zunächst einige Bemerkungen zur Abgrenzung: Bei den von mir jetzt genannten fünf Phänomenen bin ich ziemlich sicher, dass sie keine Ausgeburt des heute verbreiteten spiritualistischen Modetrends sind. Die Patienten verbreiteten aufgrund ihrer Persönlichkeit und ihrer Nüchternheit nicht den Eindruck, wie wenn sie zu einem – womöglich noch mit Sensationslust gefärbten – Spiritualismus neigten. Weiterhin machte ich schon deutlich: Es handelt sich nicht um psychopathologische Erscheinungen im Sinne der klassischen Psychiatrie. Dass es sich um neurosen-typische Phänomene im Sinne der dynamischen Psychiatrie handelt, nämlich vor allem solche, die durch ein sogenanntes »strafendes Über-Ich« bedingt sind, läge näher zu glauben. Dagegen spricht jedoch die ausdrückliche Bemerkung der Frauen, die Dialoge seien frei von Vorwurf und Schuld.

Eine andere Frage ist, ob es sich um den Ausdruck des Wunsches nach einem weiteren Kind handelt. Diese Frage würde ich offen lassen. Sie ist zumindest so vielschichtig, dass ihre Diskussion intensiver geführt werden müsste. Immerhin könnte dagegen sprechen, dass sonst aus der Kinderwunschpsychologie so konkrete Phänomene wie personale Benennung, Dialog und Lokalisierung nicht bekannt sind. Die positive Bewertung und Einordnung der Phänomene würde ganz sicher den Rahmen meines Vortrages überfordern.

Die Toten sind gegenwärtig – sie strahlen in unser gegenwärtiges Leben hinein. Sie können unsere Freunde sein, jedenfalls unsere Lebensbegleiter. Eine ärztliche Kollegin, Teilnehmerin einer von mir geleiteten Selbsterfahrungsgruppe, hat die Lebensschuld über den Schwangerschaftsabbruch ihres Kindes produktiv verwandelt: Sie leitet jetzt Trauerseminare und hilft früh verwaisten Eltern bei der Bewältigung ihres Schmerzes.

Von dieser produktiven Kraft der Toten spricht ein Vierzeiler Hans Carossas:

> »Es gibt kein Ende
> Nur glühendes Dienen
> Zerfallend senden
> Wir Strahlen aus.«

Eine andere Geschichte handelt von Antoinette – Antoinette kam in ihrem dreiunddreißigsten Lebensjahr im Sommer 1989 zu mir, um Hilfe wegen ihres zwanghaften Kinderwunsches zu finden. In einer analytischen Psychotherapie arbeiteten wir gut zwei Jahre über hundert Stunden zusammen. Sie hat drei Kinder, zehn Jahre zuvor hatte sie ihre erste Schwangerschaft abbrechen lassen. Unsere therapeutische Arbeit beschäftigte sich unter anderem mit den entwürdigenden Umständen dieser Abtreibung. Sie erlebte die damit zusammenhängende Dimension des Trauerns in großer Intensität nach – so wie ich es häufig bei nicht gelebten Trauerprozessen erlebe. Bei Abschluss der Therapie geschah etwas Beeindruckendes: Ihre Trauer hatte sie jetzt konkret umgemünzt. Auf ihre Initiative hin hat der Ortspfarrer im Gemeinderat einen Antrag durchgesetzt: Danach wird auf dem Friedhof eine Gedenkstätte errichtet mit einem Gedenkstein für die abwesenden Toten, wozu auch Fehlgeburten, Totgeburten und abgetriebene Kinder gehören – wobei der Pfarrer die Klugheit besaß, die Mitteilung über die abgetriebenen Kinder zunächst für sich zu behalten. Als im Gemeinderat bekannt wurde, wie würdelos tote Kinder im Krankenhaus normalerweise behandelt werden, herrschte große Empörung, und

das löste viel positives Echo für das Vorhaben aus. Als Nach-
bargemeinden davon hörten, wurden dort ähnliche Initiativen
in Gang gesetzt. Antoinette selbst möchte auf dieser Gedenkstätte ein Rosenbeet für ihren abgetriebenen Knaben anlegen.
So pflegte sie weiteren inneren Umgang mit ihrem toten, abgetriebenen Kind. In einer der letzten Sitzungen sagte sie auf
meine Nachfrage, sie spüre das Kind im Abstand von etwa 80
cm. Ihr Kinderwunsch hat jetzt keine zwanghaften Züge mehr.

Über ähnliche Erfahrungen wie Antoinette berichtet Mi-
chaela Sieh, eine Doktorandin von mir, mit dem Thema »Tod
am Lebensanfang – der perinatale Tod von Kindern«. Auch bei
sogenannten Totgeburten müssen die Eltern, vor allem die
Mütter, zunächst eine Mauer eigener Schuldgefühle bewältigen (so wenig wie Schuld hier real vorhanden ist), bevor sie
hilfreiche Abschiedsrituale in ganz individueller Weise gestalten. Zu solchen Abschiedsritualen gehört vor allem, dem Kind
einen Namen zu geben. »Die Namensgebung symbolisiert die
Anerkennung des gestorbenen Kindes als Individualität.« Mindestens ebenso wichtig sind die Beerdigung und das Grab –
»das Grab kann ein Ort der Trauer sein« (Sieh). Ebenso wie der
lebende Mensch seinen Leib als räumliches Wesen zur Inkar-
nation auf dieser Erde braucht, ebenso braucht der Tote sein
Grab als einen Ort, wo er seinen Leib wieder mit der Erde
verbinden kann. Das Grab ist nicht nur Ort der Trauer für die
Nachgebliebenen, es ist auch Ort des Durchganges für den
Toten in die nicht-leibliche Welt der Individualität. Novalis
spricht davon: »Wenn ein Geist stirbt, wird er Mensch. Wenn
ein Mensch stirbt, wird er Geist.«

Eine Illustration des verzögerten Abschieds von der totgebo-
renen Tochter ist die Psychotherapiegeschichte von Sophia,
auf die ich hier nur hinweisen kann (Petersen 1995).

Bei den intensiven Gesprächen mit trauernden Müttern und
den Dialogen mit ihren toten Kindern habe ich mich manchmal
kritisch gefragt: Nehme ich selbst auch die Gegenwart der toten
Kinder wahr? Könnte ich selbst mit meinen Wahrnehmungsor-

ganen davon sprechen, ich hätte die quasi leibliche Gestalt der toten Kinder gespürt? Ich merkte zwar die Intensität der Beziehung zwischen den Trauernden und ihrem Kind, und das Evidenzerleben dieser Frauen ist für mich überzeugend, aber ich könnte nicht sagen, ich selbst hätte das tote Kind personal wahrgenommen. Ich selbst als teilnehmender Therapeut hatte hier ganz klar die Grenzen meiner Verantwortung wahrzunehmen und zu akzeptieren – Verantwortung hier im wörtlichen Sinn verstanden als derjenige, der eine personale Antwort erhält, wenn er seine Aufmerksamkeit auf den Dialog mit dem toten Kind richtet. Dialogpartner ist hier allein die trauernde Mutter, nur sie ist befähigt, eine Antwort zu erhalten. Der Therapeut ist Zeuge dieses Antwortens – aber er steht zugleich auch außerhalb des engeren Kreises der Verantwortung (Petersen 1989/90).

Mit den Toten verbunden sind die Menschen, die zu ihnen gehören – die Angehörigen. Wir als Ärzte und Therapeuten werden unserer Aufgabe gerecht, wenn wir diese Verbundenheit ermöglichen und fördern – aber wir sind nicht dazu aufgefordert, uns in irgendeiner Weise, womöglich neugierig, in diese Beziehung einzumischen.

Meine Hoffnung: Lichtpunkte und Hinweise von Philosophie und allgemeiner Ethik

Das Problem, das ansteht: Es geht nicht um *Standpunkte, Positionen,* Positionierungen, die heute genügend viel und zu viel im Abwehrkampf untereinander verwickelt sind, als dass es da zu wirklichen Klärungen gekommen wäre. Es geht mir nicht um Urteile, um Beurteilungen oder gar Verurteilungen der einen oder anderen Seite. Es geht mir um unsere *Wahrnehmungsweise* – unsere Wahrnehmungsweise, mit der wir die Wirklichkeit der Abtreibung möglichst umfassend spüren lernen. Absichtlich benutze ich das Wort »spüren« als Wahrnehmungsmodalität – und nicht: in den Blick bekommen oder gar in den Begriff bringen.

Wir haben vorhin gehört, dass der Trauerprozess ein Weg ist, wie Wahrnehmungsorgane sich bilden können. Die Wahrnehmung des Toten ist uns dabei für die Entwicklung unseres Bewusstseins aufgegeben: Die Wandlung schuldhafter Verstrickung in akzeptierte Lebensschuld und bewusst vollzogene Verantwortung können Instrumente dieses neuen Bewusstseins sein.

Ein neues Bewusstsein ist erzwungen. Ich zitiere in diesem Zusammenhang ein Wort Viktor von Weizsäckers, des Nestors der deutschen psychosomatischen Medizin und wesentlichen Begründers einer anthropologischen Medizin: »Das Wesentliche der Krankheit ist nicht der Übergang von einer Ordnung zur anderen, sondern die Preisgabe der Identität des Subjektes (des Kranken). Das Ich des Kranken wird in einem Riss oder Sprung vernichtet, wenn es sich nicht *wandelt* – nachdem der Kranke durch seine Krise gezwungen ist, das ›Unmögliche zu vollziehen‹.«

Ebenso wie der Kranke am Übergang von einer Ordnung zur anderen steht, so sehe ich auch unser modernes Bewusstsein und damit auch die kulturtragenden Disziplinen wie Philosophie, Juristerei und Medizin gezwungen zu diesem Sprung, das Unmögliche zu vollziehen.

Wir können diesen Sprung erreichen durch eine Wandlung unseres Bewusstseins. Manche modernen Denker sprechen von der Mutation unseres Bewusstseins (Bertaux, Gebser). Ins Leere geht dieser Sprung nicht – wir werden dabei die Traditionen und Weistümer der Menschheitsevolution in unserem Bewusstsein und in unser Leben zu integrieren haben.

Aber es gibt Probleme zu bewältigen – und zwar Probleme anthropologischer Art.

Ich formuliere ein Grundproblem im Hinblick auf Abtreibung und Individualität:

Wir sind uns einig über das Tötungsverbot. Das Leben eines Menschen gehört zum höchsten Rechtsgut, das mit allen vernünftigen Mitteln zu schützen ist. Wir wissen inzwischen auch wissenschaftlich bewiesen aus embryologischer und pränatal-psychologischer Forschung, dass der Mensch auch pränatal von Anfang an Mensch ist. Jedoch mit der Legalisierung des Schwangerschaftsabbruchs (ich benutze hier absichtlich den juristisch korrekten Terminus) ist ein rechtsfreier Raum geschaffen, in dem Töten nicht verhindert wird – auch wenn bestimmte soziale Hilfen (wie Beratung, Sozialarbeit, finanzielle Hilfen) angeboten sind zur Verhinderung des Tötens. Es scheint mir einem Sarkasmus nahe zu kommen, wenn zwar die moralische Verwerflichkeit und Rechtswidrigkeit des legalen Schwangerschaftsabbruchs hervorgehoben wird – er jedoch nicht verhindert wird, weil er de facto auch nicht verhindert werden kann. Als besonders bedenklich erscheint mir die Gespaltenheit des öffentlichen Bewusstseins, wenn der Schwangerschaftsabbruch aus medizinischer Indikation als nicht rechtswidrig (also nicht verwerflich), dagegen der Schwangerschaftsabbruch aus persönlichen Gründen der Schwangeren (Fristenregelung) als rechtswidrig klassifiziert wird. Denn getötet wird das Kind in jedem Fall – aus medizinischer Indikation ebenso wie allein auf Veranlassung der schwangeren Frau.

Wenn ich den Finger lege auf diese Widersprüche, so geht es mir nicht um eine Exkulpation der durch die Abtreibung betroffenen Personen. Eine solche Exkulpation dürften weder Ethik noch Juristerei noch Psychologie noch Theologie leisten können. Etwas anderes steht zur Frage: Die betroffenen Personen (Frau, Mann, Arzt, Beraterin) handeln zwar im rechtsfreien, straflosen Raum – aber ihr Handeln wird als rechtswidrig bezeichnet. Ist damit das Problem für eine anthropologisch sich verstehende Jurisprudenz und Ethik wirklich am Ende? (Zu gesellschaftlichen Entwicklungen siehe Anhang II, 3 + 4.)

Ich denke, hier fängt das Problem erst an. Und ich erhoffe Lichtpunkte von der Philosophie. Ich glaube, es müssen anhand dieses Beispiels, das ja gesellschaftlich von größter Bedeutung ist, denn mindestens ein Viertel aller Schwangerschaf-

ten werden heute in Deutschland abgetrieben, es müssen neue
Wege des Denkens eröffnet werden. Es genügt nicht zu sagen,
dass sich dieses Handeln im straflosen, insofern rechtsfreien
Raum vollzieht. Dieser Raum müsste philosophisch genau er-
forscht und beschrieben werden – dann kann auch für die darin
Handelnden mehr Licht entstehen. Jetzt handeln sie weitgehend im Dunkeln. Ich denke an das Schicksal des mich wirklich anrührenden Stuttgarter Arztes Dr. Stapf, der pro Jahr etwa
4000 Abtreibungen machte. Ich erlebte ihn 1991 auf einer Podiumsdiskussion am Killesberg und 1992 auf einer Tagung der
Evangelischen Akademie in Bad Boll (Glöckler 1992, Evangelische Akademie Bad Boll 1992). Er bat mich um menschliche
Hilfe und Supervision, weil er offenbar völlig isoliert war. Es
ist noch ein weitgehend ungeschriebenes Kapitel, welche Qual
abtreibende Ärzte erleben (Amtenbrink, Claassen). Sie fühlen
sich als Richter und Henker in einer Person, isoliert von der sie
schweigend beauftragenden Gesellschaft. Im Mittelalter war
die Rolle des Henkers besser integriert. Zudem sind diese Ärzte dem ständigen Konflikt mit ihrem ärztlichen Berufsethos
ausgesetzt: Leben zu fördern und Gesundheit zu pflegen – und
hier: Menschenleben zu töten (siehe auch Anhang, I, 2).

Diese Ärzte sind allein gelassen – auch wenn sie psychotherapeutische Supervision bekommen. Ich spreche hier an dieser
Stelle darüber, weil ich überzeugt bin, dass auch die Philosophie und die allgemeine Ethik und eine sich anthropologisch
verstehende Jurisprudenz ein integrales Bewusstsein entwik-
keln müssten, um dem genannten Widerspruch auch eine anthropologische Gestalt zu geben.

Je klarer diese Gestalt formuliert ist, desto besser könnten
auch Auswüchse gesteuert werden – denn es ist klar: Ein Arzt,
der nur noch Abtreibungen macht, geht seelisch zugrunde. Von
psychosomatischem Burn out spricht man im Fachjargon. Und
die Verbannung des Schwangerschaftsabbruchs in Familien-
planungszentren der Pro Familia ist eine schlechte Lösung,
weil auch dort die isolierte Spezialisierung die Folge ist. Bes-

ser wäre es, wenn jedes Krankenhaus – auch konfessionelle und anthroposophische Krankenhäuser – Schwangerschaftsabbrüche vornähmen. Dann ist die Isolation aufgegeben. Dafür aber wäre eine anthropologische Theorie notwendig.

Gespräch nach dem Vortrag von Peter Petersen

in der Schmitten: Können Sie bitte das Zitat von v. Weizsäcker wiederholen?

Petersen: »Das Wesentliche der Krankheit ist nicht der Übergang von einer Ordnung zur anderen, sondern die Preisgabe der Identität des Subjektes. Das Ich des Kranken wird in einem Riss oder Sprung vernichtet, wenn es sich nicht wandelt, nachdem der Kranke durch seine Krise gezwungen ist, das Unmögliche zu vollziehen.« Im Mittelpunkt steht die Wandlung und die Krise und auch, das Unmögliche ins Mögliche zu vollziehen.

Kirn: Ich stimme Herrn Petersen voll zu in dem, was er über den Versuch des Bundesverfassungsgerichts gesagt hat, mit der Deklaration der straffreien Abtreibung als »rechtswidrig« etwas zu erreichen. Wenn man die Abtreibung straffrei lässt, aber zugleich als »rechtswidrig« deklariert, so ist das purer ethischer Nominalismus. Es zeigt nur, dass das Recht in unserer Gesellschaft seine prinzipielle Tragekraft verloren hat. Bloße Deklarationen beeindrucken niemanden mehr. Das liegt aber an der gesellschaftlichen Grundeinstellung. Wenn dort die Prinzipien aufgegeben werden, kann man nicht von den Juristen verlangen, dass sie diese trotzdem noch aufrecht erhalten. Das führt aber zu einer Krise im Selbstverständnis der Strafrechtler, die von der Rechtslage bei der Abtreibung her die Grundlagen ihrer Begriffsbildung in Frage gestellt sehen.

Auf der philosophischen Seite gibt es insofern etwas Entsprechendes, als die »Sollens-Ethik« der alten Art genauso innerlich zusammengebrochen ist wie das Strafrecht. Ich habe gestern zu zeigen versucht, wie diese Dinge auf der Grundlage des ethischen Individualismus neu erfasst werden können. Wir müssen versuchen, möglichst viele Prozesse, die uns seelisch angehen, durch unser Denken in geistige Tatsachen zu verwandeln. Dann kann man die eigene innere Lage in Ruhe betrachten.

Ich sehe in den Phänomenen, die Sie beschrieben haben, etwas Verwandtes mit dem, was aus der anthropologisch verstandenen Philosophie entgegenkommt. Jedenfalls wird auf beiden Seiten der Versuch gemacht, Ruhe in das Seelenleben zu bringen, damit das Denken darin der Individualität zu ihrem Recht verhelfen kann.

Marcovich: Ich möchte die oberflächliche Ruhe ansprechen und Sie aus dem Philosophischen ins Physiologische zurückführen. Ich habe kürzlich eine interessante Untersuchung gesehen an einjährigen Kindern, bei denen man Folgendes gemacht hat: Man hat sie mit der Mutter in einem Zimmer gemeinsam spielen lassen, und dann hat sich die Mutter aus dem Raum entfernt. Die Reaktion der Kinder, als die Mutter den Raum verlassen hat und dann wieder zurückkam, wurde gefilmt. Der Psychologe hat dann unterschieden zwischen sicheren und unsicheren Bindungen, wobei er als sichere Bindung jene bezeichnet hat, bei denen die Kinder sehr heftig reagiert, zu weinen begonnen haben und sich maßlos aufgeregt haben; wenn die Mutter wiedergekommen ist und das Kind auf den Arm genommen hat, hat sich das Kind rasch wieder beruhigt, um gleich wieder weiterzuspielen. Bei Kindern, die kaum reagiert haben, wenn die Mutter das Zimmer verlassen hat, wurde die Bindungsqualität als negativ bewertet. Man war der Meinung, die Kinder nehmen das völlig gleichgültig, nehmen es kaum wahr, wenn die Mutter wieder zurückkommt; es war auch keine wesentliche Reaktion zu sehen, man hätte diese Kinder als besonders angepasst bezeichnen können.

Das Interessante war aber, dass der Cortisolspiegel im Speichel, also das Maß an Stresshormon, das ausgeschieden wurde, unwahrscheinlich hoch war, so dass man also daraus sieht, dass die Tatsache, nach außen nicht heftig zu reagieren, oder dass von außen betrachtet nichts zu bemerken ist, noch nicht heißen kann, dass sich im Inneren nichts abspielt.

Petersen: Das könnte auch für Organentnahmen gelten, und das wird auch bei den abtreibenden Ärzten so sein, vermute ich. Wahrscheinlich ist der Cortisolspiegel ganz hoch. Ich habe das nie gemessen, aber viele sind dauernd hin- und hergerissen. Viele haben keine psychoanalytische Schulung und können es dann nicht verbalisieren. Bei einer Tagung in der evangelischen Akademie Loccum wollte ich einen Film über Abtreibung zeigen. »Dieser Film darf nicht gezeigt werden«, sagten die Verantwortlichen dort; »das geht nicht«, sagten sie erregt.

Ich will damit sagen: Je bewusster wir mit diesen Phänomenen umgehen, desto besser werden wir immunisiert gegen Abtreibung. Frauen, die diesen Prozess durchgemacht haben, treiben nicht mehr ab – das ist nachgewiesen. Diejenigen, die den Trauerprozess bewusst erleben, sind immun.

Marcovich: Was ist mit den Jugoslawinnen, die zu uns kommen, die dann dreizehn bis vierzehn Abtreibungen hinter sich haben?

Petersen: In Russland und in den ehemaligen kommunistischen Ländern ist die Situation offenbar anders als bei uns in Mittel- und Westeuropa. Die Russinnen haben bis zu fünfzehn Abtreibungen, das gehört offenbar dazu, so wie bei uns die Frauen die Pille nehmen; Pille gab es dort nicht, so dass unsere Maßstäbe nicht angelegt werden können.

Wellendorf: Sie müssen diese Prozesse bewusst vollzogen haben. Wenn Sie nicht trauern, weil es etwas ganz Mechanisches ist, dann kann man es wohl beliebig oft machen.

Marcovich: Aber was geht in diesen Frauen tatsächlich vor?

Petersen: Das wissen wir natürlich nicht. Es wäre interessant, es zu erforschen, aber aus Neugierde allein widerstrebt es mir, eine Forschung zu machen. Wenn diese Frauen zu mir kommen, ist es etwas anders.

in der Schmitten: Sie haben kurz das Bundesverfassungsgerichtsurteil angesprochen, das von »minderwertigem Leben« des Embryos spricht. Ich finde das Urteil für die heutige Zeit angemessen; ich verstehe es so, dass es nicht um minderwertiges Leben geht, sondern es geht um die schlichte Anerkennung, dass eine enge Bindung an einen anderen Menschen gegeben ist, und dass der Staat soweit entfernt ist, dass er hier seine Ohnmacht akzeptiert. Angesichts einer so individualisierten Gesellschaftsordnung ist der früher selbstverständliche Zugriff des Staates auf den Einzelnen nicht mehr gerechtfertigt; der Staat gibt seine Verantwortung an die Frau zurück. Das ist für mich ein Gedanke, den ich zur Diskussion stellen möchte.

Ich bin Ihnen für Ihre Ausführungen sehr dankbar, weil mich die Unterscheidung zwischen medizinischer und sozialer Indikation sehr beschäftigt – sie wird nirgends richtig diskutiert. Je länger ich darüber nachdenke, umso ratloser macht es mich, dass in der medizinischen Community sowie in der Gesellschaft die medizinische Indikation sprachlos und stillschweigend akzeptiert wird. Sie haben richtig gesagt: Tötung bleibt Tötung; es ist für mich nicht begreiflich, warum in Kirche, Staat und Gesellschaft diese Tatsachen nicht diskutiert werden und warum sie nicht zur Sprache kommen. Im Gegenteil: Wir entwickeln auf diesem Gebiet immer mehr Aktivitäten, um die Diagnostik zu verfeinern! Also wenn die medizinische Indikation wirklich so bedenkenlos ist, dann finde ich es heuchlerisch, sie nicht auf die soziale auszudehnen mit der gleichen Bedenkenlosigkeit, und umgekehrt, wenn die Abtreibung aus sozialer Indikation eine Tötung darstellt, dann verstehe ich nicht, warum so wenig Bedenken bei der medizinischen vorzuliegen scheinen.

Petersen: Um terminologisch die richtige Sprache zu benutzen: Es gibt keine soziale Indikation, sondern sie heißt Fristenregelung.

Kirn: Die medizinische Indikation war seit langem anerkannt, wenn es um die Rettung der Mutter geht. Unter der anderen versteht man Erbkrankheiten.

in der Schmitten: Sie müsste eugenische Indikation heißen …

Schad: Die gibt es aber nicht mehr.

Petersen: Sie ist gestrichen. Die Behindertenverbände haben zu Recht argumentiert, behindert geborene Menschen würden diskriminiert, wenn die embryologische oder eugenische Indikation weiter bestehen bleibt. Daraufhin ist diese in einer Nacht- und Nebelaktion im Bundestag gestrichen worden. Jetzt zeigen sich aber die negativen Folgen ganz grauenhaft. Vorher gab es eine Terminierung, Schwangerschaftsabbrüche aus embryologischer Indikation durften nur bis zur 24. Schwangerschaftswoche vorgenommen werden, danach nicht mehr. Jetzt ist die medizinische Indikation völlig offen, sie können bis zur 40. Schwangerschaftswoche, also einen Tag vor der Geburt, Abtreibungen machen. Die früheren embryologischen Indikationen fallen alle unter die medizinischen.

in der Schmitten: Was ist das Kriterium für die medizinische Indikation?

Petersen: Das sind auch sozial-medizinische Gründe.

in der Schmitten: Und wie begründet man die Abtreibung von einem Down-Syndrom-Kind, unter welcher Indikation?

Petersen: Das ist eine so große seelische Belastung für die

Frau, wenn sie es so äußert, dass sie das nicht aushalten kann.
Kirn: Heißt das, dass eine medizinische Indikation immer auf
einen Zustand der Frau zurückgeführt wird? Die alte Rechtsprechung, die das als eine Art Notwehr gedeutet hatte, wurde
jetzt auf die seelische Situation der Frau hin stark erweitert.

Petersen: Aber das Problem bleibt trotzdem bestehen!
Es bleibt diese merkwürdige Spaltung. In katholischen Kliniken oder bei katholischen Trägern sagen die Chefärzte zum
Beispiel: »Abtreibungen beziehungsweise Schwangerschaftsabbrüche aus medizinischer Indikation machen wir, die anderen aber nicht.«

in der Schmitten: Sie meinen die alten medizinischen Indikationen, also zum Beispiel Down-Syndrom, ja, psychische
Überforderung der Frau nein?

Schad: Abtreibung wegen Down-Syndrom des Kindes wurde
eben geschildert als erlaubt wegen psychischer Überforderung
der Frau.

in der Schmitten: Ich finde keine Worte mehr dafür! Psychische Überforderung unabhängig von dem Kind, unabhängig
von der Krankheit des Kindes …

Petersen: Das subsumiert man alles unter medizinischer Indikation. Das Wort ist weg, der Inhalt aber bleibt! Es ist eine
sprachliche Verschleierung. Es ist eigentlich schlimmer als
vorher!
   In unserer Klinik haben wir eine Situation erlebt, in der wir
nicht wussten, was wir machen sollten. Eine Frau wurde ent-
bunden durch Prostaglandin-Induktion, also durch wehenan-
regende Mittel, es sollte ein Schwangerschaftsabbruch sein,
das Kind kam aber lebend zur Welt; der Pädiater stand da –
an sich wäre er verpflichtet, das Kind auf einer Neonatologi-

schen Station zu behandeln –, er hat es aber sterben lassen, in
seinen Armen. Ich denke, das war in dieser Situation das
Menschlichste.

Marcovich: Was war die Grundkrankheit des Kindes?

Petersen: Es war ein Hydrozephalus, es wäre also operabel
gewesen – was da geschah, war grauenhaft!

Marcovich: Ich kenne ein Ehepaar, das hatte ein behindertes
Kind, das ist mittlerweile im Alter von acht Jahren gestorben;
das Kind hat an einer Mikrozephalie gelitten, eine vorzeitige
Verknöcherung des Schädels, so dass der Kopf klein bleibt
und das Gehirn nicht wachsen kann. Die Mutter war dann
wieder schwanger, und es war nun die Frage, inwieweit sich
diese Missbildung wiederholen könnte. Sie wurde dann zu
den führenden Pränataldiagnostikern in Europa geschickt,
unter anderem auch zu Herrn Hansmann nach Bonn, die Ul-
traschallkapazität auf diesem Gebiet. Aufgrund der Form der
Nackenpartie des Kindes könne er mit Sicherheit sagen, dass
dieses Kind wieder an einer Mikrozephalie leiden würde, so
sagte er; dies war in der 24. Woche. Es kam daraufhin zur
Einleitung der Geburt in der 26. Woche. Der Gynäkologe
hatte mich gebeten, als Neonatologe anwesend zu sein für
den Fall, dass doch gehandelt werden müsste: er wollte mich
sozusagen als Alibi dabei haben. Ich war also in der Situation, dass ein lebendes Kind mit 780 g zur Welt kam, ein typischer Patient für uns. An diesem Kind konnte ich äußerlich
keine Malformation feststellen, daneben lag aber der Befund,
demnach das Kind wieder an einer Mikrozephalgie erkranken
würde. Es war eine meiner schlimmsten beruflichen Situationen, da ich optisch ein gesundes Kind vor mir hatte und ein
schriftlicher Befund eines »Experten« prophezeite, dass es
wieder eine Mikrozephalie werden würde. Ich stand vor der
Situation, dieses Kind sterben zu lassen, und dem Befund

einfach zu glauben, oder mich um das Kind zu kümmern. Wir haben das Kind einfach liegen lassen, es hat etwa zwei Stunden noch gelebt: es war eine fürchterliche Zeit!

Es bestanden keine sichtbaren morphologischen Störungen, das Ganze basierte nur auf der Erfahrung dieses Experten, die zu dieser Prognose geführt hatte. Ich musste mich darauf verlassen, dass die Prognose mit an Sicherheit grenzender Wahrscheinlichkeit stimmen würde. Für mich bestand nur die Möglichkeit, es zu glauben und das Kind sterben zu lassen, oder es nicht zu glauben und das Kind zu behandeln auf die Gefahr hin, dass es später doch eine Mikrozephalgie entwickeln würde; wie wären mir dann die Eltern begegnet? Der Arzt hat das Kind eine Zeit lang als Patient, dann übernehmen es die Eltern, aber das Kind muss sein Leben leben! – Wir Ärzte sind nur zeitlich begrenzt davon tangiert!

Schad: Ich möchte nochmal auf den Hauptpunkt zurückkommen: was geschieht in jenem Dunkelraum des Bewusstseins? Das kann nicht allein wenigen Menschen überlassen werden, die damit überfordert sind. Es muss hier eine bessere Sozialverteilung des Vorgangs stattfinden. Das geht aber nur, wenn eine anthropologische Auflichtung dieses Handelsraumes geschieht.

Das eine sind die Erfahrungen, die Sie von den Müttern geschildert haben, die mit ihren nicht ausgetragenen Kindern den Dialog finden; das würde bedeuten, wenn man das nicht nur als Projektion nimmt, sondern als reale Tatsache, dass es eine Identität des nicht ausgetragenen Kindes gibt, die unabhängig davon ist, ob der Leib noch lebt oder nicht.

Wenn man dieses wirklich als Erfahrung, als Evidenz nimmt, dann muss das weitergedacht werden dürfen. Es gibt leibfreie Identität, das heißt es gibt Postexistenz, so auch Präexistenz. Ohne diese beiden Fragen zu stellen, gibt es keine Auflichtung des Geburtsgeschehens. Es bleibt dann nur zweierlei: Das eine ist die biologische Ebene, von der wir wissen, dass sie das Humanum letztlich nicht begründen kann; das andere ist die tiefe Betroffenheit der Menschen, die an diesen Vorgängen teilnehmen. Das ist eine Frage der Annahme, nicht aus irgendeiner Dogmatik, irgendeiner Philosophie oder irgendeiner Anthropologie, sondern im Sprachgebrauch von gestern schlicht anthropisch: als etwas, was evident ist, ohne dass es von einer irgendwie noch anderen Instanz abgeleitet werden muss – es ist Tat-Sache im wörtlichen Sinne.

Zu dem Zitat von v. Weizsäcker: »Das Ich wird vernichtet, wenn es sich nicht wandelt« – das kann ich tief nachvollziehen. Hier wird mit dem Wort Ich etwas ganz deutlich anderes bezeichnet als die unverwechselbare Ich-Natur der Andrea. Ich möchte auf das Sprachproblem aufmerksam machen, damit wir nicht die gleichen Worte für andere Inhalte benützen; das nur als Annäherung, um den Dunkelraum aufzulichten.

Das Wort »Ich« ist ein Teekesselwort: Sie kennen das Kinderspiel, jeder kann etwas anderes unter dem gleichen Wort verstehen. Bei jedem, der das Wort »Ich« benutzt, muss ich erst herausbekommen, was er mit diesem Wort meint. Das Ich-Wort wird dutzendfältig verschiedenartig begrifflich benutzt.

Auch das anthroposophische »Ich«, das auch für das leibfreie Ich genommen wird, wird bei näherem Zusehen so vielschichtig verwendet, oft für Dinge, die wir noch gar nicht kennen. An dieser Stelle muss eine Auflichtung geschehen, weil es darauf ankommt, die eingangs geschilderte Primärerfahrung Anlass werden zu lassen, um Menschlichkeit neu gedanklich verarbeiten und begründen zu können.

Petersen: Mir ging es darum, wegzukommen von einer Normen-Ethik, die sich zu einer Beziehungsethik wandeln muss oder, wenn man so will, dann zu einer Ethik der Individualität wird. Die Beziehung zu den Toten und die Wahrnehmungsweise gegenüber den Toten ist offenbar etwas unheimlich Wichtiges, genauso wie der Trauerprozess, der erfahren werden muss. Diese beiden Aspekte sind für mich wichtig.

Wie erscheint uns ein Patient im Hirnversagen (»Hirntod«)?

Paolo Bavastro

Wenn wir über Organverpflanzung sprechen, so steht der »Hirntod« im Mittelpunkt der philosophisch-ethischen Diskussion.

Der Patient als Spender kann sich nicht mehr äußern – gerade daher ist besondere Sorgfalt geboten und notwendig.

Nur die Belange des Empfängers in den Vordergrund zu stellen und dabei die des Spenders hinten anzustellen ist – vorsichtig ausgedrückt – einseitig.

Es ist weder meine Aufgabe noch meine Absicht, mich für oder gegen Organverpflanzung auszusprechen. Die Transplantationsmedizin kann sehr hilfreich sein – wir dürfen aber nicht die Augen verschliessen vor vielen noch offenen und nicht beantworteten Fragen, sowohl auf Seiten des Empfängers als auch auf Seiten des Spenders.

Ich möchte einen phänomenologischen Weg einschlagen, um nicht einem reinen Biologismus anheimzufallen. Phänomene können uns eine Hilfe sein, Probleme und Fragen zu lösen; die Sprache der Phänomene muss jedoch gelernt werden, wir müssen aber auch bereit sein, sie zu hören!

Zunächst muss das Phänomen betrachtet werden im Zusammenhang der Erscheinungen, daran knüpfen sich Fragen, die langsam zu einer Antwort führen. Die Wahr-Nehmung steht dabei im Vordergrund. Eine Wertung oder gar Schlussfolgerung für das Handeln steht dann ganz am Ende.

Im Zusammenhang mit der Organtransplantation scheint ein anderer Weg gegangen worden zu sein: An erster Stelle wurde eine zweckorientierte Festsetzung getroffen; alles, was dieser entgegenstand, wurde als unbedeutend abgestuft und so ausgeblendet. Methodisch ist dieses Vorgehen zu hinterfragen, gerade im Hinblick auf eine sogenannte Wissenschaftlichkeit!

Ich möchte die Phänomenologie des »hirntoten« Patienten schildern, um dann eine Betrachtung darüber anzuschließen, wie mit dem Begriff »Hirntod« geschichtlich umgegangen wurde.

Hier offenbart sich ein merkwürdiger Umgang mit biologischen Tatsachen, mit der Phänomenologie sowie mit der Geschichte.

Zu Beginn möchte ich einige Grundphänomene des Lebens schildern, wie sie von Befürwortern des Hirntodes als Tod des Menschen selber beschrieben werden.(1)

Der Embryologe K.V. Hinrichsen(2), ein Befürworter des Hirntodes als Tod des Menschen, definiert Atmung, Kreislauf, Stoffwechsel sowie humorale, hormonale und nervöse Regelkreise als »Lebenserscheinungen«, darunter zählt auch die Homeostase, also das Aufrechterhalten eines inneren Milieus, entgegen der Außenwelt.

Aristoteles zählt Ernährung, Wachstum und Verfall als Bewegungen zum Leben.

Wir finden auch folgende Funktionen als Lebenserscheinungen beschrieben: Der Energiehaushalt, ein autoreplikatives System (von DNA bis zur Fortpflanzung); das Baugefüge, das beispielsweise bewirkt, dass eine Wunde bis zur Wiederherstellung der Hautintegrität heilt, wächst und eben nicht weiter wuchert, als es im Dienste des ganzen Organismus sinnvoll ist; die Formgabe, der Formerhalt, Stoffwechsel, eine innere Wirkkraft, Wachstum, Umwandlung von Substanzen, Differenzierung, Ordnung, Adaptation, spontane Eigenaktivität, das vegetative Leben, das oft viel wichtiger ist als das bewusste, rationale Leben.

Die Abgrenzung zwischen Innen- und Außenwelt geschieht auf vielfältigste Weise durch Membranen. Dies bedingt zweierlei: einmal eine rein körperliche Abgrenzung zwischen Innen – Außen, Eigen – Fremd, die auch im Immunsystem ihren Ausdruck findet – aber auch eine seelische Innenweltbildung, die eine Individualisierung ermöglicht. In der immunologischen Individualisierung treffen sich diese beiden Aspekte (körperliche Seite und seelisch-geistige Seite) wieder. Die Haut, *eine* der vielen Membranen, gibt Schutz, ermöglicht auch Empfindlichkeit, hat sensorische und selbst immunologische Aufgaben.

Integrative Lebensfunktionen gehen selbstverständlich vom zentralen Nervensystem aus, aber ebenso vom Herzkreislaufsystem, vom Immunsystem, vom Hormonsystem, vom vegetativen Nervensystem; schließlich ist die Entwicklung eines Embryos eines der kompliziertesten integrativen Leistungen, die wir kennen.

Die Reizbarkeit, die Reaktionsfähigkeit, die Beziehung zur Außenwelt sind Fähigkeiten, die das Leben mitbestimmen. Beim Menschen kommt die Reflexivität, das Erkennen, die innere Dimensionierung, die Innerlichkeit dazu. Dadurch kann der Mensch die Grenzen, die Gesetze und die Bedingtheit des Materiellen teilweise aufheben.

Das setzt aber den Entwicklungsgedanken, die Stufen der Entwicklung voraus; wir richten also dabei den Blick nicht nur auf das aktuelle Haben oder Vorhandensein bestimmter Fähigkeiten, sondern auch auf das Sein, auf das Zukünftige, auf das Sein-Können, auf das Werden.

Betrachten wir einen sogenannten »Hirntoten«, wie wir ihn phänomenologisch auf einer Intensivstation wahr-nehmen. Gleich zu Beginn: In Analogie zum medizinischen Sprachgebrauch (Nieren-Versagen, Lungen-Versagen, Herz-, Leber-Versagen) wollen wir korrekterweise von irreversiblem Hirnversagen sprechen. Durch vielfältige Ursachen (Gehirnblutung, Unfall, Operation, Tumor, Wiederbelebungsmaßnahmen usw.) kann das gesamte Gehirn unwiederbringlich zerstört sein; dieser Zustand stellt sich meist nicht schlagartig ein, sondern entwickelt sich innerhalb von Stunden oder Tagen zum Vollbild der Erkrankung. Das Gehirn kann nur wenige Minuten die Unterbrechung der Sauerstoffzufuhr ertragen.(3)

Wichtig ist: wir stellen nicht zuerst das Hirnversagen fest und fragen dann nach der Art der Behandlung, sondern wir müssen einen schwerstkranken Patienten behandeln und können bei einem sich in Behandlung befindenden Patienten das Hirnversagen leider nicht verhindern.(4)

Der Patient im Hirnversagen ist ein bewusstloser, tief komatöser Patient, der beatmet werden muss, da das Gehirn (Groß- und Kleinhirn sowie Stammhirn) unwiederbringlich zerstört ist; eine medikamentöse Sedierung ist nicht notwendig.

Reflexe, die an eine intakte Gehirnfunktion gebunden sind, sind erloschen: So zum Beispiel Lid- und Cornealreflexe (wenn ein Gegenstand auf die Hornhaut kommt, schließen wir sofort die Augen; wenn wir an die Augenlider kommen, schließen wir ebenfalls sofort die Augen). Die Pupillen sind bei diesen Patienten weit und reagieren nicht auf Lichtreize. Der Hustenreflex ist ebenfalls erloschen. Reaktionen auf Schmerzreize sind nicht zu provozieren.

Reflexe aber, die auf ein intaktes Rückenmark angewiesen sind (spinale Reflexe), sind noch vorhanden: so zum Beispiel Erektion oder der Patellarsehnenreflex (am Knie).

Reflexe eines Organismus sind Phänomene, die jeder Arzt in

seinem Berufsleben bei Patienten testet; sie gehören zur Reagibilität eines Lebewesens; sie sind phänomenologisch eindeutig den Lebenserscheinungen zuzurechnen. (5)

Solche kranken Menschen zeigen weitere Lebensvorgänge: Innere Atmung, Blutdruck, Herztätigkeit, Temperatur, Ausscheidung, Stoffwechsel und Hormonausschüttungen; Blutbildung und Gerinnung sind vorhanden. Falsch ernährt können diese Patienten Durchfall oder Verstopfung entwickeln.

Diese Kranken können unkoordinierte vegetative Reaktionen zeigen wie Hautrötung, Schwitzen und Kontraktion von Muskelgruppen bis hin zum Lazarus-Reflex.

Diese Phänomene beschreibt die Biologie als zum Leben gehörig.

Wie gravierend solche Funktionen gestört sind, wie viele davon gestört sind, wie intensivmedizinisch eingegriffen werden muss, sagt über den Schweregrad der Erkrankung etwas aus. Ein Sterbender ist aber phänomenologisch ein lebender Patient, nicht ein Toter!

Werden solche Patienten im Hirnversagen einer Operation unterzogen, um ihnen Organe zur Transplantation zu entnehmen, so zeigen diese völlig normale Reaktionen, *die jeder Mensch unter einer Operation auch zeigt*: Der unbewusst erlebte Schmerz eines Hautschnittes bewirkt eine Puls- und Blutdruckerhöhung, eine Hormonausschüttung (6, 7, 8, 9), eine Anspannung der Muskulatur, eventuell Schweißausbrüche. Man nennt sie vegetative Reaktionen. Sie gehören phänomenologisch zweifelsohne zum Leben!

Um diese Lebens-Erscheinungen eines sterbenden Patienten auszuschalten, werden die Organe unter einer Teil- oder Vollnarkose entnommen – obwohl Hirntote tot sein sollen!

Diese Lebensphänomene können, wie bei vielen anderen Erkrankungen auch, mehr oder weniger gestört sein: dies ändert jedoch nichts daran, dass sie Lebenserscheinungen sind.

Ein Mensch im Hirnversagen lässt sich beatmen, weil die Lungen noch eine Eigenelastizität haben und der Kreislauf funktioniert; ein Toter lässt sich allenfalls »aufblasen«, aber nicht beatmen!

Die Behandlungen von Patientinnen im Hirnversagen, die schwanger waren – in der Filderklinik und in Erlangen –, beweisen geradezu, dass solche Patienten zwar schwer krank sind, aber eben Patienten, also Lebende sind (10-11). Die Schwangerschaft und die Entwicklung eines Kindes im Mutterleib sind bis heute eine der verwunderlichsten, höchst integrativen Lebenserscheinungen, die wir kennen: soll ein solcher Mensch, der einem gesunden Kind das Leben schenken kann, tot sein? Wie konnte es zu seiner solchen merkwürdigen Vorstellung des Hirntodes als Tod des Menschen kommen?

Wir müssen festhalten: Patienten im irreversiblen Hirnversagen (»Hirntod«) sind schwerstkranke, sterbende Menschen, die trotz intensivsten medizinischen Bemühungen in relativ kurzer Zeit sterben werden (in Stunden oder Tagen), aber keineswegs bereits Gestorbene, also nicht Tote.

Den Patienten im Hirnversagen »für tot« zu erklären, wie es von der Bundesärztekammer getan wird, ist bio-logisch ein Un-Sinn, logisch-philosophisch nicht zu rechtfertigen, juristisch nicht haltbar.(9, 12, 13, 14, 15)

Die Aussagen der Bundesärztekammer oder anderer Gremien (12 – 17) können nicht unkritisch übernommen werden; im Zeitalter der selbstbewussten Menschen sind diese zu hinterfragen! Die Ausführungen der Bundesärztekammer sind zudem lediglich Richtlinien mit empfehlendem Charakter!

Es liegt eine fatale Verwechslung von Bewusstsein und Leben vor: Bewusstsein ist erloschen, Leben ist noch vorhanden!

Die Für-Tot-Erklärung

Wie ist es zu der Für-Tot-Erklärung des Menschen im »Hirntod« gekommen?

Schon der Vitalist X. Bichat hat 1800 vom Hirntod gesprochen – aber »vom Einfluss des Hirntodes auf den allgemeinen Tod«, von »der Verkettung der Erscheinungen des allgemeinen Todes, der im Gehirn beginnt«: Die Verkettung besteht aus elf Schritten, der Tod wird durch die künstliche Beatmung (Schritt 3) aufgehalten.

Also, der Hirntod war für ihn nicht der Tod des Menschen (18)!

Heute wird aber dieser Autor meist so zitiert, »*als ob*« er bereits vom Hirntod im Sinne der »Für-Tod-Erklärung« gesprochen hätte.

1959 sprechen Mollaret und Goulon vom Coma depassé, also »jenseits des Komas«, als *eine* Koma-Form von vielen. »Dieses Überleben nimmt in Wahrheit ein Ende, wenn der Herzstillstand definitiv ist«.(19)

Heute wird diese Arbeit zitiert, »*als ob*« Mollaret und Goulon mit dem Coma depassé den bereits eingetretenen Tod des Menschen beschrieben hätten.

Im Dezember 1967 fand die erste spektakuläre Herzverpflanzung in Kapstadt statt. Das technische Können war in den USA vorhanden, die Voraussetzungen für Organentnahmen jedoch unklar. So wurde eine Kommission eingesetzt mit der Aufgabe, eine Lösung dieses Problems zu finden. Diese Arbeit ist dann 1968 erschienen mit dem Untertitel: Report of the Ad Hoc Comitee of the Harvard Medical School to Examine the Definition of Brain Death.(20)

»Ad hoc« bedeutet: zu diesem Zweck gebildet oder gemacht. In der englischen Umgangssprache wird »ad hoc« auch verwendet mit der Bedeutung: auf die Schnelle, oberflächlich, ohne zu vertiefen.

Also bereits im Untertitel ist die Zweckorientierung von den Autoren selbst festgelegt!

Die Arbeit beginnt mit den Sätzen: »Unser primäres Anliegen ist, das irreversible Koma als neues Todeskriterium zu definieren. Es gibt zwei Gründe für den Bedarf an einer neuen Definition:

1. Der medizinische Fortschritt auf den Gebieten der Wiederbelebung und der Unterstützung lebenserhaltender Funktionen hat zu verstärkten Bemühungen geführt, das Leben
   auch schwerstverletzter Menschen zu retten. Manchmal haben diese Bemühungen nur teilweisen Erfolg: Das Ergebnis
   sind Individuen, deren Herz fortfährt zu schlagen, während
   ihr Gehirn irreversibel zerstört ist. Eine schwere Last ruht
   auf den Patienten, die den permanenten Verlust ihres Intel-
   lekts erleiden, auf ihren Familien, auf den Krankenhäusern
   und auf solchen Patienten, die auf die von diesen komatösen Patienten belegten Krankenhausbetten angewiesen
   sind.
2. Obsolete Kriterien *für die Definition des Todes können zu
   Kontroversen bei der Beschaffung von Organen zur Transplantation führen.*

Im ersten Satz ist der Zweck dieses Komitees genannt. Punkt 1
der Begründung hat zum einen damit zu tun, dass der Zustand
des Hirnversagens erst nach der Gründung der Intensivstatio-
nen beobachtet werden konnte. Aber »eine schwere Last« ist
bereits zu hinterfragen, denn die Nah-Tod-Erlebnisse, die damals schon bekannt waren, sprechen von einer Bewusstseins-
erweiterung, von Befreiung, aber keineswegs von Last (21–
37). Dass keine Bewusstseinsäußerung wahrnehmbar ist,
besagt nicht, dass gar keine Form von Bewusstsein vorhanden
ist. Zu der Bemerkung, »auf ihren Familien« möchte ich lediglich auf das empfehlenswerte Buch von K. Dörner (38, 39)
verweisen, der das Problem des tödlichen Mitleides hervorra-
gend behandelt. Die weitere Argumentation ist eine typische
bioethische.

Die Zweckgebundenheit der neuen Todesdefinition wird vom
Komitee selber im Punkt 2 sowie im Untertitel beschrieben.

Die Bemerkung: »obsolete Kriterien für die Definition des
Todes« ist eine nicht weiter begründete Behauptung. Warum
sollen die Kritereien veraltet sein?

Im zweiten Absatz wird die Intention weiter verdeutlicht: Wenn die Eigenschaften zufriedenstellend definiert werden und in die Tat umgesetzt werden können, so »werden viele Probleme verschwinden oder sie werden leichter zu lösen sein«. Wird hier nicht eine »um zu Ethik« praktiziert? An dieser Stelle möchte ich an die bedenkliche Aussage erinnern: »Die Ethik muss sich der Wissenschaft anpassen, nicht umgekehrt« (R. Edwards).

Bis heute können die zwei großen Kirchen offiziell noch so tun, *als ob* die Konstruktion des Hirntodes neutral wäre: »Noch heute umschreibt er (der Hirntod) allein das Krankheitsgeschehen ohne Bezug zu irgendwelchen Zwecken«, um sich dann wenige Zeilen später selbst zu widersprechen: »Der Hirntod bedeutet ebenso wie der Herztod den Tod des Menschen.«(40)

Wie erklärt sich, dass die Autoren dieses Papiers diese doppelte Widersprüchlichkeit nicht merken?

Glücklicherweise sind innerhalb der evangelischen Kirche in der Zwischenzeit die kritischen Stimmen immer deutlicher zu hören! Die Gleichsetzung Hirntod = Tod wird meist als nicht tragfähig dargestellt. (so z.B. 41, 42, 43)

Von katholischer Seite sind die Meinungen zweier Würdenträger interessant: »Das Leben erfordert immer unseren Respekt; weder der einzelne Mensch noch die Gesellschaft können das Leben angreifen, unabhängig vom Nutzen, das daraus resultieren kann.« Der Papst warnt die Ärzte »vor der Gefahr, das Leben eines Menschen zu beenden« – das Leben des Spenders. »Genauer gesagt existiert eine reale Wahrscheinlichkeit, dass das Leben, dessen Weiterleben durch die Entnahme eines lebendigen Organs verhindert wird, das eines lebenden Menschen sei; der Respekt gegenüber dem menschlichen Leben verbietet es, dieses Leben direkt oder positiv zu opfern, und sei es zugunsten eines anderen Menschen, der von sich meinen würde, er sei privilegiert.«(44) Und ein weiteres Wort: »Diejenigen, die durch Krankheit oder Unfall in ein irreversibles Koma fallen werden, werden oft getötet werden, um die Nachfrage nach Organen zur Verpflanzung zu befriedigen.«(45)

Kürzlich ist eine Erklärung des Erzbischofs zu Köln veröffentlicht worden, die folgende Passagen enthält:»Die Identifikation des Hirntodes mit dem Tod des Menschen ist aus christlicher Sicht beim derzeitigen Stand der Debatte nicht mehr vertretbar. Weder kann man daher sagen, der Hirntod bedeutet den Tod noch ist er ein Todeszeichen. Er ist auch nicht der Todeszeitpunkt. Alle Überlegungen zur Organspende haben daher davon auszugehen, dass ein Mensch, bei dem nach den Regeln der ärztlichen Kunst der Hirntod festgestellt wurde, noch lebt. Freilich … der hirntote Mensch ist ein irreversibel Sterbender … Bei der Frage, unter welchen Voraussetzungen Organe entnommen werden dürfen, ist also zu berücksichtigen, dass es sich beim hirntoten Menschen nicht um eine Leiche handelt.«(46) Leider haben sich beide Kirchen jedoch in offizieller, politisch wirksamer Form von ihrer Stellungnahme von 1991 noch nicht distanziert!

Die Reaktionen innerhalb der katholischen Kirche zu dieser Aussage sind methodisch interessant:»Das Problem der Feststellung des Todes ist an und für sich nicht doktrinärer Natur und das Lehramt der Kirche kann sich deshalb nicht damit befassen. Es handelt sich um eine wissenschaftliche Frage, die entsprechend den Kritereien der Medizin gelöst werden muss … Die gegenwärtig angewandten Kriterien für die Feststellung des Todes sind als wirksam zu betrachten, um mit moralischer Sicherheit zu einer Definition des eingetretenen Todes des Menschen zu gelangen.« (47) Haben hier Teile der katholischen Kirche ihre lange christliche und philosophische Tradition aufgegeben? Sie räumen das Feld mit der Behauptung, es sei Aufgabe der Ärzte, das Problem zu lösen. Was der Tod des Menschen ist, also die Ebene der Definition, ist eine Frage, die die Religion zentral betrifft! Will hier die katholische Kirche versuchen, sich die Hände in

Unschuld zu waschen? Die Aussagen diesbezüglich sind leider sehr widersprüchlich! (48)

»Strittig ist das Verhältnis des Hirntodes zum Tod des Menschen überhaupt. Der Hirntod ist selbstverständlich keine Definition des Todes, und er will auch keineswegs die Wirklichkeit des Sterbens und des Todes erschöpfend formulieren. Das Geheimnis des Todes ist viel umfassender und liegt letztlich in einem Bereich jenseits empirischer Feststellungen. Andererseits ist der Hirntod auch wieder eng verbunden mit dem Tod des Menschen, denn er ist seine sichere Feststellung. So haben wir damals bei der Erklärung »Organtransplantation« jede platte und banale Identifizierung abgelehnt, dafür aber die Formel gebraucht, dass der Hirntod ein *»reales Zeichen des Todes«* ist.

»Einige Fachleute, zunächst der Philosoph Hans Jonas und einige evangelische Ethiker sowie andere Experten, haben die These vertreten, die Hirntod-Feststellung bedeute zwar den Eintritt eines unaufhaltsamen Sterbeprozesses, sei gleichsam dessen irreversibler Beginn, sei aber nicht gleichzusetzen mit dem Tod als dem Ende des Sterbens. Diese Position erscheint beim ersten Hinsehen als bestechend, ist aber nicht so leicht vereinbar mit einer Organentnahme und mit einer Transplantation. Im Extremfall würde eine Organentnahme als aktive Tötung verstanden werden können, was selbstverständlich niemand will und auch reichlich schwer geahndet werden könnte. Daran würde sich auch grundsätzlich nicht viel ändern, wenn der Organspender zu Lebzeiten eindeutig seine entschiedene Bereitschaft zur Organspende bekunden würde (engste Zustimmungslösung). Es ist darum verständlich, dass einige Transplantationschirurgen, die seit Jahrzehnten mit großer Anerkennung ihren Beruf ausüben, erklärt haben, dass sie unter solchen Voraussetzungen – falls solche Anschauungen Eingang in das Gesetz bekommen sollten – sich angesichts der rechtlichen Grauzone nicht mehr imstande sähen, Transplantationen durchzuführen.«

Es ist ein trauriges Beispiel einer utilitaristischen Argumentation, die zudem im offenen Widerspruch zu päpstlichen Aussagen steht (44).

Im Zusammenhang mit dieser Arbeit (20) wird die Meinung des Papstes gerne referiert, der gesagt haben soll, dass »Hirntote« schon verstorbene Menschen seien.

Was hatte aber Papst Pius XII. wirklich ausgeführt?(50)

»Die Sakramente sind Kraft ihrer göttlichen Einsetzung für die Menschen dieser Welt während ihres irdischen Lebens bestimmt ... Wenn die Heilige Ölung noch nicht gespendet wurde, versuche man die Atemtätigkeit noch zu verlängern, bis es geschehen ist ... Doch lassen Überlegungen allgemeiner Art die Meinung zu, das menschliche Leben dauere so lange fort, als sich seine lebenswichtigen Funktionen von sich aus oder auch mit Hilfe von künstlichen Mitteln bemerkbar machen.«

Der Papst vertritt hier also keineswegs die Meinung, dass der beatmete »Hirntote« bereits tot sei; er wird aber immer so zitiert, *als ob* er das behauptet hätte!

Der größte Widerspruch, der bis heute einer Antwort bedarf, ist die Organentnahme, die in Narkose oder Teilnarkose stattfindet. Wenn der Mensch im »Hirntod« tot sein soll – warum dann eine Narkose? Oder ist er doch nicht tot? »Hirntote« zeigen eine Vielfalt von vegetativen Reaktionen, wie jeder andere Patient in Narkose auch (6 bis 9). Manche sagen: Wir führen eine Narkose durch, lediglich um vegetative Reaktionen zu unterdrücken – aber: gehören nicht vegetative Reaktionen zum Leben? Andere sagen: Eine Narkose wird durchgeführt, um das Personal im OP nicht zu beeindrucken! ...

Die Tatsache, dass eine Narkose durchgeführt wird – und sie *ist* notwendig! – beweist de facto, dass diese Menschen nicht Tote sind; man argumentiert aber so, *als ob* vegetative Reaktionen nicht zum Leben gehören würden, *als ob* die Narkose keinen Widerspruch darstellen würde.

Folgt man dem Menschenbild, das dem »Hirntod« zugrunde liegt, so liegt das »Zentrum« der Persönlichkeit im Gehirn, der

Träger der Person ist das Gehirn. Der nächste Widerspruch ergibt sich dann, wenn Teile von embryonalem Hirngewebe in Erwachsene (ins Gehirn) verpflanzt werden: werden nicht mit dem Träger auch Teile der Persönlichkeit übertragen?(5)

Gehirnverpflanzungen können nur bei noch lebendigem Gehirn vorgenommen werden. Die Entnahme eines bereits verstorbenen Gehirns eines Embryos zur Verpflanzung ist unsinnig – wie es nach dem Hirntod-Konzept aber zu fordern wäre!

In den Richtlinien der Bundesärztekammer zu diesem speziellen Bereich gilt als Todeskriterium das irreversible Aussetzen von Atmung und Herzschlag (sic!). (51) Diese Argumentation beweist, dass es sich bei dem »Hirntod«-konzept (als Tod des Menschen) nicht um eine wissenschaftlich bewiesene Tatsache handelt, sondern um eine rein utilitaristische Festsetzung – eine oberflächliche, willkürliche »Um-zu«-Argumentation!

Spätestens jetzt merken wir, dass der »Hirntod« als Tod des Menschen kein schlüssiges, tragfähiges Konzept ist, sondern eine »willkürliche Festsetzung« darstellt.

Einige methodische Bemerkungen

Es ist elementarste Pflicht jeder Wissenschaft und jedes Wissenschaftlers, die gemachten Schritte kritisch und erkenntnistheoretisch zu hinterfragen.

Aus kultur-historischen Gründen, deren ausführliche Schilderung den Rahmen dieser Arbeit bei weitem sprengen würde, gilt streng naturwissenschaftlich nur das als existent, was durch reduktionistische Methode wiegbar, zählbar und messbar ist; zudem gilt seit Descartes das Paradigma der materiellen Beschaffenheit der Welt.(52)

Zentraler Punkt des Hirntodkonzeptes ist die Festsetzung, dass Seele, Geist, Bewusstsein, Selbstbewusstsein und Rationalität am Gehirn alleine festzumachen seien. Es gibt aber keinen biologischen Grund, einen Teil (das Gehirn) für das Ganze zu setzen – was eine typische reduktionistische Vorgehensweise darstellt; in einem lebendigen Organismus umfasst die Gesamtheit stets den Bestand aller Teile, also aller Organe. Ein Organismus, das Ganze, ist jedoch mehr als die Summe seiner Organe, der Teile.

Streng naturwissenschaftlich gesprochen sind die Eigenschaften, die im Hirntodkonzept den Menschen ausmachen sollen (Seele, Geist, Bewusstsein, Selbstbewusstsein und Rationalität) methodisch gar nicht fassbar, weil immateriell, nicht wiegbar, nicht messbar und nicht zählbar: gerade diese Eigenschaften machen aber das Kernstück eines so definierten Personismus oder gehirnzentrierten Personizismus aus. Somit ist aber die Gleichsetzung: Hirntod ist gleich Individualtod nach den Aussagen der Naturwissenschaft selbst methodisch inkonsistent; biologisch ist diese Gleichsetzung nicht haltbar, da die wichtigsten konstitutiven Merkmale des Hirntod-Konzeptes aus Bereichen außerhalb der Biologie entliehen sind.

Karsten Vilmar (Präsident der Bundesärztekammer) schreibt aber immer noch, das Gehirn sei »als Zentrum des personalen Lebens« zu sehen (14.8.95).

Dieses Konzept setzt ebenfalls voraus, dass spezifisch menschliche Eigenschaften ausschließlich an das Gehirn gebunden seien: Dass das Gehirn aber viele andere Funktionen hat, die nicht nur spezifisch menschlich sind, ist eine evidente Tatsache. Der Mensch lebt, solange sein Organismus noch lebt – selbst mit Hilfe von Apparaten.

Der Mensch kann nicht nur als denkendes Wesen gesehen werden, sondern er ist auch ein biologisches Lebewesen. Etwa zwei Drittel aller Lebewesen auf unserer Welt haben kein Gehirn: Pflanzen, Einzeller, viele Tiere. Können wir diese als tot ansehen? Biologisch sicher nicht – man kann nicht das Gehirn mit Leben und den Hirntod mit Tod gleichsetzen! »Wir tendieren zu einer Überschätzung des Cortex und der Rolle des Bewusstseins, weil das Erleben unseres eigenen Ich mit diesem Bewusstsein aufs engste verbunden ist, und wir nehmen fast natürlicherweise an, dieser Bewusstseinszustand sei die höchste regulatorische Instanz in unserem Gehirn. Dies ist jedoch eine Selbsttäuschung. Unser Handeln wird weit weniger von unserem Überlegungen und Planungen bestimmt, als wir annehmen. Wenn man begründetermaßen von ›höchsten Hirnzentren‹ sprechen will, so muss man in erster Linie diejenigen Gehirnzentren nennen, die Bewusstsein, Gefühle, Gedächtnis und Aufmerksamkeit tatsächlich steuern, und dies ist das sogenannte limbische System, der Hippocampus, Teile des Thalamus und die retikuläre Formation des Mittelhirns und des verlängerten Marks, also überwiegend nicht neocortikale Hirngebiete. Diese interagieren mit dem Neocortex zum Zwecke der Verhaltenssteuerung und Handlungsplanung. Der Neocortex ist also nur ein Teil im Interaktionsnetz des Gehirns zum Zwecke der Wahrnehmung und Verhaltenssteuerung. Vor diesem Hintergrund ist es nicht gerechtfertigt, den Neocortex als den Sitz des ›eigentlich Menschlichen‹ anzusehen. Ein corticozentrisches Weltbild ist neurobiologisch nicht gerechtfertigt.«(53)

Wenn überhaupt, lässt ein solches cerebrocentisches Menschenbild die Lokalisation von kognitiven Fähigkeiten beziehungsweise deren Bewusstwerdung in das Großhirn zu, in die Großhirnrinde – es führt also unweigerlich, logisch zu Ende gedacht, zum sogenannten »Teil-Hirn-Tod«! Solche Tendenzen sind nicht nur zu befürchten – sie sind bereits veröffentlicht: mit typischer »Um-zu«-Argumentation wird gefordert, »anencephal« Geborene als Organ-Spender zu benutzen.(54)

Personale Identität nur an intellektiv-rationalen, gehirngebundenen Äußerungen festzumachen, mag verlockend sein, ist aber in seiner reduktionistischen Denkweise methodisch zu hinterfragen. Es gibt viele andere Eigenschaften, die wir als typisch menschlich bezeichnen, die nicht am Gehirn allein festzumachen sind (als Beispiel sei nur der aufrechte Gang erwähnt). Diese werden im »Hirntod-Konzept« schlicht ignoriert!

Ich möchte einige dieser Eigenschaften kurz nennen: Der aufrechte Gang, der in der Entwicklung der Menschheit die Weiterentwicklung des Gehirn induziert hat, die relativ frühe

Geburt, die absolute Hilflosigkeit am Anfang des Lebens, die lange Entwicklungsphase; die Entwicklungskrisen im Leben (Pubertät usw.), das Heranwachsen am Anderen, am Du des Anderen, das man unter anderem an der sogenannten Deprivationsforschung studieren kann; die Befreiung aus dem biologischen Reproduktionszwang, die Internalisierung, das Entwicklungsvermögen, die Sinnhaftigkeit sowie die Verantwortlichkeit (55 bis 66).

»Ein fundiertes Verständnis, das die Achtung vor dem ›Menschlichen am Menschen‹ bewahrt, beruht auf der Einheit von Gefühl und Verstand, Leiblichkeit und Zeitlichkeit, von objektiven Erkenntnissen und subjektiven Dimensionen der Erfahrung als integrierte neue Weisheit und Qualität«(67).

Es ist also nicht gerechtfertigt, das Menschsein am aktuellen Vorhandensein bewusster kognitiver Leistungen oder Zustände zu binden. Der Mensch ist mehr als nur Kognition!

Eine umfassende ganzheitliche Humanwissenschaft hat in Zukunft noch viel phänomenologische Arbeit zu leisten. Das Hirntodkonzept negiert elementare Individualität und subjektive Dimension von Menschsein. Das Bild vom Menschen ist das einer Maschine, über die »vernünftig« verfügt werden kann, wenn die Todeskriterien eingehalten werden. Alles, was sich bei einem »Hirntoten« noch regt und bewegt, wie zum Beispiel Herzschläge und Reflexe bis hin zu komplexen Greif- und Schreitbewegungen, soll »sinnlos« und »unbedeutend« zu vernachlässigen sein (67).

Das »Hirntod«-Konzept interessiert sich nur für den Zeitpunkt des Todes, »um zu« Organen zu kommen und Probleme angeblich zu lösen. Die typische menschliche Qualität des Sterbens als Prozess in der Biographie des Menschen wird ausgeklammert. Als Konzept soll es angeblich objektiv sein, aber wir werden angesprochen primär durch das körperliche, leibhaftige Antlitz eines anderen Menschen, durch diese subjektive Begegnung, nicht durch eine wie auch immer geartete Gehirnfunktion (67, 68, 69).

Das methodische Problem Subjektiv – Objektiv beschreibt R. Spaemann treffend: »Also nicht die unpersönlichste, sondern die persönlichste Wahrnehmung offenbart uns am meisten von dem, was die Wirklichkeit an sich selbst ist. Es gehört zu den immer noch nicht ausgeräumten Vorteilen des neuzeitlichen Denkens, etwas sei um so objektiver, je weniger subjektiv es ist« (70).

Dass ein Mensch sich uns gegenüber nicht mehr äußern kann oder mit uns auf verständlich rationaler Basis nicht mehr kommunizieren kann, sagt nur über die Störung oder den Ausfall dieser Fähigkeit etwas aus – es ist aber nicht zulässig, aus dieser Störung (und sei sie irreversibel wie im Zustand des Hirnversagens) den Schluss zu ziehen, dass dieser Mensch nichts mehr empfindet! Lediglich Ich als Beobachter habe keine Wahrnehmung einer möglicherweise doch vorhandenen Empfindung! Die Erfahrungen, Wahrnehmungen und Berichte von narkotisierten oder komatösen Patienten sollten uns zur extremer Vorsicht mahnen!

Aus oben angedeuteten methodischen Gründen gibt es rein naturwissenschaftlich keine exakt begründbare Grenze zwischen Leben und Tod. Aus diesem Grund ist das »Hirntod-Konzept« keineswegs eine Frage, die allein in der Kompetenz der Medizin oder der Naturwissenschaft liegt, sondern eine Aufgabe einer umfassenden phänomenologischen Anthropologie. Allein die Feststellung des irreversiblen Hirnversagens als Erkrankung ist Aufgabe der Mediziner – nicht aber die Gleich-Setzung »Hirntod ist gleich Tod«.

Das Hirntod-Konzept als eine wissenschaftliche Tatsache hinstellen zu wollen, erscheint dümmlich; das Hirntod-Konzept entspricht nicht dem naturwissenschaftlich nachgewiesenen Tod des Menschen, sondern stellt eine weltanschauliche Grundentscheidung dar, die ein Folge der Personendefinition ist. Diese Grundentscheidung hält jedoch einer genauen phänomenologischen Betrachtung nicht stand. Das Hirntod-Kriterium ist nicht wissenschaftlich belegbar, sondern ist (im besten

Falle) ein Produkt von Übereinkünften; als Tod des Menschen
war es historisch eine utilitaristische Setzung, die in der ersten
Phase interessanterweise ohne Begründung Bestand hatte. Das
Wort »Hirntod« ist eine Ambiquität der Begriffsbildung; nach
E. Bleuler ist Ambiquität aber ein Kennzeichen der Schizo-
phrenie!

Das Hirnversagen ist als Erkrankung im Wesentlichen un-
umstritten. Die Gleichsetzung mit dem Tod des Menschen ist
das Problem, das zu Recht immer mehr diskutiert wird.

»Ich möchte nur noch einmal mit großem Nachdruck darauf
hinweisen, dass die jetzt weiter andauernde Diskussion den
Gedanken der Organspende in der Bevölkerung zu gefährden
droht. Deshalb ist nunmehr Eile im Gesetzesverfahren geboten« (71). Diese Haltung scheint mir gesellschaftlich, ethisch-
philosophisch und methodisch-wissenschaftlich regelrecht gefährlich!

Vielmehr ist die ethische Grundlage zu stellen: *Müssen* entsprechend dem sogenannten Bedarf Organe zur Verfügung gestellt werden? Oder darf nur so viel transplantiert werden, wie
Organe freiwillig gespendet werden?(72)

Das ist eine Frage der Wertentscheidung; darüber die Diskussion abbrechen zu wollen, verrät merkwürdige autoritär to-
talitaristische Denkstrukturen!

Nach einer gesetzlichen Regelung wird immer dann gerufen, wenn Konflikte entstehen oder bestehen, von denen man
meint, sie seien nur administrativ zu lösen – obwohl jeder
spürt, dass das Problem selbst bei weitem nicht gelöst ist. Können ethische Probleme gesetzlich gelöst werden? Ob durch die
gesetzliche Regelung eines solchen umstrittenen Sachverhal-
tes Vertrauen und Ruhe entstehen kann, ist darüber hinaus zu
bezweifeln (73).

Die Hirntod-Definition nimmt für sich in Anspruch, eine
Definition zu sein: Eine Definition kann aber niemals das ersetzen, was an sicherem Wissen nicht vorhanden ist. Es erscheint im ursprünglichen Sinne des Wortes arrogant, anma-

ßend, ohne tieferes Nachfragen, aus Unkenntnis, etwas festsetzen und festschreiben zu wollen, was sich zudem einer redlichen wissenschaftlichen phänomenologischen Betrachtung anders darstellt.

Wir können Hans Jonas beipflichten: »Die Grenzlinie zwischen Leben und Tod ist nicht mit Sicherheit bekannt, und eine Definition kann Wissen nicht ersetzen. Der Verdacht ist nicht grundlos, dass der künstlich unterstützte Zustand des komatösen Patienten immer noch ein Restzustand vom Leben ist ... Das heißt, es besteht Grund zum *Zweifel* daran, dass selbst ohne Gehirnfunktion der atmende Patient vollständig tot ist. In dieser Lage unaufhebbaren Nichtwissens und vernünftigen Zweifels besteht die einzig richtige Maxime für das Handeln darin, nach der Seite vermutlichen Lebens hinüberzulehnen. Daraus folgt, dass Eingriffe, wie ich sie beschrieb, der Vivisektion gleichzuachten sind und unter keinen Umständen an einem menschlichen Körper stattfinden dürfen, der sich in diesem Äquivok oder Schwellenzustand befindet. Eine Definition, die solche Eingriffe dadurch autorisiert, dass sie diese als unäquivok stempelt, was bestenfalls äquivok ist, muss abgelehnt werden.« (74)

Ein weiteres Problem ist der oft stattfindende Wechsel der Diskussionsebenen: schwierige ethische Probleme werden nicht dadurch gelöst, dass organisatorische Kriterien diskutiert werden. Ein typisches Beispiel hierfür ist folgendes Vorgehen: Der Hirntod (als Tod des Menschen) wird von zwei an der Transplantation nicht beteiligten Ärzten festgestellt und soll dadurch objektiv sein! Durch dieses Vorgehen wird lediglich die Möglichkeit der unkorrekten Handhabung der Tests und der Kriterien reduziert – ob dadurch aber die Feststellung des Todes des Menschen objektiv wird, ist ein anderes Problem, das auf einer anderen Ebene diskutiert werden muss.

Den »Hirntod« als Individualtod aufrecht erhalten zu wollen, weil sonst die Organentnahme eine Tötung auf Verlangen darstellen würde (besser Tötung auf Erlaubnis im Falle der

engen Zustimmungslösung) ist eine merkwürdige Argumentation a posteriori. Diese ethisch und philosophisch fragwürdige
Argumentation würde einmal mehr die Zweckgebundenheit
des »Hirntod-Konzeptes« unterstreichen: die Organentnahme
ist ein tödlicher Eingriff in das Sterbegeschehen des Spenders
– die individuelle Verantwortung für diese Tat können wir Ärzte nicht dadurch abgeben, dass der Todeszeitpunkt vorverlegt
wird – von der Ärztekammer, vom Bundestag oder von wem
auch immer!

Verantwortung abgeben nennt I. Kant »selbstverschuldete
Unmündigkeit«:

»Aufklärung ist der Ausgang des Menschen aus seiner
selbstverschuldeten Unmündigkeit. Unmündigkeit ist das Un-
vermögen, sich seines Verstandes ohne Leitung eines anderen
zu bedienen. Selbstverschuldet ist diese Unmündigkeit, wenn
die Ursache derselben nicht am Mangel des Verstandes, sondern der Entschließung und des Mutes liegt, sich seiner ohne
Leitung eines anderen zu bedienen. Sapere aude – habe Mut,
dich deines eigenen Verstandes zu bedienen! Ist also der Wahl-
spruch der Aufklärung, Faulheit und Feigheit sind die Ursachen, warum ein so großer Teil der Menschen, nachdem sie die
Natur längst von fremder Leitung freigesprochen …, dennoch
zeitlebens unmündig bleiben; und warum es anderen so leicht
wird, sich zu deren Vormündern aufzuwerfen. Es ist so bequem, unmündig zu sein. Habe ich ein Buch, das für mich
Verstand hat, einen Seelsorger, der für mich Gewissen hat,
einen Arzt, der für mich beurteilt, usw.: so brauche ich mich ja
nicht selbst zu bemühen. Ich habe nicht nötig zu denken, wenn
ich nur bezahlen kann. Andere werden das verdrießliche Geschäft schon für mich übernehmen«(75).

Die »Externalisierung des Gewissens«, wie es H. E. Richter
nennt, ist mit einer Ethik der individuellen Verantwortung
nicht kompatibel(76).

In sprachlichen Formulierungen finden wir dann seltsame,
merkwürdig paradoxe, sich widersprechende Ausdrucksfor-

men: »Lebensfrische Organe eines Toten«; »Überlebenszeit des Spenderorganismus« oder »Hirntod-Syndrom« (Syndrome gelten nur für Lebende!); oder »Der Patient kann diesen Eingriff (also die Organentnahme) natürlich nicht überleben, weil er nach unserer Definition tot ist.« Es wird immer wieder betont, es gebe nur *einen* Tod: Wenn wir die Literatur daraufhin untersuchen, finden wir bei denjenigen Autoren, die von *einem* Tod sprechen, ganze 25 Benennungen des Todes – vom »wirklichen Tod« bis zum »Superintensivpatient«! Wir finden aber auch ans Blaspheme grenzende Sätze wie beispielsweise: »Bitte lassen Sie Ihre Organe auf der Erde, im Himmel ist bekannt, dass sie hier unten dringend gebraucht werden!«(77)

Einige sprechen gar von intermediärem Leben, von Superintensivpatienten! Der »Hirntote« habe lediglich ein »Sammelsurium von Leben«! Menschen, die solche Ausdrücke benützen, merken die Inkonsistenz solcher Worte nicht: schließlich benötigen wir Organe, die mehr als nur Sammelsurium von Leben haben! Wie ist die höchst komplizierte Koordinierung von Lebens- und Wachstumsvorgängen einer Schwangerschaft zu verstehen, wenn es »nur« Sammelsurium von Leben sein soll?

Diese Widersprüche werden in der Bevölkerung instinktiv wahrgenommen, spätestens seit den Behandlungen von Schwangeren im Hirnversagen in der Filderklinik und in Erlangen; so ist der Rückgang der Spendenbereitschaft zum Teil zu erklären.

Das typisch Menschliche wird im »Hirntod-Konzept« im Bewusstsein und in der Rationalität gesehen.

Wie Hans Georg Gadamer ausführt, ist das Wissen um die eigene Endlichkeit sowie die Bestattung das Grundphänomen der Menschwerdung; der Mensch ist das einzige Lebewesen auf Erden, das von Krankheit, Sterben und Tod weiß.(78-79)

Wir leben in einer Zeit, in der das Sterben als Prozess und der Tod verdrängt, tabuisiert werden. Denken wir an die Aufbahrungsräume in den Kliniken, an den Umgang mit Sterbenden – wir können wahrlich von einer »Un-Kultur des Sterbens« sprechen!

Die Angehörigen von Sterbenden werden in der Regel nach der Feststellung des »Hirntodes« nicht mehr zu ihren Sterbenden gelassen, »weil sie stören«.

Man versucht sie zu desavouieren, indem man sie als seelisch überfordert versucht hinzustellen: »Allerdings sind Angehörige psychisch und menschlich überfordert, wenn sie ausdrücklich die Einwilligung zur Organentnahme ... geben sollen. Daher ist eine gesetzliche Regelung anzustreben, wonach unter Beachtung des Willens des Verstorbenen die Organentnahme nicht von der Einwilligung der Angehörigen abhängig ist« (80).

Sind nicht in Wahrheit Ärzte und Pflegende überfordert? – Und wird nicht diese Unfähigkeit im Umgang mit Sterbenden bequemerweise als Überforderung auf die Angehörigen projiziert?

Diese nicht zugegebene Überforderung und Verdrängung kommt exemplarisch in folgenden Sätzen zum Ausdruck, die zudem ein erschreckendes Maß an Nichtwissen offenbaren in Bezug auf leibfreie Erfahrungen (21 bis 37): »Schon ein nur vorübergehend wirklich bewusstloser Mensch, der grundsätzlich wieder zu Bewusstsein kommen kann, solange sein Gehirn noch nicht vollständig und endgültig ausgefallen ist, kann keine entsprechenden Wahrnehmungen machen oder mitteilen. Ebenso wenig kann ein Sterbender, der bereits das Bewusstsein verloren hat, durch eine Sterbebegleitung getröstet und gestärkt werden, weil er sie im Zustand der Bewusstlosigkeit nicht wahrnehmen kann« (81).

Die Vollendung der Verdrängung stellt jedoch das »Hirntod-Konzept« selber dar: Der Beginn des Sterbeprozesses (also der sogenannte Hirntod) wird nun mit dem Tod *gleichgesetzt,* also mit dem *Ende* des Sterbeprozesses: Damit gibt es kein Sterben mehr!

Hans Jonas schreibt dazu: » Die Feigheit der modernen Säkulargesellschaft, die vor dem Tode als dem unbedingten Übel zurückschreckt, braucht die Versicherung (oder Fixion), dass er schon eingetreten sei, wenn die Entscheidung zu treffen ist. Die Verantwortung wertbeladener Entscheidung wird ersetzt durch die Mechanik wertfreier Routine.« (74)

Es gibt aber auch andere Argumentationsweisen zu diesem schwierigen ethischen Problem:

»Beim Hirntoten ist an Lebensäußerungen noch vieles möglich, was ihm im Leben vielleicht manchmal verwehrt war. So kann es bei einem solchen ›Toten‹ durchaus noch zu einer dauerhaften Erektion kommen. Aus der Sicht der Neurophysiologie handelt es sich dabei lediglich um einen Rückenmarksreflex. Aber was heißt hier ›lediglich‹? Irgendwann wird auch das neurophysiologische Korrelat unserer sublimsten Lebensregungen – Liebe, Staunen, Dankbarkeit etwa – aufgewiesen sein. Werden wir dann sagen, dass es sich dabei auch lediglich um ein neurophysiologisches Geschehen handele und wir, die wir diese Lebensregungen empfinden, eigentlich tot seien? Wie konnte es zu diesem seltsamen Konzept vom Tode des Menschen kommen? … Es ist erstaunlich, dass es immer noch Mediziner gibt, die wider alle Vernunft tatsächlich der Ansicht sind, dass es sich beim Hirntod um den naturwissenschaftlich belegten Tod des Menschen handle und nicht um eine philosophische Definition. Natürlich werden bei der Bestimmung des Hirntodes naturwissenschaftliche Geräte zur Messung eingesetzt. Natürlich ist die Auswahl der Kriterien für die Messung an naturwissenschaftlichen Parametern orientiert, und ebenso natürlich ist auch die Definition schon im Hinblick auf naturwissenschaftliche Geschehnisse erfolgt. Zuschreibung des Hirntodes zum Tod des Patienten steht jedoch völlig außerhalb jeder Naturwissenschaft und macht gerade das Mark und das ›Herzstück‹ des Hirntodkonzeptes aus« (5).

Und eine weitere Stimme: »Zwischen der medizinischen Diagnose ›Hirntod‹ und der rationalen Deutung ›personaler Tod‹ liegt eine Kluft, die man nicht überbrücken, wohl aber

übersehen kann. So ist aus der medizinischen Diagnose
›Hirntod‹ die juristische Tatsachenfeststellung ›Tod‹ geworden. Damit wird allenfalls ein juristisches, aber kein medizi-
nisches Problem gelöst. *Die Gleichsetzung ist medizinisch
nicht richtig, sprachlich ein Unding, juristisch nicht geboten*
(Hervorhebung d. Verfassers). Der diagnostizierte Zustand ist
medizinisch mit ›Hirntod‹ eindeutig bezeichnet. Spricht man
bereits vom Tod, verliert die Rede vom ›sterben lassen‹ ihren
Sinn. Hirntote könnten, Tote können nicht mehr sterben.
Dann fehlt ein Wort, um zu benennen, was das ist, wenn denn
der ›Tote‹ wirklich stirbt … Geht man von einer anthropologischen Deutung aus, nach der ›lebend‹ die Fähigkeit der
Selbststeuerung des Leibes als Ganzheit voraussetzt, so stehen nach einem weitgefassten Verständnis dem Zustand ›lebend‹ äußere Hilfen zur tatsächlichen Aufrechterhaltung der
nach Hirnausfall verbleibenden Leibeseinheit nicht entgegen.
Das Beatmungsgerät ist eine Prothese, die bestimmte Hirn-
funktionen substituiert. Nach enggefasstem Verständnis könnte aber auch schon ein Zustand als tot gelten, der keine
eigentlich menschliche Kommunikation oder Reaktion mehr
erlaubt. Selbst die Unfähigkeit sich zu bewegen oder zu sprechen ist schließlich auch bereits ein Verlust an selbstge-
steuerter Lebenseinheit und -ganzheit.

Geht man der rationalen Deutung – welcher auch immer – auf
den Grund, findet man in der Regel heraus, was man zuvor hin-
eingedeutet hat. Der Hirntod gilt heute als Todeszeichen, weil
man, als man 1968 den Hirntod als solches definierte, auf der
Suche nach einem verlässlichen Todeszeichen war. Die Brücke,
die die empirischen Aussagen mit der rationalen Deutung zwingend vermittelt, fehlt. Wir wissen, dass der Hirntod ein Über-
gangszustand im Sterbeprozess ist, ein Augenblick zwischen
Leben und Tod, der aber technisch festgehalten werden kann.
Wir wissen auch, dass der Sterbeprozess dem Leben zuzurechnen ist. In welchem Augenblick genau das Sterben abgeschlossen wird, weiß niemand und wird wohl niemals jemand wissen.

Es herrscht also prinzipielles Nichtwissen darüber, ob der Hirntote noch lebt oder schon gestorben ist. Jeder Versuch zur Legitimation künstlicher Sterbeverlängerung und der Organentnahme muss dann von diesem Zustand prinzipiellen Nichtwissens ausgehen. Das ist aus zwei Gründen eine missliche Lage: Erstens ist ein moderner Wissenschaftsbetrieb zwar mit faktischem Nichtwissen vertraut. Noch-nicht-Wissen ist die raison d'être jedes Wissenschaftsbetriebes. Mit dem Gedanken prinzipiellen Nichtwissens kann sich aber ein Wissenschaftsbetrieb aus diesem Grunde nur schwer abfinden. In dem Satz *Wir wissen nicht und wissen, dass wir niemals wissen werden* stößt die Wissenschaft an ihre Grenze. Und sie wird gerne unterlaufen: was nicht festzu*stellen* ist, wird fest*gesetzt*. Zweitens lässt sich in einer ethisch offensichtlich relevanten Sache auf Nichtwissen allenfalls die Legitimation einer Unterlassung gründen. Durch Nichtwissen lässt sich aber nicht eine Handlung legitimieren, die, wenn wir wüssten, womöglich unsittlich wäre« (82).

Ausblick

Auf gesetzlicher Ebene wird zur Zeit kontrovers diskutiert, ob der »Hirntod als Tod des Menschen« gesetzlich festgeschrieben werden soll. Eine Festschreibung wäre sehr problematisch, da dann alle gezwungen werden, dieses Krankheitsbild als Tod des Menschen zu sehen. Nur eine Nicht-Festschreibung garantiert die grundgesetzlich festgelegte Freiheit aller Bürger.

Selbstverständlich hat der Gesetzgeber dafür zu sorgen, dass Missbrauch unterbunden wird.

Das Hirnversagen sollte im Gesetz erscheinen als operatives Kriterium, also als Zeitpunkt, ab dem Organe entnommen werden können.

Eine normative Festlegung (»Hirntod« *ist* Tod), ob direkt oder indirekt, würde gegen Artikel 2 des Grundgesetzes verstoßen: Im Zweifel müssen sich Gesetzgeber und Ärzte *für* das Leben entscheiden!

Zweifelsohne stehen wir vor Rechtfertigungsproblemen: Hinderliche Verfassungsbestimmungen können jedoch nicht einfach durch Umdefinition phänomenologischer Tatsachen ausgeblendet werden!

Die Verpflichtung, potenzielle Organspender melden zu müssen, verstößt gegen die Gewissensfreiheit – sollte daher im Gesetz nicht erscheinen.

Heftig umstritten ist die Art und Weise, wie der Wille beziehungsweise die Zustimmung des Spenders geartet sein soll.

Einige möchten die sogenannte Widerspruchslösung:

Wer nicht widersprochen hat, ist für eine Organentnahme. Diese Lösung rechnet explicit damit, dass viele Bürger keine Äußerungen treffen, somit als Spender zur Verfügung stehen würden; sie rechnet also mit der Unmündigkeit des Bürgers – wie könnten aber Politiker, die immer vom mündigen Bürger sprechen, ein Gesetz verabschieden, das mit dem unmündigen Bürger rechnet?

Diese Lösung kehrt ein altes noch gültiges Rechtspinzip um, wonach ein Schweigen nicht als Zustimmung interpretiert werden darf.

Dass man damit Angehörige schonen würde, da sie nicht mehr entscheiden müssten, ist schlicht zynisch!

Nach vielen, heftigen Diskussionen scheint diese Lösung politisch nicht durchsetzbar – das ist gut so.

Die zweite Variante ist die Informationslösung. Mit den Angehörigen wird eine Zeitspanne vereinbart: wenn sie sich bis zum vereinbarten Zeitpunkt nicht äußern, wird das als Zustimmung zur Organentnahme gewertet. Für diese Lösung gelten die gleichen Kritikpunkte wie für die Widerspruchslösung.

Die dritte Möglichkeit ist die Zustimmungslösung. Diese teilt sich wiederum in enge Zustimmung: nur der Betreffende selber kann für sich entscheiden, ob er Spender sein will – es gilt also nur eine aus früheren Zeiten stammende Willensäußerung. Die erweiterte Zustimmung sieht vor, dass die Angehörigen gefragt werden und entscheiden sollen.

Angehörige dürfen aber nur gewohnheitsrechtliche Dinge für den *Verstorbenen* entscheiden, also zum Beispiel die Art der Bestattung. Ob der Leichnam jedoch einer Universität beispielsweise überlassen werden soll, dürfen Angehörige nicht entscheiden – nur der Betreffende selbst.

Hier sollen aber Angehörige entscheiden dürfen, ob einem *Sterbenden* Organe entnommen werden dürfen – eine unvorstellbare Vorstellung für eine solch sensible Situation! Ich denke auch, dass Eltern nicht für ihre Kinder entscheiden sollten – die Problematik ist zu heikel!

Nur ein uneingeschränktes und offenes Ja zur engen Zustimmungslösung würde dem Spender die Würde der freien Entscheidung geben, die nötig ist, damit die Organentnahme wirklich den Namen Spende verdient!

Die Empfänger werden oft psychologisch betreut – das ist notwendig und gut so. Die Angehörigen von Spendern müssen genauso betreut werden, da sehr oft existenzielle Fragen auftreten, die zu schweren Krisen führen können. Dieser Aspekt ist bis heute in der Transplantationsmedizin leider vernachlässigt worden.

In der Bibel steht zu lesen: »Wie ihr wollt, dass die Menschen an euch handeln, so handelt an ihnen« (Lukas VI, 31). Dieser Satz verpflichtet uns, als Mensch aufrichtig zu argumentieren, nicht zu handeln, um der Befriedigung eines aktuellen Interesses nachzukommen, nicht, um bestimmte Interessen durchzusetzen, sondern auch die Folgen einer Handlung zu berücksichtigen. Es gehört ebenfalls zu den typischen menschlichen Eigenschaften, dass wir zur Aufrichtigkeit und zur Redlichkeit fähig sind: es sind Elemente, die die Würde des Menschen mitbegründen. Eine Neudefinition oder eine zweckorientierte Festsetzung, die durchgeführt wurden, um leichter Organe zu bekommen, an der phänomenologischen Realität vorbei, entwürdigt zunächst denjenigen, der so handelt. Wir können davon ausgehen, dass kein Mensch unaufrichtig und unredlich behandelt werden möchte!

Nur dann kann die Transplantationsmedizin die Akzeptanz in der Bevölkerung finden, die ihr berechtigterweise zusteht – schließlich ist sie auf »Organspender« angewiesen!

Selbst bei einer ethisch korrekten, nicht zweckorientierten Argumentationsweise zum Phänomen »Hirntod« bleiben noch viele gewichtige Fragen offen.

Zum Schluss möchte ich einige Thesen aufstellen:

1. Die Transplantationsmedizin hat ihren berechtigten Platz im Rahmen der heutigen medizinischen Bemühungen.
2. Der Beweis, der Hirntod sei der Tod des Menschen, ist von den Befürwortern dieses Konzeptes konsistent zu führen; der Beweis, dass lediglich das aktuelle Vorhandensein bestimmter Eigenschaften angeblich den Menschen zur Person mache (Personen-Definition des Präferenz-Utilitarismus und anderer Richtungen) ist von den Befürwortern selbst zu erbringen.

   Den Kritikern dieser Konzepte die Beweis-Inkonsistenz-Führung aufbürden zu wollen ist methodisch eine bequeme Beweislastumkehr und somit inkonsistent.
3. Die Freiheit, die selbstverständlich dem Empfänger zu Recht zugestanden wird, muss für den Spender uneingeschränkt gelten – andernfalls verliert das Wort Organ-SPENDE seine Bedeutung.
4. Dem Spender muss unsere besondere ethische Sorgfaltspflicht zukommen, da er sich nicht mehr äußern kann.
5. Statt »Hirntod« müssen wir von irreversiblem nekrotisierendem Hirnversagen sprechen: es sind schwerstkranke, sterbende Patienten, aber nicht Tote.
6. Die Organentnahme beendet durch den Eingriff selbst das Leben dieses Sterbenden.
7. Explanteure müssen die Verantwortung übernehmen für das, was sie tun, auch wenn es unbequem und schwer zu tragen ist.

8. Verantwortung wird nicht dadurch schon aufgehoben, dass sogenannte »hirntote« Menschen wider besseres Wissen für tot erklärt werden. Eine definitorische Festsetzung kann nicht das ersetzen, was an Wissen fehlt.

9. Die Verantwortung für das eigene Handeln kann nicht delegiert werden; sie kann auch nicht an der Garderobe des Bundestages durch eine definitorische Festlegung abgegeben werden.

10. Das irreversible Hirnversagen kann als operatives Kriterium gelten, also als Zeitpunkt, ab dem Organe entnommen werden dürfen, wenn

11. die Kriterien und die Tests für die Feststellung des Hirnversagens strenger gehandhabt werden als heute üblich; und wenn

12. die Zustimmung des Patienten aus früheren Zeiten schriftlich vorliegt (enge Zustimmungslösung).
Wenn diese Bedingungen erfüllt sind, ist die Organentnahme straffrei gestellt.

13. Die Freiheit der Gewissensentscheidung – ob sie bei einer Transplantation mitwirken können oder wollen – muss für Pflegende und Ärzte gleichermaßen gelten; Benachteiligungen irgendwelcher Art am Arbeitsplatz dürfen nicht entstehen.

Im Sinne dieser Argumentation finden sich viele Stellungnahmen, die nicht einfach übergangen werden können. Ich möchte nur einige erwähnen: Arbeitsgemeinschaft Deutscher Schwesternverbände (ADS), Deutscher Berufsverband für Pflegeberufe (DBFK), Ärzte gegen den Atomkrieg (IPPNW, Kongress Nürnberg 96), Stellungnahme der katholischen Kirche, Stellungnahmen des Kirchenamts der Evangelischen Kirche Deutschland; Wissenschaftler für ein Transplantationsgesetz; Für eine enge Zustimmungslösung, drei Thesen für ein Transplantationsgesetz mit Unterschriftensammlung; Frankfurter Appell zur Organtransplantation.

Folgende Einzelstellungnahmen sind hierzu wichtig und aufschlussreich: Prof. Dörner, Dr. Klein, Prof. Geisler, Prof. Sachs, Prof. Höfling.(83)

Weitere Organisationen und Gesellschaften haben sich in diesem Sinne geäußert: Lebenshilfe, Humanistische Union, Gesellschaft Anthroposophischer Ärzte, Zentralrat der Juden, Berliner Initiative für die Zustimmungslösung, Interessengemeinschaft Angehöriger, Dokumentationszentrum Organtransplantation.

Es kann eine Aufforderung zur Entscheidung (ob ein Bürger Spender sein will oder nicht) oder eine Hilfestellung geben, aber keinen Zwang, sich entscheiden zu müssen; auch eine Nichtentscheidung ist zu respektieren. Eine Aufklärung der Bevölkerung darf weder tendenziös noch leicht moralisch verurteilend sein! Es handelt sich um eine schwierige Materie, die mit dem adäquaten Ernst behandelt werden muss! Sie kann weder den Interessen von Betroffenenverbänden noch den Ärzten noch der Bundeszentrale für Gesundheitsaufklärung alleine überlassen werden, die zur Zeit eine Interessen-orientierte Desinformation oder Irreführung betreibt (84).

Nur auf der Basis einer redlichen Argumentation, auf der Basis einer aufrichtigen Würdigung der Phänomene, im Respekt der Freiheit aller Beteiligten lässt sich eine in sich konsistente ethische Betrachtung führen. Nur dann kann die Transplantationsmedizin den Respekt und den Platz innerhalb der medizinischen Bemühungen bekommen, der ihr zu Recht zukommt! Nur auf diese Weise kann sie das Vertrauen in der Bevölkerung wieder erlangen – Vertrauen, das in beträchtlichem Maße in den letzten Jahren verlorengegangen ist.

Nur eine solche Haltung respektiert die Individualität des einzelnen Menschen und kann als individual-ethische Entscheidung dem heutigen Bewusstsein des Menschen gerecht werden.

Gespräch nach dem Vortrag von Paolo Bavastro

Schürholz: Ich möchte noch einmal auf die hirntote Schwangere näher eingehen, die bei uns behandelt wurde. Sie war zunächst in einem anderen Krankenhaus aufgenommen und behandelt worden. Die Schwangerschaft war dort festgestellt worden. Das Hirnversagen war nach den Richtlinien der Bundesärztekammer ebenfalls dort festgestellt worden. Der Wille des Kindsvaters war uns ebenfalls bekannt. So war die Situation, als wir die Patientin aufgenommen haben. Uns war klar, dass die Aufnahme Schwierigkeiten bei den Mitarbeitern hervorrufen würde, dass es auch Schwierigkeiten mit den Kollegen geben würde; doch nur im Konsens aller Beteiligten konnten wir eine Behandlung übernehmen; dazu war es notwendig, den Pflegenden und den Therapeuten unsere Gesichtspunkte zu erläutern: Es handelt sich um eine schwerstkranke Patientin im irreversiblen Hirnversagen, die schwanger ist. Wir wollten dazu beitragen, dass das Kind ausgetragen wird. Für uns alle war die Patientin nie eine »Tote« – phänomenologisch und vom Erleben als Tat-Sache. Dadurch hatten wir auch mit den Krankenkassen keine Schwierigkeiten.

Bavastro: Die wesentlichen diagnostischen Schritte waren bereits in dem Vorkrankenhaus geschehen. In der Zeitschrift für Medizinische Ethik wird in Kürze eine ausführliche Arbeit von dem dortigen Arzt und von mir über den Verlauf erscheinen mit entsprechender Diskussion auch in Bezug auf die Folgen für die »Hirntod«-Diskussion.

Wir hatten beispielsweise kürzlich auf der Intensivstation einen jungen Patienten, der nach einer Spontan-Hirn-Blutung in das irreversible Hirnversagen kam, er war sichtbar ein Sterbender. Die entsprechenden Kriterien waren erfüllt. Wir konnten es wahrnehmen, dass er sich immer mehr entfernte. Die Eltern, die in bewundernswerter Weise ihren Sohn begleiteten, waren nicht gewohnt, in solchen Wahrnehmungskategorien zu denken. An einem Tag, an dem wir wahrgenommen hatten: »Jetzt stirbt er«, sagten uns die Eltern: »Heute nehmen wir wahr, dass er geht«. Die Wahrnehmung dieses imponderabilen Vorgangs geschah ohne Änderung der äußeren, messbaren Parameter.

Dass wir bei einer solchen würdigen – man könnte sagen »heiligen« – Stimmung im Raum die Frage nach einer Organ-Entnahme nicht gestellt haben, versteht sich von selbst.

In einem späteren Gespräch sagte mir die Mutter, sie sei uns für diese Haltung und für das Nichtstellen dieser Frage dankbar.

Marcovich: Da Sie vorher gesagt haben, was nicht messbar ist, existiert nicht, möchte ich Ihnen eine Strophe eines Gedichtes von Erich Kästner zitieren:

> In ihren Händen wird aus allem Ware
> in ihrer Seele brennt elektrisch Licht
> sie messen selbst das Unberechenbare
> was man nicht zählen kann, das gibt es nicht.

Ich finde das sehr passend für das, was heute in der Medizin geschieht.

Durch die Diskussion über computer-simulierte Realität, Virtual Reality, entsteht die Frage: Was ist eigentlich Wirklichkeit, was ist Bewusstsein, was ist Erleben? Ich erinnere mich an einen sehr interessanten Artikel zum Tourismus: Der Tourismus werde deswegen zum Erliegen kommen, weil man in Zukunft die Simulation des Erlebnisses besser machen kann als das, was man vor Ort erlebt; die Menschen werden nicht mehr irgendwo hinfahren, um dort zwischen vielen Autobussen und unter vielen anderen Menschen den Sonnenuntergang vielleicht bei einem halbbedeckten Himmel gar nicht so schön zu sehen, sondern sie werden sich das im eigenen Heim ohne Aufwand vorspielen. Sportübertragungen sind bereits viel besser als die Wirklichkeit: statt zu einem Skirennen hinzufahren, eiskalte Füße zu bekommen und jede Minute nur kurz einen Skifahrer vorbeifahren zu sehen, ist es bequemer, sich vor den Fernseher zu setzen und dort bereits das Gesicht des Rennläufers vor dem Start in Großaufnahme zu sehen und ihn dann die ganze Strecke verfolgen zu können. Das hat mir eingeleuchtet und gleichzeitig zu denken gegeben: es geht weiter, dass Sie sich heute auch Cyber-Sex und andere Dinge vorspielen können; es ist beispielsweise die Frage, was das sexuelle Erlebnis ist, oder was bedarf es dazu, um es zu haben.

In einem Buch von J. Bauriard: »Die Agonie des Realen«, geht der Autor der Frage nach: Was ist real? Schon der Titel zeigt, dass es bereits zu Auflösungserscheinungen kommt; er beschäftigt sich zum Beispiel mit der Frage, ob ein Simulant krank ist oder nicht. Denn wenn er so gut simuliert, dass tatsächliche Krankheitserscheinungen entstehen, dann muss ich ihn eigentlich als krank einstufen! Das alles gipfelt für mich in der Frage: Was ist Wirklichkeit, was ist Erleben und was ist Bewusstsein? Was erlebt ein Mensch im Hirnversagen, der zwar in seinen kognitiven und kommunikativen Fähigkeiten nicht mehr in der Lage ist, mit uns zu kommunizieren? Aber wo ist denn Leben, Erleben, Bewusstsein?

Kirn: Was Sie beschrieben haben, gibt es in der Rechtsprechung schon seit langem unter dem Begriff Renten-Neurose: Jemand redet sich ein, er sei krank, damit er mehr Rente bekommt, und wird tatsächlich so krank, dass dann ein Krankheitsgefühl entsteht; das wird dann anerkannt als Berechtigung für ein Rentenbezug.

Wir werden dem Wirklichkeitsverlust im modernen gesellschaftlichen Leben nur dadurch standhalten, dass wir lernen, die uns begegnenden Dinge auf die Wesensebenen des Menschen zu beziehen, als die Orte, an denen bestimmte Arten von Weltereignissen zur Erscheinung kommen und Realität gewinnen; diese Orte muss man definieren als in der Gliederung des Menschen gegeben. Von der Organtransplantation kann man in diesem Sinne sagen, dass eigentlich nicht ein Organ transplantiert wird, sondern eine Organfunktion, das ist ein Element des Lebens-Leibes, und der physische Leib baut Widerstand dagegen auf.

Die andere Frage von Herrn Bavastro muss juristisch offenbleiben: Wie muss es im Sozialen eingeordnet werden, dass die Möglichkeiten oder die Wirklichkeit des Sprechens zwischen den Betroffenen stattfinden kann? Es ist weitgehend die gleiche Situation wie bei dem Schwangerschaftsabbruch. Ich halte es für richtig, wenn Sie sagen, der Gesetzgeber muss es freigeben an einer bestimmten Stelle, aber durch Rahmenbedingungen Missbrauch verhindern. Nur reicht das allein nicht aus, wenn es nicht gelingt, auch das ökonomische Interesse daran zu zügeln und auf der anderen Seite das menschlich-geistige Interesse zu wecken.

Bavastro: Die Transplantation ist um einiges komplizierter als die Abtreibung, insofern schwer vergleichbar.

Schad: Ich möchte die Frage nach der Wirklichkeit aufgreifen. Wir vertrauen mehr unseren Begriffssystemen als unseren Wahrnehmungen. In der physischen Realität verstehen wir kausal gerade nur das, was den Erhaltungssätzen unterliegt; das was Descartes »res extensa« nannte, ist danach real. Er anerkannte ebenso die »res cogitans«. Da steht geistesgeschichtlich der Platonismus dahinter: Es gibt die eine Welt und die andere Welt. Wir leben so in einem Dualismus. Für unsere Frage nach einem tragfähigen Monismus ist Franz Brentano (1838–1917) eine große Hilfe, der ganz bestimmte Grundlagen für die Psychologie geliefert hat, darunter einen Realitätsbegriff, worunter auch alle evidenten Erfahrungen im Psychisch-Geistigen mit als real bezeichnet werden. Sein Grundsatz war: In der Psychologie sollte es keine andere Methode geben als die der Naturwissenschaft, wobei er nicht die materialistische Methode meint, sondern die des allgültigen Erfahrungsprinzips. Es muss immer wieder das Erfahrungsprinzip hochgehalten werden. Wenn man diesen Realien-Begriff von Brentano verwendet, dann ist man heraus aus dem, immer noch etwas beweisen zu müssen, was als Metaphysik und Transzendenz abgelehnt wird, wenn die hard science kommt. Es geht hier um einen weit genug reichenden Wirklichkeitsbegriff. Dann muss man sich von Plato und Descartes trennen, um sich auf eine aristotelische geistesgeschichtliche Linie zu begeben, die von Franz Brentano in interessanter Weise herausgearbeitet worden ist. Er hatte in den achtziger Jahren des letzten Jahrhunderts in Wien wenige Zuhörer an Studenten, weil seine Inhalte gedanklich anspruchsvoll vorgetragen wurden. Zu den frisch gebackenen Studenten gehörte damals Rudolf Steiner. Ich führe das Motto der »Philosophie der Freiheit« auf diese Begegnung zurück: »Seelische Beobachtungsresultate nach naturwissenschaftlicher Methode«. Dies ist ganz deutlich die Methode von Franz Brentano: In der seelischen Erfahrung deutlich zu unterscheiden, wo nehme ich wahr und wo arbeite ich begrifflich. So auch in der seelischen Erfahrung und ihrer erkenntnismäßigen Verarbeitung, wobei einerseits die naturwissenschaftliche Methode ihrer positivistischen Kälte behoben wird und auf der anderen Seite unsere Denkvorgänge so anzusetzen sind, dass sie auflichten könnten, was sonst zu dunkel bleibt. Ich möchte Franz Brentano empfehlen: Er wirft nicht alles durcheinander in einem undifferenzierten Monismus, sondern er fragt, was der Unterschied zwischen den Realien ist, die ich sinnlich beobachten kann, und den Realien, die physischer Natur sind, und findet das entscheidende Kriterium heraus, was noch heute in der Psychologie gilt: Alles Seelische ist intentionale Beziehung, hingegen alles Physische hat keine Intentionalität. Seine Unterscheidung trägt bis heute. Ob mit Intention oder ohne Intention, jedesmal ist das Psychische und das Physische real erfahrbar. Er ist eben ungeniert Empiriker, der sinnlichen wie der übersinnlichen Erfahrung gegenüber.

Marcovich: Aber das heißt Subjektivität der Realität, und das heißt zugleich Relativität der Realität.

Schad: Diese Feinheiten müssten wir noch untersuchen. Ich wollte nur diesen Namen nennen, weil ich glaube, er ist für unser Anliegen fruchtbar, für die physiologischen und psychologischen Grundlagen unseres Anliegens gleicherweise.

Ich habe noch eine kleine empirische Frage an Sie: Sie haben von den Eltern erzählt mit dem Jungen im Hirnversagen; man hätte etwas wahrnehmen können – was war das?

Bavastro: Auf der Intensivstation versuchen wir seit Jahren, uns gegenseitig in der Wahrnehmungsfähigkeit zu helfen: Wenn man zu einem Patienten geht, kann man eine reale Erfahrung machen, einen Eindruck gewinnen. Heute gefällt er mir nicht, sagen wir dann beispielsweise. Wir fragen uns dann gegenseitig: An welchen Erscheinungen kannst du es festmachen, an was liest du es ab, an was merkst du das, versuche es zu verbalisieren! Diese Fragen können eine große Hilfe sein, sich selbst zu hinterfragen, die eigene Wahrnehmungsfähigkeit zu schärfen. Wenn die Erfahrung stimmt, wenn ich sie als real nehme, dann hat sie einen Wahrheitsgehalt: Ich muss dann hinterfragen, an welchen »Elementen« ich das festmache. Medizinische Parameter wie Blutdruck, Puls, Temperatur, Laborwerte usw. spielen eine Rolle, aber zunächst eine untergeordnete. Ich nehme viel mehr beispielsweise Gesichtszüge, Physiognomie, Spannungszustand der Haut, Temperatur, Schwitzen, Bewegung, Atmung wahr. Bei bewusstlosen Patienten stehe ich gerne eine kurze Zeit am Bettende und stürze mich nicht gleich ins Medizinisch-Technische. Ich betrachte den Patienten mit der inneren Frage, was mir entgegen kommt. Sehr hilfreich ist es, einfach die eigene Hand auf die Hand des Patienten zu legen: die Konsistenz, der Turgor der Haut, die wahrgenommene Temperatur (nicht die gemessene), das feuchte oder trockene Schwitzen – das sind entscheidende Elemente.

Oft lässt sich wahrnehmen, ob ein Patient noch kämpft, um hierzubleiben, oder ob er bereits die Entscheidung aus seinem höheren Ich getroffen hat und sich auf dem Wege in den Tod befindet. Es ist dann eine andere Spannung wahrzunehmen. Ich kann diese Realien noch nicht so richtig lehrbar in Worte formulieren. Diese Wahrnehmungen sind nicht exakt quantifizierbar, aber es ist eine reale Phänomenologie, und ich glaube, man kann sich sehr gut schulen. Man kann wahrnehmen, dass verschiedene Menschen, die sich um einen Patienten bemühen, wenn sie sich um die Bewusstwerdung dieser Wahrnehmung bemühen, dann auch zu einer einheitlichen Wahrnehmungs- und Urteilsfähigkeit kommen. Man kommt dann tatsächlich zu einer Objektivität! Man kann einem Patienten ansehen, ob er eine Entzündung hat, ob es ihm besser geht oder nicht – ich meine aber nicht die Erfahrung des Berufes, sondern eine feinere Wahrnehmungsfähigkeit.

Selbst technische Parameter können rein technisch gelesen werden oder aber in ihrer phänomenologischen Sprache. Ein hoher Blutdruck kann ein Zeichen sein für einen noch vorhandenen Inkarnationswillen; ein sinkender, nicht mehr therapierbarer Blutdruck kann einen Exkarnationswillen bedeuten. Bei schwerkranken Patienten ist eine Starre der sonst schwankenden Parameter wie Puls, Blutdruck, Temperatur usw. zu sehen: die physiologische Beweglichkeit ist aufgehoben. Als Drittes müssen natürlich die technischen Befunde sehr genau betrachtet werden.

Im Laufe der Zeit entsteht ein Mosaik, ich kann es nicht anders nennen, eine objektive Sicherheit; natürlich muss ich mich immer selbst kritisch hinterfragen! Aber wenn ich in das Zimmer hineingehe mit der arroganten Haltung: Ich bin der liebe Gott in Weiß, dann ist diese feine Wahrnehmungsfähigkeit zu, dann merke ich gar nichts. Aber im Laufe der Jahre bekommt man eine objektive Sicherheit: Objektivität in der Subjektivität, wenn ich es so nennen darf.

Schad: Sie machen den Patienten nicht zu einem Gegenstand, also zu einem Objekt, sondern die Wirklichkeit besteht darin, wo die Kluft zwischen Subjekt und Objekt nicht mehr da ist. Die Antwort liegt also dort, wo die Trennung zwischen dem Subjektiven und Objektiven obsolet wird; da liegt die Wirklichkeits-Erfahrung, um es philosophisch genau zu formulieren.

Bavastro: Es ist eigentlich eine Begegnung zwischen Subjekt und Subjekt.

Marcovich: In der naturwissenschaftlich orientierten Medizin ist die Subjektivität obsolet. Es muss ein Anliegen für uns Ärzte sein, die Subjektivität in die Medizin wieder hineinzubringen und sie wieder zu legitimieren: das ist in der Ausbildung völlig ausgeblendet, und somit wird sie auch nicht mehr geübt.

Petersen: Zunächst eine methodische Bemerkung zur Transplantation. Man muss sich überlegen, welche Terminologie man benutzt, damit man die Transplanteure für Phänomene wieder erweckt. Muss es erst richtig weh tun bevor sich etwas abspielt? Muss erst vorsätzlich »verletzt« werden? Ein schöner Satz heißt: »Denn Sie wissen nicht, was sie tun«, das mag ein Wissenschaftler nicht so gerne hören; hat man dann erreicht, was man erreichen will? Man kann es leicht begründen, »sie wissen nicht was sie tun«! Oft wollen sie es auch nicht wissen!
Ich mache Wahrnehmungsübungen mit meinen Studenten und mit mir selbst natürlich auch, wenn ich es mit lebenden Patienten zu tun habe; mit sterbenden habe ich nicht soviel zu tun. Es würde mich sehr interessieren, was Sie aus der Erfahrung der Intensivmedizin dazu sagen. Eine Ebene haben Sie vielleicht schon erwähnt, nämlich die der intersubjektiven Phänomene. In mir bilden sich Bilder von der Befindlichkeit des Patienten, das Subjekt des Patienten bildet sich in mir ab; wenn ich das übe, bekomme ich eine gewisse Sicherheit; ich kann

auch merken, ob das ein Wunschbild von mir ist oder ob das eine reale Wahr-Nehmung ist.

Das Zweite ist noch etwas anderes, das ist jenseits der Bilderschicht: das nenne ich die Energieströme. Ich merke, ob es strömt oder nicht; ich bin dabei völlig inhaltsleer. Ich kann es nicht genau definieren, jedenfalls kann ich es wahrnehmen! Es ist für mich ein persönliches, hoch wichtiges Kriterium bei Langzeittherapien. Mich würde interessieren, ob Sie diese beiden Phänomene, den »Energiestrom« und das Bild-Erleben bei den Sterbenden auch beobachtet haben. Es ist eine Wahrnehmungsfrage; sie ist natürlich noch nicht gut genug beschrieben, aber es wäre eine Frage der deskriptiven Arbeit, das genauer zu differenzieren.

Bavastro: Ich würde ganz persönlich sagen, es ist vieles wahrzunehmen, aber ich kann es noch nicht so genau definieren wie Sie. Wenn man mit der entsprechenden offenen Haltung neben dem Patienten steht (unabhängig davon, ob er im Hirnversagen ist oder nicht, es gibt ja noch viele andere Krankheiten!), kann man mit entsprechender Übung vieles wahrnehmen, was sich dann auch deckt mit dem, was beispielsweise Musiktherapeuten wahrnehmen. Es steht außer Zweifel, dass man mehr wahrnehmen kann, als man gewöhnlich denkt oder lernt. Der Monitor hilft da diesbezüglich nicht: Wir können Wesenhaftes wahrnehmen, der Monitor misst nur Daten – wichtige, aber es bleiben eben nur Parameter.

Petersen: Eine Bemerkung zur Wahrnehmungsweise bei den Patienten im irreversiblen Hirnversagen. Ich war als sogenannter Experte bei einem Hearing in Mainz von der Akademie für Ethik in der Medizin über den sogenannten Erlanger Fall. Ich interessierte mich natürlich für Beziehungen. Es war sehr interessant, die Schwester war beispielsweise eher kopfig, sie sagte, sie habe eher die Beziehung zu dem Kind gehabt, aber das konnte sie gar nicht näher schildern; es war typisch kopfgesteuert, weil sie die Vorstellung hatte, da ist ein Kind, und es muss gerettet werden, deswegen habe sie die Beziehung zu dem Kind gehabt. Der Pfleger sagte ganz klar: Zu dem Kind habe ich keine Beziehung gehabt, aber zu der Frau. Die Frau hat er immer mit Namen angesprochen und mit ihr einen echten Kontakt gehabt. Nach meinen bisherigen Informationen von den Filderstädter Therapeuten haben sie auch zum Kind kaum eine direkte Beziehung gehabt; zu der Mutter haben aber ganz eindeutige Beziehungen bestanden. Durch eine Doktorarbeit wollen wir versuchen herauszufinden, worin diese Beziehungsstrukturen bestanden haben. Mein Anliegen ist eine Klärung der Wahrnehmungsweisen.

in der Schmitten: Ich erlebe mit einer gewissen Sorge oder Verwirrung die Frage der Leib-Seele-Dualität; im Rahmen der Hirntod-Diskussion habe ich meinen eigenen spirituellen Hintergrund ganz bewusst herausgenommen.

Johannes Hoff, der katholische Theologe und Philosoph, geht in einer phänomenologischen Philosophie von der Begegnung mit dem lebendigen Leib des anderen aus; für mein damaliges und heutiges Empfinden hat er eine Sprache gefunden, die eine säkulare, schwer zu widerlegende Sprache ist, die uns an etwas Vorwissenschaftliches und nicht Hintergehbares führt. In ihr wird eindeutig, wo die nicht-metaphysischen Feststellungen liegen; gleichzeitig wird das Transzendente berührt und deutlich gemacht: Ich begegne hier etwas, das sich mir nicht über Kognition oder Ähnliches offenbart; ich begegne dem lebendigen Leib und weiß, dass das ein lebendiger Leib ist, bevor ich auf ihn reflektiere, weil ich ihn erfahre. Johannes Hoff bezieht sich auf Levinas – ich kann das hier nicht vertiefen, es ist in unserem Buch beschrieben. Die Rede von der Seele, die beim Sterben und dem Tod den Körper verlässt, geht über die in der politischen Hirntodkontroverse notwendige und hinreichende säkulare Sprache hinaus und berührt damit unseren persönlichen Glaubenshintergrund.

Frau Wellendorf hat eine »Nabelschnur« beschrieben, also die Verbindung Organspender – Organempfänger, was mich sehr beeindruckt hat. Die Unterscheidung zwischen Leib und Seele wird von Hirntod-Befürwortern aber häufig so missverstanden, als würde man durch das Auseinanderdividieren sich gerade auf kognitive Fähigkeiten als seelische Fähigkeiten stützen und diese dadurch aufwerten, während der Leib dabei entwertet werde. Meines Erachtens ist es aber umgekehrt eine Entwertung des Leibes, wenn ein Chirurg beispielsweise sagt: »Ich bin mein Gehirn« (das ist zwar völlig absurd, wird aber so behauptet!) – so fällt der Leib heraus.

Ich persönlich stehe dahinter, in dieser öffentlichen Diskussion den phänomenologischen Ansatz zu verfolgen, weil er mich überzeugt; meine eigene Vorstellung von der Seele kann ich darin unterbringen. Dies scheint mir der Ansatz zu sein, der im Augenblick konsensfähig ist.

Ich möchte mir eine kurze Bemerkung zu Herrn Petersen erlauben: Ich glaube, dass es nichts bringt, die Chirurgen zu verärgern – auch wenn ich diese Regung angesichts mancher Äußerung von Chirurgenseite gut verstehen kann. Ich glaube aber, dass die einzige Chance die ist, die Transplanteure da abzuholen, wo sie stehen – auch wenn es schwer fällt. Einige sagen: Wenn ihr damals eure Artikel viel versöhnlicher geschrieben hättet, dann wäre ein hirntod-kritisches Transplantationsgesetz vielleicht schon durch – daran mag etwas sein. Ich versuche daher, meine Bemühungen auf Überzeugung der Chirurgen zu lenken.

Herr Bavastro, ich weiß nicht, wie Sie den Begriff »Straffreiheit« meinen; durch den Paragraphen 218 ist dieser Begriff besetzt. Den Vorgang mit Straffreiheit zu bezeichnen, halte ich für unangemessen: Wir finden Transplantationen legitim, wie das Frau Wellendorf gestern sehr deutlich gesagt hat. Wenn das so ist, dann muss ich es auch für rechtens erklären, mit dem Recht vereinbaren und nicht nur von der Bestrafung absehen – das ist, meine ich, zu wenig Angebot an die Chirurgen; es scheint mir zum einen völlig aussichtslos. Aber davon abgesehen ist es auch in der Sache nicht richtig. Ich glaube, wenn sich jemand entscheidet, nach angemessener Aufklärung dem anderen Menschen ein Organ zu geben – nach dem von Frau Wellendorf Gesagten könnte das bedeuten, dass der Spender nach dem Tod mit dem Empfänger verbunden bleibt –, wenn so eine Entscheidung mit der Möglichkeit, darüber zu reflektieren, getroffen wird, dann sehe ich kein Problem mit der Legitimität und Vereinbarkeit mit unserer Rechtsordnung. Deswegen plädiere ich dafür, Organverpflanzungen unter den Bedingungen des eingetretenen Hirntods und des Vorliegens einer persönlichen Zustimmung (informed consent) uneingeschränkt zu ermöglichen und zu fördern.

Sind alle Menschen Personen?

Robert Spaemann

I.

Es sind bestimmte Eigenschaften von Menschen, die uns dazu veranlassen, Menschen »Personen« zu nennen. Aber was wir Personen nennen, sind nicht diese Eigenschaften, sondern deren Träger. Nun gibt es offensichtlich Menschen, die über diese Eigenschaften nicht verfügen. Es könnte also scheinen, dass diese Menschen keine Personen sind und auf Anerkennung als Personen keinen Anspruch erheben können. Dies ist Peter Singers und Norbert Hörsters auf Locke zurückgehende These.[1] Wenn Personen die individuellen Träger einer »rationalen Natur« sind, dann scheinen eben diejenigen Menschen nicht Personen zu sein, die noch nicht, nicht mehr oder niemals über Rationalität und Intentionalität verfügen: also kleine Kinder, schwer Debile und Schlafende. Wenn Personsein nicht bedeutet, Instantiierung eines Begriffs beziehungsweise Element einer Klasse zu sein, sondern Mitglied einer Anerkennungsgemeinschaft, dann fragt es sich, wie man in diese Gemeinschaft hineinkommt. Und es ist naheliegend zu denken, der Personstatus sei etwas, das überhaupt erst durch die Aufnahme in die Anerkennungsgemeinschaft zustande komme. Tatsächlich entwickelt ein Kind ja erst die für Personen charakteristischen Merkmale, *wenn* es angenommen wurde und eine entsprechende mütterliche Zuwendung erfährt. Die Zuwendung scheint am Anfang zu stehen und das Personsein sich ihr zu verdanken. Ihre Verweigerung wäre dann also noch gar nicht rechtfertigungsbedürftig. Denn Rechtfertigung schulden wir nur Personen. Aber erst die Anerkennung stiftet Personalität.

Diese Auffassung verkennt, was »Anerkennung« meint. Zwar ist Anerkennung ein Akt freier Spontaneität; man kann sie verweigern. Aber wer anerkennt, versteht Anerkennung nicht als willkürliche Setzung, sondern als angemessene Antwort.

So ist es, wenn wir ein Argument anerkennen. Die Anerkennung ist nie erzwingbar. Wer nicht will, erkennt auch das »zwingendste« Argument nicht an. Und es gibt umgekehrt die Kapitulation, in der man Einwände fallen lässt aus Ermüdung, Furcht oder Gefälligkeit. Wirkliche Anerkennung ist diejenige, die sich als Antwort auf einen Anspruch versteht, der von einem Argument ausgeht. Man gibt jemandem freiwillig Recht, weil er Recht *hat*.

Nicht anders ist es mit der Anerkennung von Personen. Sie ist Anerkennung des Anspruchs auf einen Platz in der bereits existierenden Personengemeinschaft, nicht Kooptation nach Kriterien, die von den bereits Anerkannten definiert werden.

Wer kann diesen Anspruch geltend machen, oder für wen kann er geltend gemacht werden? Welche Eigenschaften muss jemand besitzen, um das Recht auf Anerkennung als Person zu haben? Die Frage ist falsch gestellt, weil sie das Wort »jemand« verwendet. Wenn »etwas« »jemand« ist, ist er Person. Die Frage ist: Wann ist etwas »jemand«? Aber das ist wieder falsch formuliert. Jemand ist nie »etwas«. »Jemand sein« ist nicht eine Eigenschaft eines Dinges oder Lebewesens, die wir von etwas prädizieren, das wir zuvor schon identifiziert hätten. Sondern wir identifizieren von vornherein entweder »jemanden« oder »etwas«. »Ist da jemand?«, fragen wir, oder »Wer ist da?«, wenn wir ein Geräusch hören. Und wenn wir erfahren, dass der Wind am Fensterladen gerüttelt oder der Hund an der Tür gekratzt hat, dann merken wir, dass wir die erste Frage mit »nein« beantworten müssen und dass die zweite Frage falsch gestellt war, da sie »wer« fragte und nicht »was«. Bei einem Hund geraten wir allerdings in Verlegenheit. Er ist nicht jemand, aber auch nicht etwas. Er gehört auf eine Weise zu uns, die einer eigenen Untersuchung bedürfte. Wenn Personsein ein *modus existendi* ist, dann gibt es keinen kategorialen Oberbegriff, kein *genus proximum,* das durch den Personbegriff spezifiziert würde. Aber können wir denn nicht sagen: »Einige Lebewesen sind Personen?« Dieser Satz ist deshalb irreführend, weil hier Personalität als Art innerhalb einer Gattung erscheint, eine Art, die durch eine *differentia specifica* charakterisiert ist. Das trifft aber auf Personsein nicht zu. Die Art, der wir Personsein zuerkennen, heißt »Mensch«, ohne damit ausschließen zu wollen, dass es außer Menschen noch andere Personen geben könnte. Die Frage lautet nun: »Sind *alle* Menschen Personen?« Sind Personenrechte Menschenrechte, oder müssen wir einen Teil der Menschen aus dem Kreis der Personen ausschließen und daher das Wort »Menschenrechte« fallen lassen, wie es ja in neuester Zeit vorgeschlagen wird? Der Grund für diesen Vorschlag lautet: Wenn Rationalität und Selbstbewusstsein die Eigenschaften sind, aufgrund derer wir Wesen als Personen bezeichnen, dann ist es unvernünftig, auch diejenigen Menschen »Personen« zu nennen und als Personen anzuerkennen, die über diese Eigenschaften nicht verfügen.

Dieser Einwand ist mit Bezug auf natürliche Arten nominalistisch. Zwar erkennt er Prädikate wie »selbstbewusst« und »rational« als Universalien an und beansprucht ebenso für den Begriff der Person eine allgemeine Bedeutung. Was der Einwand leugnet, ist jedoch, dass es so etwas wie einen allgemeinen Begriff der »Natur des Menschen« gibt, der einen anderen Inhalt hätte als den eines genealogischen Zusammenhangs mit anderen Individuen, von denen die meisten als Erwachsene durch jene Merkmale ausgezeichnet sind, die uns veranlassen, sie »Personen« zu nennen. Dieser genealogische Zusammenhang soll aber ohne Relevanz sein für das, was sie als Individuen selbst sind. Nicht dieser Zusammenhang soll es sein, der jene Personengemeinschaft begründet, die wir für gewöhnlich »Menschheit« nennen. In diese Gemeinschaft soll man nicht durch Zeugung oder Geburt eintreten, sondern eher durch Selbstbewusstsein und Kooptation durch die anderen Mitglieder dieser Gemeinschaft.

Ich möchte im Folgenden sechs Gründe für die Unhaltbarkeit dieser Auffassung nennen und damit zugleich sechs Gründe für die Wahrheit unserer intuitiven Überzeugung, dass *alle* Menschen Personen sind.

II.

1. Der Begriff der natürlichen Art hat in der Tat nicht dieselbe Bedeutung mit Bezug auf physikalische Objekte und Artefakte einerseits, Lebewesen andererseits. Nichtlebendige Gegenstände sind miteinander als Exemplare einer Art verbunden aufgrund von Ähnlichkeit. Die Ähnlichkeitsbeziehung ist parataktisch. Sie verbindet nicht auf irgendeine direkte Weise das Ähnliche miteinander, sondern nur auf indirekte. Entweder tut sie dies durch ein Bewusstsein, in dem eines die Erinnerung an ein anderes erweckt und so mit diesem anderen zu einer Einheit zusammengefasst wird, oder – platonisch – dadurch, dass ein Einzelnes, ein *token,* als Instantiierung eines Allgemeinen betrachtet und deshalb, mit den anderen Instantiierungen desselben Allgemeinen, derselben Klasse als Element zugeordnet wird. Es ist dazu nicht notwendig, dass diese Elemente untereinander irgendeine Beziehung unterhalten. Es ist für das eine Exemplar gleichgültig, ob es noch andere Exemplare gibt, und wenn ja, wie viele.

Anders verhält es sich bei Arten des Lebendigen. Die Exemplare dieser Arten stehen zueinander in einem Verhältnis der Verwandtschaft, in einem genealogischen Verhältnis. Dieses Verhältnis ist für sie konstitutiv. Es gäbe das einzelne Exemplar der Art nicht, wenn es nicht andere gäbe und wenn es nicht in einer bestimmten Verwandtschaftsbeziehung zu diesen anderen stünde. Bei den höheren Lebewesen ist diese Beziehung auch eine sexuelle. Die Gemeinschaft der Art ist zugleich Fortpflanzungsgemeinschaft. Demgegenüber ist die phänotypische Ähnlichkeit sekundär.

Das gilt auch für Menschen. Alle Menschen sind miteinan-

der verwandt, und zwar in höherem Maß, als es die paläontolo-
gischen Befunde vermuten lassen. Aufgrund der Befunde der
Genetiker sind alle heute lebenden Menschen Nachkommen
einer Frau, die vor rund 200.000 Jahren gelebt hat. Bedeutet
das irgendetwas für unseren Zusammenhang? Handelt es sich
hier nicht um ein rein biologisches Faktum ohne Relevanz für
die Frage nach dem personalen Status jedes Menschen?

Diese Trennung des Biologischen vom Personalen verkennt,
dass das Sein von Personen im Leben von Menschen besteht.
Die fundamentalen biologischen Funktionen und Bezüge sind
beim Menschen nicht etwas Apersonales, sondern sie sind spezifisch personale Vollzüge und Relationen. Essen und Trinken
sind personale Akte, *actus humani,* nicht nur *actus hominis,*
wie die Scholastiker sagten.[2] Sie sind eingebettet in Rituale, sie
bilden die Mitte vieler Formen des Gemeinschaftslebens, sie
stehen im Zentrum vieler Kulte. Analoges gilt für den ge-
schlechtlichen Umgang. Auch hier wird die biologische Funktion integriert in einen personalen Kontext, oft als höchste Aus-
drucksform einer personalen Beziehung. Die verwandtschaft-
lichen Relationen von Müttern und Vätern zu Söhnen und
Töchtern, von Großeltern zu Enkeln, von Geschwistern und
entfernteren Verwandten untereinander sind nicht bloße biologische Daten, sondern personale Beziehungen jeweils typischer Art, Beziehungen, die in der Regel lebenslang dauern.
Die Personalität des Menschen ist nicht etwas jenseits seiner
Animalität. Die menschliche Animalität ist vielmehr von vornherein nicht *bloße* Animalität, sondern das Medium der Verwirklichung der Person. Und die Verhältnisse von Nähe und
Ferne, in denen der Mensch steht, sind deshalb von personaler
und das heißt ethischer Relevanz.

Es beruht auf einer Verkennung dieser Tatsache, wenn extreme Utilitaristen wie Peter Singer meinen, als moralische
Kriterien für die Entscheidung, welchen Menschen man – bei
knappen Ressourcen – helfen solle, hätten solche biologisch
fundierten Näheverhältnisse auszuscheiden.[3] Der gleichen

Logik folgt auch seine Kritik an einer Privilegierung von Menschen als Menschen unter dem Stichwort des »Speziesismus«. Die Angehörigen der Spezies *homo sapiens sapiens* sind nicht nur Exemplare einer Art, sie sind Verwandte und stehen deshalb von vornherein in einem personalen Verhältnis zueinander. »Menschheit« ist nicht, wie »Tierheit«, nur ein abstrakter Begriff zur Bezeichnung einer Gattung, sondern ist zugleich der Name einer konkreten Personengemeinschaft, der jemand nicht angehört aufgrund bestimmter faktisch feststellbarer Eigenschaften, sondern aufgrund des genealogischen Zusammenhangs mit der »Menschheitsfamilie«. Bei Kant bedeutet »Menschheit« noch beides: die Familie des Menschen und das, was den Menschen zur Person macht: »Die Menschheit in deiner Person und in der Person jedes anderen ...« Bei der Zugehörigkeit zur Menschheitsfamilie kommt es auf empirische Eigenschaften gar nicht an. Entweder, diese Familie ist von vornherein eine Personengemeinschaft, oder der Begriff der Person als eines »Jemand« eigenen Rechts ist noch gar nicht entdeckt oder wieder vergessen. Väter im heidnischen Rom hatten ja tatsächlich das Recht zu entscheiden, ob sie einem neugeborenen Kind den rechtlichen Status des eigenen Kindes und damit eines Menschen zuerkennen wollten. Aber das zeigt nur, dass die Römer die Entdeckung einer Personengemeinschaft noch vor sich hatten, in der niemand seine Rechte anderen verdankt, sondern jeder *sui juris,* und das kann nur heißen: geborenes Mitglied ist.

2. Die Anerkennung als Person kann nicht erst die Reaktion auf das Vorliegen spezifisch personaler Eigenschaften sein, weil diese Eigenschaften überhaupt erst auftreten, wo ein Kind diejenige Zuwendung erfährt, die wir Personen entgegenbringen. Um eine elementare personale Gegenseitigkeit zu ermöglichen, stellt sich bei der Mutter sogar eine gewisse unwillkürliche, aber nicht unfreiwillige Regression ein, dank derer sie sich mit dem Kind auf eine Stufe stellt. Die Mutter oder der, der ihre Stelle vertritt, behandelt das Kind von Anfang an als

personales Gegenüber, nicht als zu manipulierenden Gegenstand oder zu konditionierenden lebendigen Organismus. Sie lehrt das Kind nicht dadurch sprechen, dass sie in seiner Gegenwart etwas vor sich hinspricht, sondern indem sie *zu ihm* spricht. Man hat vergeblich versucht, Kinder von Taubstummen durch Videoprogramme sprechen zu lehren. Das Verstehen der Worte, also ihre Auffassung *als* Worte, kann man gar nicht lehren. Man kann nicht erklären, was es bedeutet, dass etwas »etwas bedeutet«. Symbolverstehen ist in jedem Erklären ja schon vorausgesetzt. Wir müssen, wenn wir mit einem Säugling sprechen, diese Voraussetzung kontrafaktisch schon machen, damit sie faktisch eingeholt wird. Die Mutter hat aber nicht das Bewusstsein, hier etwas zu simulieren, also so zu tun, als sähe sie etwas vor sich, was sie doch in Wirklichkeit erst herbeiführen will. Wir haben nie das Bewusstsein, Personen zu *machen*. Personsein ist vielmehr im eminenten Sinn Existieren-aus-eigenem-Ursprung, das allem Herstellen von außen entzogen ist. Das heißt, die Mutter darf und muss in ihrem Verhalten zum Kind *echt* sein, damit das Kind psychisch gesund heranwächst. Wäre also die Theorie wahr, dass Personen erst durch ihre Anerkennung entstehen, dann müsste man dafür sorgen, dass die ersten, von denen diese Anerkennung auszugehen hat, von dieser Theorie nichts erfahren. Sonst würde nämlich die Echtheit und Spontaneität der Anerkennung gefährdet.

Dagegen könnte man einwenden, dies sei nur ein pragmatisches Argument. Philosophie setze den Bruch mit der natürliche Einstellung voraus.

Der Bruch mit der natürlichen Einstellung ist aber nur dort unschädlich, wo durch ihn eine neue, bis dahin ganz unbekannte Ebene der Theorie eröffnet wird, eine »Metaebene«, deren Betreten in keinem Fall das, was in natürlicher Einstellung geschieht und zu geschehen hat, verändert. Die Theorie der Person, mit der wir uns hier auseinandersetzen, ist aber gar keine philosophisch-phänomenologische, sondern eine praktische Theorie, die die Praxis unmittelbar verändern will. Sie reflektiert nicht über die der natürlichen Einstellung angeblich verborgene Spontaneität und Kreativität der Anerkennung, sondern sie beschreibt den Akt der Anerkennung ganz einfach falsch und will darüber belehren, dass man ihn anders verstehen und anders als üblich praktizieren müsse. Diese Theorie bewegt sich also selbst noch auf dem Boden der natürlichen Einstellung und will das Phänomen auf seinem eigenen Boden zum Verschwinden bringen.

Wir können unseren Einwand so zusammenfassen: Es gibt keinen gleitenden Übergang von »etwas« zu »jemandem«. Nur weil wir mit Menschen immer und von Anfang an nicht als mit etwas, sondern als mit jemandem umgehen, entwickeln die meisten von ihnen die Eigenschaften, die diesen Umgang im Nachhinein rechtfertigen.

3. Wir können zwar zu zweifelsfreier Gewissheit über das Vorliegen von Intentionalität kommen und tun dies immer dann, wenn wir in unmittelbare personale Kommunikation eintreten, nicht aber können wir mit ähnlicher Sicherheit über deren Nichtvorliegen entscheiden. Es lässt sich zeigen, dass die Zuerkennung von Rationalität, also die Interpretation von Handlungen als Handlungen, immer schon ein Bewertungselement enthält.[4] Jemandem rationales Handeln – also überhaupt Handeln – zu unterstellen, heißt bereits, einigen der ihm unterstellten Meinungen zuzustimmen. Intentionalität von Handlungen wird uns also nur erkennbar vermittels ihrer wenigstens partiellen Rationalität. Tatsächlich aber ist es möglich, dass jemand intentional handelt, ohne dass Beobachter das erkennen können. Es kann nämlich zum Beispiel sein, dass seine propositionalen Einstellungen – also seine Annahmen über das, was geschehen muss, damit ein gewünschter Effekt eintritt – sämtlich irrig sind. In diesem Fall können wir gar nicht wissen, welchen Effekt er erreichen wollte und ob er überhaupt einen erreichen wollte. Er kann deshalb aber doch intentional gehandelt haben. Verantwortlichkeit und Zurechnungsfähig-

keit müssen deshalb deutlich voneinander unterschieden werden, wie Scheler bemerkt hat.[5] Es ist möglich, dass wir die
Bedeutung, die ein Geisteskranker einer Handlung gibt, gar
nicht identifizieren, ihm das Resultat also auch nicht zurech-
nen können. Seine praktischen und seine theoretischen Inten-
tionen, seine Absichten und seine Ansichten darüber, wie die
Welt beschaffen ist, sind so, dass wir aus den einen nicht auf
die anderen schließen können. Deshalb kann er aber sehr wohl
seine eigene Handlungsrationalität haben und auch einer klaren Unterscheidung von Gut und Böse fähig sein, und zwar –
nicht vor den Menschen, aber vor Gott – auf die gleiche Weise
verantwortlich wie jeder »vernünftige« Mensch.

4. Aber wie steht es mit Menschen, die so schwer debil sind,
dass sie koordinierter Bewegungen gar nicht fähig sind, oder
mit Säuglingen, die es noch nicht sind? Haben wir irgendeinen
vernünftigen Grund, sie als »jemanden« zu betrachten und zu
behandeln, was ja schließlich aufwendiger und mit mehr Opfern verbunden ist, als über sie ausschließlich unter utilitaristischen Gesichtspunkten zu disponieren? Dass wir *prima facie*
zu solchen Opfern geneigt sind, bezeichnet Peter Singer als
»Speziesismus«, das heißt als unbegründete Parteilichkeit für
alle Wesen, die rein biologisch unserer eigenen Spezies ange-
hören.

Betrachten wir zunächst die Fragen nach den schwer Debilen. Wie nehmen wir sie wahr? Als Dinge? Als Tiere einer
eigenen Art? Gerade nicht. Wir nehmen sie wahr als Kranke.
Wären sie etwas anderes als »jemand«, dann müssten sie irgendeine spezifische Normalität besitzen, eine Seinsweise, die
nicht die Seinsweise von Personen ist, eine eigene ökologische
Nische in der Welt. Aber der Debile, mit dem wir nie in personale Kommunikation auf Gegenseitigkeit treten können, wird
von uns unvermeidlich nicht als »normal«, sondern als krank
betrachtet. Wie wir einen defekten Stuhl nicht als etwas anderes als einen Stuhl, sondern eben als defekten Stuhl wahrnehmen, so den Menschen, der personaler Äußerung, also Äuße-

rungen von Intentionalität, nicht fähig ist, als kranken und deshalb hilfsbedürftigen Menschen. Wir halten nach Mitteln Ausschau, ihn zu heilen, wenn wir können, also nach Mitteln, die seiner »Natur« aufhelfen und ihm erlauben würden, den Platz in der Personengemeinschaft einzunehmen, der für ihn bis zu seinem Tod reserviert ist. Schwer Debile sind nicht, wie Tiere, eins mit ihrer Natur, mit ihrem Sosein. Auch sie *haben* eine Natur. Aber weil ihre Natur defekt ist, ist auch das Haben der Natur defekt. Wir wissen nicht, wie es ist, ein solcher Mensch zu sein. Wir kennen seinen *modus essendi* nicht. Wir wissen auch nicht, wie es ist, eine Fledermaus zu sein. Aber wir nehmen es unmittelbar wahr, dass der Debile nicht zurückgekehrt ist in das Tierreich. In archaischen Zeiten wurden solche Menschen als numinose Wesen verehrt, weil es keine andere Kategorie gab, die den Umgang mit ihnen hätte orientieren können. Ob wir einen angemessenen Zugang zu dem haben, was Personsein heißt, erweist sich in ganz besonderer Weise im Umgang mit diesen Menschen. Ihre Existenz ist der Härtetest der Humanität. Sie sind Menschen. Menschen sind Wesen einer Art, deren Natur es erfordert, »gehabt« zu werden, nicht einfach zu »sein«. Der Mensch als das Wesen, das sein Sosein hat, ist immer zugleich ein Geheimnis. Er ist nie einfach nur die Summe seiner Prädikate. In Fällen der Aphasie haben wir keinen Zugang zu seinem Denken. Wenn Bewegungsunfähigkeit hinzukommt, gibt es überhaupt keinen äußeren Hinweis auf ein intentionales Innenleben mehr. Und doch setzen wir dessen weitere Existenz voraus. Was wir bei schwer Debilen voraussetzen dürfen, wissen wir nicht. Aber da es die Eigentümlichkeit der menschlichen Natur ist, auf personale Weise gehabt zu werden, haben wir keinen Grund, diese Natur ganz anders zu betrachten, wenn sie schwer verunstaltet sind.

Wir können hierzu leicht die Gegenprobe machen. Stellen wir uns ein Wesen vor, das von Menschen geboren, aber anderen Menschen sehr unähnlich ist. Stellen wir uns vor, sein Verhalten enthielte keinen Hinweis auf irgendwelche voneinander unabhängige praktische und theoretische Intentionalität. Und stellen wir uns ferner vor, dieses Wesen erschiene uns als ganz gesund. Es bewegte sich normal in der Welt, es sei ein Tier, ausgestattet mit allen überlebensnotwendigen Instinkten, deren Fehlen eines der entscheidenden Kennzeichen des Menschen ist. Es bedürfe keiner fremden Hilfe zum Überleben. Es sei auf Kommunikation mit anderen Menschen nicht angewiesen und zu ihr natürlich auch nicht fähig. Ein solches Wesen müsste uns tatsächlich, da wir es nicht als krank wahrnehmen, als Tier einer neuen, bisher unbekannten Art erscheinen. Es wäre nicht Person. Es gehörte nicht der Menschheit an. Debile gehören ihr an als solche, die in der universalen Personengemeinschaft unmittelbar nur Empfänger physischer und psychischer Wohltaten sind, ohne selbst der Anerkennung und alles dessen, was aus ihr folgt, fähig zu sein.

Tatsächlich aber geben sie mehr als sie nehmen. Was sie empfangen, sind Hilfen auf der vitalen Ebene. Aber *dass* der gesunde Teil der Menschheit diese Hilfen gibt, ist für diesen selbst von grundlegender Bedeutung. Es lässt den tiefsten Sinn einer Personengemeinschaft aufscheinen. Die Liebe zu einem Menschen oder seine Anerkennung gilt, wie wir gesehen haben, ihm, nicht seinen Eigenschaften. Allerdings nehmen wir ihn nur durch seine Eigenschaften hindurch wahr. Insbesondere jede freundschaftliche oder erotische Liebe würde ohne besondere Eigenschaften des Geliebten nicht entstehen. Ein Debiler hat solche Eigenschaften nicht. Dass es in der Anerkennungsgemeinschaft der Menschheit wirklich um Anerkennung des Selbstseins und nicht in Wirklichkeit doch nur um die Schätzung nützlicher oder angenehmer Eigenschaften geht, wird exemplarisch sichtbar am Umgang mit denen, die solche Eigenschaften gar nicht haben. Sie fordern das Beste im Menschen, sie fordern den eigentlichen Grund seiner Selbstachtung heraus. Was sie der Menschheit auf diese Weise durch ihr Nehmen geben, ist mehr als das, was sie bekommen.

5. Mit Bezug auf kleine Kinder lautet das Argument des Nominalismus, dass sie erst *potentielle* Personen sind. Sie bedürfen erst der Kooptation in die Anerkennungsgemeinschaft, um Personen zu werden. Auf den einen Teil des Arguments habe ich bereits geantwortet: Anerkennung setzt das Anzuerkennende schon voraus. Es muss aber noch etwas zum Begriff der potentiellen Person gesagt werden.

Es gibt keine potentiellen Personen. Personen besitzen Fähigkeiten, Potenzen. Personen können sich entwickeln. Aber es kann sich nicht etwas zur Person entwickeln. Aus etwas *wird nicht* jemand. Wenn Personalität ein Zustand wäre, könnte sie allmählich entstehen. Wenn aber Person jemand ist, der sich in Zuständen befindet, dann geht sie diesen Zuständen immer schon voraus. Sie ist nicht Resultat einer Veränderung, sondern einer Entstehung, wie die Substanz nach Aristoteles. Sie *ist* Substanz, weil sie die Weise ist, wie ein Mensch *ist*. Sie beginnt nicht später als der Mensch zu existieren und hört nicht früher auf. Der Mensch beginnt erst nach längerer Zeit »ich« zu sagen. Aber wen er mit »ich« meint, ist nicht »ein Ich«, sondern eben der Mensch, der »ich« sagt. So sagen wir: »Ich wurde dann und dann geboren«, oder sogar: »ich wurde dann und dann gezeugt«, obgleich das Wesen, das da gezeugt oder geboren wurde, damals nicht »ich« sagte. Aber wir sagen deshalb trotzdem nicht: »Damals wurde etwas geboren, aus dem dann ich wurde.« Ich *war* dieses Wesen. Personalität ist nicht das Ergebnis einer Entwicklung, sondern immer schon die charakteristische Struktur einer Entwicklung. Da Personen nicht in ihre jeweils aktuellen Zustände versenkt sind, können sie ihre eigene Entwicklung als Entwicklung und sich selbst als deren zeitübergreifende Einheit verstehen. Diese Einheit ist die Person.

Von potentiellen Personen zu sprechen, ist auch deshalb sinnlos, weil der Begriff der Potentialität überhaupt nur unter der Voraussetzung von Personalität entstehen kann. Personen sind die transzendentale Bedingung von Möglichkeiten. Dass wir etwas möglich nennen, was nicht wirklich ist, ist ja seit den Megarikern immer wieder kritisiert worden. Dem bloß Möglichen scheint ja gerade eine Bedingung zur Verwirklichung zu fehlen. Insofern ist es aber gerade unmöglich. Möglich ist es, wenn alle Bedingungen gegeben sind. Dann aber ist es auch wirklich.

Gegen diese Argumentation gibt es nur ein Gegenbeispiel: das Freiheitsbewusstsein. Die Freiheit, etwas zu tun, habe ich tatsächlich nur, wenn es mir möglich wäre, es auch zu lassen. Und was dies heißt, kann überhaupt nur zirkulär, also wiederum mit Berufung auf das Freiheitsbewusstsein, definiert werden. Dasjenige aber, dessen Begriff dem der Möglichkeit als Bedingung zugrunde liegt, kann nicht selbst als bloße Potentialität gedacht werden. Personen sind, oder sie sind nicht. Aber *wenn* sie sind, sind sie immer aktuell, *semper in actu.* Sie sind, wie die aristotelische Substanz, *prote energeia,* erste Wirklichkeit, die die Möglichkeit zu einer Vielfalt von weiteren Aktualisierungen in sich birgt. Es hat sehr wohl Sinn, von möglicher und von entstehender Intentionalität zu sprechen. Intentionale Akte können aus dem Bewusstseinsstrom auftauchen und allmählich erst die propositionale Struktur annehmen, aufgrund derer sie dann zu distinkten, atomaren Einheiten werden. Aber wo immer von potentieller Intentionalität die Rede ist, da unterstellen wir *wirkliche* Personen.

6. Die Anerkennung von Personsein ist die Anerkennung eines unbedingten Anspruchs. Die Unbedingtheit eines Anspruchs wäre illusorisch, wenn zwar der Anspruch als solcher unbedingt, sein tatsächliches Vorliegen aber von empirischen Voraussetzungen abhängig wäre, die immer hypothetisch sind.

In theoretischen Kontexten gibt es diesen Fall tatsächlich. Es gibt Sätze, die, wenn sie wahr sind, logisch, also mit Notwendigkeit, wahr sind. Alle Sätze der Arithmetik sind von dieser Art. Aber *ob* ein Satz zu diesen notwendig wahren Sätzen gehört, kann sehr wohl strittig sein.

Das Gleiche gilt nicht für praktische Sätze. Sie können nicht apodiktisch, ihre Apodiktizität aber ungewiss sein. Es muss immer möglich sein, von einer konkreten moralischen Verpflichtung zu wissen. Wenn man es nicht mit Sicherheit wissen kann, dann kann es auch nicht in concreto, also hier und jetzt, verpflichten. In Situationen objektiver Ungewissheit muss es Regeln für den Umgang mit solcher Ungewissheit geben, die nicht selbst ebenso ungewiss sind. Descartes' »provisorische Moral« ist eine Zusammenfassung solcher Regeln. Die Verpflichtung der unbedingten Anerkennung von Personen wäre, wie gesagt, illusorisch, wenn es eine Ermessenssache wäre anzuerkennen, dass ein bestimmter Mensch eine Person ist, weil entweder die Anerkennung der Kriterien für Personsein strittig sind oder über das Erfülltsein der Kriterien in einem vorliegenden Fall Zweifel bestehen. Das Wort »Unbedingtheit« würde zu einer bloßen *façon de parler*.

Es ist aber in der Tat gar nicht so, dass es zuerst eine allgemeine Regel gäbe, Personen unbedingt zu achten, und dann eine Anwendung dieser Regel auf einzelne Fälle, eine Anwendung, die immer zweifelhaft sein kann. Der Anspruch von Personen auf unbedingte Achtung wird vielmehr zuerst und fundamental als Anspruch vernommen, der von einer bestimmten Person oder von mehreren bestimmten Personen ausgeht. Der Anspruch wird überhaupt als unbedingter nur vernommen in eins mit der Überzeugung, dass dies ein Fall dieser Unbedingtheit ist. Die Unbedingtheit des »Du wirst nicht töten« geht von einem jeweils bestimmten menschlichen Gesicht aus. Dass ich diesen und diesen und diesen nicht töten darf, ist gewisser, als dass ich niemanden töten darf. Person ist kein Artbegriff, sondern die Weise, wie Individuen der Art »Mensch« sind. Sie sind so, dass jeder von ihnen in der Personengemeinschaft, die wir »Menschheit« nennen, einen unverwechselbaren Platz einnimmt, und nur als Inhaber dieses Platzes werden sie als Personen von jemandem, der selbst einen solchen Platz einnimmt, wahrgenommen. Wenn wir die Zuerkennung eines solchen Platzes von der vorherigen Erfüllung bestimmter qualitativer

Bedingungen abhängig machen, haben wir die Unbedingtheit des Anspruchs schon zerstört. Wer diesen Platz einnimmt, nimmt ihn ein als geborenes, nicht als kooptiertes Mitglied der Menschheit. Personenrechte werden nicht verliehen und nicht zuerkannt, sondern von jedem mit gleichem Recht in Anspruch genommen. »Von jedem«, das heißt: mindestens von jedem Menschen. Personenrechte sind überhaupt nur unbedingte Rechte, wenn sie nicht von der Erfüllung irgendwelcher qualitativer Bedingungen abhängig gemacht werden, über deren Vorliegen jene entscheiden, die bereits Mitglieder der Rechtsgemeinschaft sind. Als *closed shop* kann die Menschheit keine Rechtsgemeinschaft sein. Denn sogar der Satz »pacta sunt servanda« würde dann nur denen gegenüber gelten, die von der Mehrheit als Rechtssubjekte anerkannt sind.

Es kann und darf nur ein einziges Kriterium für Personalität geben: die biologische Zugehörigkeit zum Menschengeschlecht.[6] Darum können auch Anfang und Ende der Existenz der Person nicht getrennt werden vom Anfang und Ende des menschlichen Lebens. Wenn »jemand« existiert, dann hat er existiert, seit es diesen individuellen menschlichen Organismus gab, und er wird existieren, solange dieser Organismus lebendig ist. Das Sein der Person ist das Leben eines Menschen. So hat es zum Beispiel keinen Sinn zu sagen, der Hirntod sei vielleicht nicht der Tod des Menschen, aber doch der Tod der Person. Wenn er vielleicht nicht der Tod des Menschen ist, dann ist er ebenso vielleicht nicht der Tod der Person. Denn die Person *ist* der Mensch und nicht eine Eigenschaft des Menschen. Deshalb kann sie nicht vor dem Menschen sterben. Zuständig für die Frage nach Anfang und Ende der Person sind deshalb diejenigen, die zuständig sind für die Frage nach dem biologischen Anfang und Ende des menschlichen Lebens.

Personenrechte sind Menschenrechte. Und wenn sich andere natürliche Arten im Universum finden sollten, die lebendig sind, eine empfindende Innerlichkeit besitzen und deren erwachsene Exemplare häufig über Rationalität und Selbstbewusstsein verfügen, dann müssten wir nicht nur diese, sondern alle Exemplare dieser Art ebenfalls als Personen anerkennen, also zum Beispiel möglicherweise alle Delphine.

Quelle: Robert Spaemann, *Personen. Versuche über den Unterschied zwischen »etwas« und »jemand«*. Klett-Cotta, Stuttgart 1996. Mit freundlicher Genehmigung des Verlags.

Anmerkungen

Paolo Bavastro, Vorwort:

1 Steiner, Rudolf Die Philosophie der Freiheit, GA 4, Dornach, 15.
   Aufl. 1987.
2 Verhoog, H., in: Genmanipulation, Stuttgart 1994.
3 Bockenheimer-Lucius, G., in: Ärzteblatt Baden-Württemberg, 10/
   96.

Rolf Gröschner, Die Würde des Menschen:

Gröschner, R., Menschenwürde und Sepulkralkultur in der grundgesetzlichen Ordnung, 1995.
Gröschner, R., Freiheit und Ordnung in der Republik des Grundgesetzes, Juristenzeitung 1996.

Die von Rolf Gröschner zitierten Artikel des Grundgesetzes:
Art. 1. [Schutz der Menschenwürde] (1) Die Würde des Menschen ist
   unantastbar. Sie zu achten und zu schützen ist Verpflichtung aller
   staatlichen Gewalt.
   (2) Das Deutsche Volk bekennt sich darum zu unverletzlichen und
   unveräußerlichen Menschenrechten als Grundlage jeder menschlichen Gemeinschaft, des Friedens und der Gerechtigkeit in der
   Welt.
   (3) Die nachfolgenden Grundrechte binden Gesetzgebung, vollziehende Gewalt und Rechtsprechung als unmittelbar geltendes
   Recht.
Art. 2. [Freiheitsrechte] (1) Jeder hat das Recht auf die freie Entfaltung seiner Persönlichkeit, soweit er nicht die Rechte anderer verletzt und nicht gegen die verfassungsmäßige Ordnung oder das
   Sittengesetz verstößt.
   (2) Jeder hat das Recht auf Leben und körperliche Unversehrtheit.
   Die Freiheit der Person ist unverletzlich. In diese Rechte darf nur
   auf Grund eines Gesetzes eingegriffen werden.

Art. 4. [Glaubens- und Bekenntnisfreiheit] (1) Die Freiheit des Glaubens, des Gewissens und die Freiheit des religiösen und weltanschaulichen Bekenntnisses sind unverletzlich.

(2) Die ungestörte Religionsausübung wird gewährleistet.

(3) Niemand darf gegen sein Gewissen zum Kriegsdienst mit der Waffe gezwungen werden. Das Nähere regelt ein Bundesgesetz.

Art. 5. [Meinungs- und Pressefreiheit; Freiheit in der Kunst und der Wissenschaft] (1) Jeder hat das Recht, seine Meinung in Wort, Schrift und Bild frei zu äußern und zu verbreiten und sich aus allgemein zugänglichen Quellen ungehindert zu unterrichten. Die Pressefreiheit und die Freiheit der Berichterstattung durch Rundfunk und Film werden gewährleistet. Eine Zensur findet nicht statt.

(2) Diese Rechte finden ihre Schranken in den Vorschriften der allgemeinen Gesetze, den gesetzlichen Bestimmungen zum Schutze der Jugend und in dem Recht der persönlichen Ehre.

(3) Kunst und Wissenschaft, Forschung und Lehre sind frei. Die Freiheit der Lehre entbindet nicht von der Treue zur Verfassung.

Art. 20. [Verfassungsgrundsätze; Widerstandsrecht] (1) Die Bundesrepublik Deutschland ist ein demokratischer und sozialer Bundesstaat.

(2) Alle Staatsgewalt geht vom Volke aus. Sie wird vom Volke in Wahlen und Abstimmungen und durch besondere Organe der Gesetzgebung, der vollziehenden Gewalt und der Rechtsprechung ausgeübt.

(3) Die Gesetzgebung ist an die verfassungsmäßige Ordnung, die vollziehende Gewalt und die Rechtsprechung sind an Gesetz und Recht gebunden.

(4) Gegen jeden, der es unternimmt, diese Ordnung zu beseitigen, haben alle Deutschen das Recht zum Widerstand, wenn andere Abhilfe nicht möglich ist.

Art. 20a. [Natürliche Lebensgrundlagen] Der Staat schützt auch in Verantwortung für die künftigen Generationen die natürlichen Lebensgrundlagen im Rahmen der verfassungsmäßigen Ordnung durch die Gesetzgebung und nach Maßgabe von Gesetz und Recht durch die vollziehende Gewalt und die Rechtsprechung.

Von Michael Kirn zitierte Literatur in dem Gespräch nach dem
Vortrag von Rolf Gröschner:

1 Heller, Hermann, Staatslehre, S. 238 ff., Leiden 1934 (4. Aufl. 1970).
2 Hegel, G.F.W., Grundlinien der Philosophie des Rechts, 1821.
3 Fechner, Ernst, Rechtsphilosophie. Soziologie und Metaphysik des Rechts, 2. Aufl. 1962.
4 Kelsen, Hans, Reine Rechtslehre, Wien 1960.

Michael Kirn, Erkenntnis als Grundlage des
moralischen Handelns:

1 Musil, Robert, Der Mann ohne Eigenschaften, Frankfurt 1963.
2 Fichte, Joh. Gottlieb, Grundlage der gesamten Wissenschaftslehre, 1794. Ders., Die Wissenschaftslehre (1804).
3 Kant, Immanuel, Kritik der praktischen Vernunft, 1788. Ders., Beantwortung der Frage: Was ist Aufklärung?
4 Vgl. Heidegger, Martin, Die seinsgeschichtliche Bestimmung des Nihilismus (1944), in: Nietzsche, 2 Bd., Pfullingen 1962, S. 397.
5 Dierlmeier, Franz, Nachwort zu Aristoteles, Nikomachische Ethik, Buch VI, Stuttgart 1969.
6 v. Wilamowitz, Aristoteles und Athen I, S. 311, Berlin 1893.
7 Aristoteles, Nikomachische Ethik, Buch VI, Darmstadt 1969.
8 Steiner, Rudolf, Die Philosophie der Freiheit, GA 4, Kap. IX, Abschnitt 30, S. 311, Berlin 1894.
9 Schwangerschaftskonfliktgesetz vom 21.8.1995, BGBl. I, 1050.
10 Bundesverfassungsgericht, Entscheidungssammlung, Bd. 88, S. 203, 282 ff.
11 § 10 des bayer. Gesetzes vom 9.8.1996, GVBl. ..., S. 320 ff.

Wolfgang Schad, Woher nehme ich die Ethik?
Gefahren und Hoffnungen:

1 Steiner, Rudolf, Philosophie der Freiheit, 9. Kap., GA 4, 15. Aufl. 1987.
2 Uni-Info Konstanz, Nr. 203, S. 17/18, 31.7.1991.
3 Goethe in Wilhelm Meister, Wanderjahre, I, 10.

Peter Petersen, Schwangerschaftsabbruch und Individualität:

Amtenbrink, B., Der Schwangerschaftsabbruch im Erleben des ausführenden Arztes (Repräsentative Umfrage unter besonderer Berücksichtigung der Notlagenindikation), Dissertation, Med. Hochschule Hannover 1989.

Amtenbrink, B., Heidenreich, W., Petersen, P., Schwangerschaftsabbruch als Konflikt für den ausführenden Arzt, Stuttgart, Enke 1991, S. 92.

Bertaux, P., Mutation der Menschheit (st 555), Frankfurt a. M., Suhrkamp 1979.

Blechschmidt, E., Vom Ei zum Embryo, Reinbek, Rowohlt 1970.

Claassen, M., Erlebnisse und Erfahrungen von Ärztinnen und Ärzten, die Schwangerschaftsabbrüche durchführen (eine kasuistische Studie), Dissertation Med. Hochschule Hannover 1989.

Evangelische Akademie Bad Boll, Arzt und Schwangerschaftsabbruch, Tagung 18.–20.9.1992.

Gebser, J., Ursprung und Gegenwart (1949, 1953 dva; 1973 dtv, 1992 dtv), Gesamtausgabe Bd. II - IV, Schaffhausen, Novalis 1978.

Glöckler, M. u.a. (Hrsg.), Lebensschutz und Gewissensentscheidung (Diskussion über den § 218), Stuttgart, Urachhaus 1992.

Petersen, P., Sondervotum in der Arbeitsgruppe In-vitro-Fertilisation, Genomanalyse und Gentherapie, in: Der Bundesminister für Forschung und Technologie (Hrsg.), In-vitro-Fertilisation, Genomanalyse und Gentherapie, Gentechnologie, Chancen und Risiken, Bd. 6, München, Schweitzer Verlag 1985.

Ders., Retortenbefruchtung und Verantwortung (anthropologische, ethische und medizinische Aspekte neuerer Fruchtbarkeitstechnologien) mit Beiträgen von Ernst Benda und Eduard Seidler, Stuttgart, Urachhaus 1985.

Ders., Empfängnis und Zeugung: Phänomene der Kindesankunft, Zschr. Klein. Psychol., Psychother. 34: 19-31 (1986).

Ders., Schwangerschaftsabbruch – unser Bewusstsein vom Tod im Leben, Stuttgart, Urachhaus 1986.

Ders., Unser Bewusstsein vom Tod beim Schwangerschaftsabbruch, vom Leben in der Reproduktionsmedizin und bei der Embryonenforschung, in: E. Matouschek (Hrsg.), Arzt und Tod, S. 105-128, Stuttgart, Schattauer 1989.

Ders., Von der Familienplanung zur Kindesankunft. Ein Paradigmenwechsel ist notwendig, in: F. Wagner (Hrsg.), Medizin, Momente der Veränderung, Berlin / Heidelberg u.a., Springer 1989.

Ders., Meine Verantwortung als Arzt und Berater angesichts des Schwangerschaftskonflikts – in psychologisch-anthropologischer Sicht, Der Frauenarzt 30: 477-487 (1989), und Medizin Recht 8: 1-9 (1990).

Ders., Schwangerschaftsabbruch – Beziehung zum Kind, Prakt. Sexualmed. 10: 34-37 (1989).

Ders., Künstliche Befruchtung: schöner, geplanter, neuer Mensch? Universitas 45/11: 1048-1057 (1990).

Ders., Unfähigkeit zu trauern und Trauernkönnen nach dem Schwangerschaftsabbruch, in: P. Petersen u.a. (Hrsg.), Psychosomatische Gynäkologie und Geburtshilfe 1992/93, S. 72-76, Berlin/Heidelberg u.a., Springer 1993.

Schlichting, J., Die Kindesankunft: Erlebnisse von Frauen zur Zeit der Konzeption (Eine kasuistisch-destriktive Studie mit Aspekten aus gynäkologischer Psychosomatik, philosophischer Anthropologie und Religionswissenschaften), Dissertation, Med. Hochschule Hann. 1991, Hamburg, Verlag D. Kovac 1991.

Schulte, W., Mechtild Schulte, Solveig Schulte, Unerwünschte Schwangerschaft, Stuttgart, Thieme 1969.

Wellendorf, E., Mit dem Herzen eines anderen leben? (Die seelischen Folgen der Organtransplantation), Zürich, Kreuz Verlag 1993.

Von Peter Petersen hinzugefügter Anhang

In diesem Anhang versammle ich vier Texte in Ergänzung zum Vortragstext. Diese vier Texte vertiefen und erweitern den Vortragstext etwas.

I. Psychologie

1.) Seelische Verarbeitung des Schwangerschaftsabbruchs bei Frauen (Text P. Petersen: Schwangerschaftsabbruch – unser Bewusstsein vom Tod im Leben.)

2.) Seelische Verarbeitung des Schwangerschaftsabbruchs bei ÄrztInnen (Text P. Petersen: Schwangerschaftsabbruch im Erleben des durchführenden Arztes.)

II. Gesellschaft

3.) Sozialpsychologische Bedingungen der Industriegesellschaft für den Schwangerschaftsabbruch: »Persönlichkeit Kind« und »Kopfgeburten« (nach Texten von Elisabeth Beck-Gernsheim, Die Kinderfrage. Frauen zwischen Kinderwunsch und Unabhängigkeit, Becksche Reihe, München, Verlag Beck, 2. Aufl. 1989, und Elisabeth Beck-Gernsheim, Vom Geburtenrückgang zur neuen Mütterlichkeit. Über private und politische Interessen am Kind, Fischer-Verlag, Stuttgart 1989).

4.) Der neue Feminismus findet die Mitte (zwischen Lebensrechtsbewegung und radikaler Recht-auf-Abtreibung-Haltung), nach Naomi Wolf, Aufsatz in Wochenpost Nr. 47, 16. Nov. 1995; sowie die gleiche Autorin: Die Stärke der Frauen. Gegen den falsch verstandenen Feminismus, Verlag Droemer/Knaur, München 1993).

II. Gesellschaft

Zu 3.) Die Herauslösung des Menschen aus traditionellen Gemeinschaften führt zwar zur Persönlichkeitsbildung, zugleich entstehen auch ein Anspruch und ein Zwang zum »eigenen Leben« (jenseits von Gemeinschaft und Gruppe). Der Lebenslauf wird als persönliche Aufgabe gestellt und gezwungenermaßen verlangt. Für die Kinder ergibt sich damit der Anspruch auf das »Persönlichkeit-Kind« und deren spezielle, perfektionistische Anforderung an die Erziehung. Durch die Erziehungsdevise »Persönlichkeit – Kind« wird mit Elternschaft eine immer größere Verantwortung verbunden, die neue Belastungen, aber auch neue Motivationen schafft. Mit dem Gebot der »optimalen Förderung« werden zunächst einmal die materiellen Voraussetzungen höher gesteckt. Nach der in der Gesellschaft verbreiteten Expertenmeinung müssen die Eltern ihrem Kind einen hohen Lebensstandard und eine perfekte Erziehung bieten. Moderne Menschen bekommen nur so viele Kinder, wie sie sich finanziell leisten können. Sie sind sich dieser Verantwortung bewusst. Das Kind braucht demnach eine kindgerechte Umgebung von entsprechender Wohnung und Lage bis zu einem stabilen Milieu, das Nestwärme bietet. Vor allem ist die Erziehung selbst eine große und verantwortungsvolle Aufgabe. Diese Normen der Gesellschaft bilden in zwanghafter Weise einen Perfektheitsanspruch an die Erziehung. Eltern, die diese Norm nicht bewusst verarbeiten, unterliegen ihr automatisch. Damit nehmen sie eine übergroße Verantwortung auf sich, die natürlich im Schwangerschaftskonflikt durchschlägt. Hinzu kommt bei dieser Erziehungshaltung das, was Beck-Gernsheim »Kopfgeburten« nennt (nach Günther Grass). Nichts geht mehr spontan, alles läuft über den Kopf: die neue Frau hinterfragt und problematisiert. Es sollen, wenn überhaupt, Wunschkinder sein. Aber da der Wunsch heute nicht mehr spontan ist, sondern durch viele Fragen gebremst, wird es immer nur Planungskinder geben. Die Planung gehorcht den Anweisungen der Experten, beeinflusst von der modernen Psychologie und den diversen Spielarten der Ratgeberliteratur.

Die sich daraus ergebende Einstellung zur Abtreibung: Frauen treiben nicht aus Verantwortungslosigkeit, sondern im Gegenteil aus übergroßer Verantwortung ab, einer Verantwortung, die sich den perfektionistischen Normen der Gesellschaft beugen soll.

4.) (Text von Naomi Wolf)
Auszüge aus dem Wochenpost-Artikel:
Ich plädiere für eine radikal neue Sprache und ein anderes Bewusstsein mit der Abtreibung: ich bin der Ansicht, dass wir den Kampf für das Recht der Abtreibung in einen moralischen Kontext stellen müssen, in dem es möglich ist, den Tod eines Embryos als tatsächlichen Tod anzusehen, indem eingeräumt werden kann, dass bei der Entscheidung für die Abtreibung einer Schwangerschaft Schuld, Urteilskraft und Verantwortung eine Rolle spielen. Dass Frauen und Männer die Verantwortung übernehmen müssen, die untrennbar zu ihren Rechten dazugehört, und dass wir ruhig zugeben können, dass die hohe Abtreibungsrate in diesem Lande (den USA) – über ein Viertel aller Schwangerschaften enden mit einer Abtreibung – nur richtig verstanden werden kann, wenn man sie als Scheitern ansieht ...
Wir brauchen eine Bewegung, die moralisch zurechnungsfähig ist, eine ohne Schönrederei. Die geläufige Abtreibungsrhetorik zieht drei zerstörerische Folgen nach sich, zwei ethische, eine strategische: Hartherzigkeit, Unwahrhaftigkeit und politisches Scheitern. Man kann es drehen und wenden, wie man will: Schwangerschaft bringt das Konzept autonomer Persönlichkeit, wie es die westliche Philosophie kennt, durcheinander. Die schwangere Frau ist sowohl eine Person als auch ein Gefäß. Die neue Frauenbewegung reagierte auf die Dehumanisierung von Frauen mit der Dehumanisierung

der Geschöpfe in ihnen, statt beide als lebendig und aufeinander angewiesen anzusehen und anzuerkennen – Leben im Leben –, dass Frauen gelegentlich ihr eigenes Leben über das des Fötus stellen müssen.

Es gibt ein breites Motiv-Spektrum für Abtreibungen: von Mangel an Alternativen bis hin zur vollen moralischen Verantwortung. Freiheit heißt, dass Frauen frei sein müssen, eigene auch selbstsüchtige Entscheidungen treffen zu können. Andere haben bereits darauf hingewiesen, dass eine gewisse Anzahl von Abtreibungen Voraussetzung von Integrität und Gleichheit von Frauen ist. Es ist ein starkes Argument, dass Gleichheit von Frauen einige unwiderrufliche Rechte für sie verlangt, solche, die ausschließlich mit der Biologie zusammenhängen, darunter auch das Recht, Leben in ihrem Leben zu beenden. Aber wir brauchen uns bei solchen Entscheidungen nicht zu belügen. Lasst uns zumindest klar sehen, was unser Tun bedeutet, lasst uns Eigennutz nicht mit Aufopferungsvokabular bemänteln.

Trauer und Achtung, das ist der angemessene Ton für alle Diskussionen um die Beendigung oder Gefährdung von Leben. Nur wenn wir das Recht auf Abtreibung innerhalb eines Kontextes von Gewissen, Buße und Verantwortung vertreten, können wir die logische und ethische Paradoxie unserer Position in eine Balance bringen – und uns der Unterstützung der Mitte versichern.

Eine News Week-Umfrage zur Abtreibung benutzte kürzlich die seltene Formulierung: »Das ist eine Sache zwischen einer Frau, ihrem Arzt, ihrer Familie, ihrem Gewissen und ihrem Gott«, und bemerkenswerte 72 % der Befragten nannten die Feststellung »ungefähr richtig«.

Es geht um das Paradigma von Sünde und Sühne in Bezug auf die Abtreibung.

Abtreibung ist ein notwendiges Übel, dem man ins Auge sehen muss, dem man auf dem Feld des Gewissens, des Handelns und der Seele entgegentreten sollte, und das dennoch legal bleiben sollte. Viele Religionen verknüpfen Gerechtigkeit mit Mitleid, etwa das mittelalterliche Judentum und der Buddhismus. Von Jom Kippur über die Fastenzeit bis zur hinduistischen Karma-Idee – die Begegnung des Individuums mit seiner Fehlbarkeit ist oft der erste Schritt zum Licht.

Paolo Bavastro, Wie erscheint uns ein Patient im Hirnversagen?:

1 Bonelli, J. (Hrsg.), Der Status des Hirntoten, Wien 1995.

2 Hinrichsen, K.V., Die Definition des Lebensendes und die Problematik des Beginns individuellen Lebens, in: Ev. Akademie Loccum, 63/94: Erzeugung und Beendigung des Lebens?

3 Bavastro, P., Anthroposophische Medizin auf der Intensivstation, Dornach 1994.

4 Bavastro, P. (Hrsg.), Organspende – der umkämpfte Tod, Stuttgart 1995.

5 Linke, D.B., Hirnverpflanzung, Reinbek 1993.

6 Gramm, H.J. et al., Hemodynamic Responses to Nixious Stimuli in Brain Dead Organ Donors, Intensiv Care Med (1992) 18: 494-495.

7 Nanassis, K. et al., Vegetative Störungen und Entwicklung des sekundären Hirntodsyndroms, Zentralbl. Neurochir. 56 (1995) 73-77.

8 Roudall, C.W. et al., Hemodynamic Responses in Brain Dead Organ Donor Patients, Anesth. Analg. (1985), 64, 125-8.

9 Kuwagata, I. et al., Hemodynamic Response with Passive Neck Flexion in Brain Death, Neurosurgery, Vol. 29, Nr. 2, 1991, 239.

10 Bavastro, P., Hirnversagen bei einer schwangeren Patientin, Der Merkurstab 5 /1994) 47. J., 445-451.
   sowie: P. Bavastro, J. Wernicke: Schwangerschafts-Begleitung nach Hirnversagen. Eine besondere Krankengeschichte.
   Zeitschrift für medizinische Ethik, I/1997, 59-68, im Druck.

11 Zentrum für Medizinische Ethik, Bochum, Heft 88, Jan. 94, Sterben und Schwangerschaft.

12 Bundesärztekammer, Kriterien des Hirntodes, 9. April 1982, Deutsches Ärzteblatt, 79. J., Heft 14.

13 Bundesärztekammer, Kriterien des Hirntodes, Deutsches Ärzteblatt, 83. J., Heft 43, 22.10.1986.

14 Bundesärztekammer, Kriterien des Hirntodes, 29.6.1991, Deutsches Ärzteblatt, 88. J., 5.12.1991.

15 Bundesärztekammer, Der endgültige Ausfall der gesamten Hirnfunktion (»Hirntod«) als sicheres Todeszeichen, Deutsches Ärzteblatt, 90. J., 5.11.1993.

16 Erklärung deutscher Wissenschaftler zum Tod durch völligen und endgültigen Hirnausfall: Hirntod, Deutsche Stiftung Organtransplantation, Sept. 1994.

17 Schlake, H.P., Roosen, K., Der Hirntod als der Tod des Menschen, Deutsche Stiftung Organtransplantation, 1995.

18 Bichat, X., Physiologische Untersuchungen über den Tod – Klassiker der Medizin, Leipzig 1912.

19 Mollaret, P., Goulon, M., Le Coma depassé, Revue Neurol., 101, Nr. 1, 1959.

20 Beecher, H.K. et al., A Definition of Irreversible Coma, Report of the Ad hoc Commitee of the Harvard Medical School to Examine the Definition of Brain Death, JAMA, Aug. 5, 1968, Vol. 205, 337.

21 Grof, S. und Ch., Jenseits des Todes, München 1984.

22 Brinkley, D., Perry, P., Zurück ins Leben, München 1994.

23 Moody, R.A., Das Licht von drüben, Reinbek 1989.

24 Moody, R.A., Leben nach dem Tod, Reinbek 1977.

25 Ritchie, G., Sherill, E., Rückkehr von Morgen, Marburg 1980.

26 Roszell, C., Erlebnisse an der Todesschwelle, Stuttgart 1993.

27 Nah-Todeserfahrungen, Flensburger Hefte Nr. 51, 1995.

28 Hemleben, J., Jenseits, Reinbek 1975.

29 Delacour, J.B., Aus dem Jenseits zurück, Düsseldorf 1973.

30 Hampe, J.Ch., Sterben ist doch ganz anders, Stuttgart 1975.

31 Kübler-Ross, E., Interviews mit Sterbenden, Stuttgart 1969.

32 Kübler-Ross, E., Was können wir noch tun?, Stuttgart 1977.

33 Kübler-Ross, E., Verstehen, was Sterbende sagen wollen, Stuttgart 1981

34 Schröter-Kunhardt, M., Erfahrung Sterbender während des klinischen Todes, ZFA 1990, 66, 1014-1021.

35 Schröter-Kunhardt, M., Mögliche neurophysiologische Korrelate des NDE, in: Dittrich, A. (Hrsg.), Welten des Bewusstseins, Berlin 1993.

36 Geßler, V., Pilgrim, R., Der Intensivpatient und sein Arzt, Intensivmed. 20, 87-89 (1983).

37 Wiesenhütter, E., Blick nach drüben, Hamburg 1974.

38 Dörner, K., Tödliches Mitleid, Gütersloh 1988.

39 Hamburger, K., Das Mitleid, Stuttgart 1985.

40 Organtransplantation: Erklärung der Deutschen Bischofskonferenz und des Rates der Evang. Kirche in Deutschland, Hannover, Bonn 1990.

41 Ethische Herausforderungen der modernen Medizin und die Verantwortung der Christen – Materialien für den Dienst in der Evang. Kirche in Westfalen, Heft 11, Bielefeld 1996.

42 Transplantationsgesetzgebung in Deutschland, Evang. Akademie Loccum 54/95, 1995.

43 Transplantation: Spenden und Empfangen, Materialien für den Dienst in der Evang. Kirche von Westfalen, Heft 10, Bielefeld 1995.

44 Aussagen von Papst Johannes Paul II., in: La Repubblica, 15.12.1989.

45 Aussagen von J. Kardinal Ratzinger, in: La Stampa, 5.4.1991.

46 Presseamt des Erzbistums Köln vom 27.9.1996.

47 Brief von Erzbischof Bertone vom 23.12.1996.

48 Leben aus dem Glauben – Kathol. Erwachsenen-Katechismus, Band II, Bonn 1995.

49 Bischof K. Lehmann: Auf ein Wort – im Druck in Zeitschrift für medizinische Ethik 43, I/1997, 77.

50 Haid, B., Fragen und Antworten, sowie Antwort des Heiligen Vaters, Papst Pius XII. über die Wiederbelebung, vom 24.11.1957 in: Anästhesist 7, Nr. 8, 1958, 241 ff.

51 Richtlinien zur Verwendung fötaler Zellen und fötaler Gewebe, in Der Frauenarzt, I/92, S. 41.

52 Bavastro, P., Bioethik – was verbirgt sich dahinter?, 1997, in Druck.

53 Roth, G., Dicke, U., Das Hirntodproblem aus der Sicht der Hirnforschung, in: Hoff / in der Schmitten, Wann ist der Mensch tot?, Reinbek 1995.

54 The Use of Anencephalic Neonates as Organ Donors, JAMA, May 24/31, 1995, Vol. 273, 1614.

55 Schneider, J.W., Eine Besinnung auf das Wesen des Ich, Die Drei 9/1996, S. 821.

56 Mayer, J., Tradowsky, P., Kaspar Hauser, Stuttgart 1984.

57 Lievegoed, B.C.J., Entwicklungsphasen des Kindes, Stuttgart 1976.

58 Lievegoed, B.C.J., Lebenskrisen, Lebenschancen, München 1979.

59 Das Schicksal manipulieren? Stuttgart 1986.

60 Wais, M., Biographie-Arbeit, Lebensberatung, Stuttgart 1993.

61 Kipp, F.A., Die Evolution des Menschen, Stuttgart 1980.

62 Portmann, A., Neue Wege der Biologie, München 1965.

63 Portmann, A., Biologie und Geist, Zürich 1956.

64 Portmann, A., Biologische Fragmente zu einer Lehre von Menschen, Basel 1969.

65 Schweizer, A., Kultur und Ethik, München 1990.

66 Bavastro, P., Bioethik – was verbirgt sich dahinter?, Der Merkur-
    stab 4 (1995), 48. J., 334-346.

67 Zieger, A., Zur Gleichsetzung von Hirntod und Gesamttod, in: Evang.
    Akademie Loccum 63/94, Erzeugung und Beendigung des Lebens?

68 Levinas, E., Humanismus des anderen Menschen, Hamburg 1989.

69 Buber, M., Das dialogische Prinzip, Gerlingen 1962.

70 Spaemann, R., Personen, Stuttgart 1996.

71 Eigler, F.W., Organquellen, in: Alber, Land, Zwierlen, Transplan-
    tationsmedizin und Ethik, Lengerich 1995.

72 Vollmann, J., Todeskriterien und Interessen bei der Organentnah-
    me, Ethik med (1996), 8, 114-124.

73 Salomon, F., Bin ich wirklich tot? Die Schwester, der Pfleger 9/92,
    817.

74 Jonas, H., Technik, Medizin und Ethik, 1987.

75 Kant, I., Beantwortung der Frage: Was ist Aufklärung?, Werke,
    Bd. 9, 53, zitiert nach Pieper, A.: Einführung in die Ethik, Tübin-
    gen 1994.

76 Richter, H.E., Bedenken gegen Anpassung, Hamburg 1995.

77 Allianz Organtransplantierter- und Dialyse-Patienten eV. Ulm.

78 Gadamer, H.G., Universitas 29 (1974), S. 1148.

79 Jörns, K.P., Organtransplantation: eine Anfrage an unser Verständ-
    nis von Sterben, Tod und Auferstehung, in: Hoff / in der Schmitten,
    Wann ist der Mensch tot?, Reinbek 1995.

80 Honecker, M., zitiert nach Jörns, K.P., Leib und Tod, Soziales
    Leben, Ev. Komm. 10/92.

81 Angstwurm, H., Wann ist der Mensch wirklich tot?, in: Gestrich,
    C. (Hrsg.), Gehirntod und Organtransplantation, Berlin 1995.

82 Thomas, H., Sind Hirntote Lebende ohne Hirnfunktion oder tote
    mit erhaltenen Körperfunktionen?, Ethik Med. (1994) 6, 189-207.

83 Anhörungen und Stellungnahmen zum Tranplantationsgesetz im
    Gesundheitsausschuss des Bundestages vom 28.6.95, 29.9.96,
    9.10.96.

84 Eine Entscheidungshilfe zum Thema Organspende, Bundeszentra-
    le für gesundheitliche Aufklärung, Köln 1996.

Robert Spaemann, Sind alle Menschen Personen?

 1 Vgl. Singer, P., Praktische Ethik. Deutsch: Stuttgart 1984; Hörster,
    N., Neugeborene und das Recht auf Leben, Frankfurt a.M. 1995.

2 Z.B. Thomas von Aquin, vgl. S. th. I-II; 1,3 c; 17,4.

3 Singer, P., a.a.O.

4 Davidson, D., Essays on Actions and Events, Oxford 1980, 83 ff.

5 Vgl. Scheler, M., Der Formalismus in der Ethik und die materiale Wertethik (Gesammelte Werke Bd. 2), Bern 6. Aufl. 1971, 478.

6 Vgl. Wiggins, D., Sameness and Substance, Oxford 1980, 188: »A person is any animal *the physical make-up of whose species constitutes the species' typical members* thinking intelligent beings, with reason and reflection, and *typically* enables them to consider themselves the same thinking things, in different times and places.«

Kurzbiographien

Rolf Gröschner:
Prof. Dr. jur., Studium der Wirtschaftswissenschaften und der Jurisprudenz in Nürnberg, Erlangen und München; 1974 Dipl.-Kfm., 1978 Erstes, 1985 Zweites Juristisches Staatsexamen; 1981 Promotion zum Dr.
jur., 1990 Habilitation in den Fächern Öffentliches Recht und Rechtsphilosophie; 1991-1993 Professor für Öffentliches Recht in Mainz; seit
1.10.1993 Inhaber des Lehrstuhls für Öffentliches Recht und Rechtsphilosophie in Jena; Publikationen zu verfassungs- und verwaltungs-
rechtlichen sowie rechts- und staatsphilosophischen Themen. Buchveröffentlichungen u.a.: »Dialogik und Jurisprudenz. Die Philosophie des
Dialogs als Philosophie der Rechtspraxis«, 1982; »Menschenwürde
und Sepulkralkultur. Die Grenzen der Privatisierung im Bestattungs-
recht«, 1995; »Kommentierung der Art. 6 (Ehe und Familie), 7 (Schule) und 18 (Grundrechtsverwirkung) in: H. Dreier (Hrsg.), Grundge-
setz-Kommentar,« Bd. 1, 1996.

Michael Kirn:
Prof. Dr. jur., Abitur am Humanistischen Gymnasium in Rottweil. Studium der Rechtswissenschaften. Seit 1974 Professor des Öffentlichen
Rechts (Staats- und Verwaltungsrecht) an der Universität der Bundeswehr Hamburg. Publikationen: »Verfassungsumsturz oder Rechtskon-
tinuität? Analyse der Rechtsprechung nach 1945 zum Dritten Reich«
(1972), »Der Computer und das Menschenbild der Philosophie. Leibniz Monadologie und Hegels philosophisches System auf dem Prüf-
stand« (1985), »Hegels Phänomenologie des Geistes und die Sinnes-
lehre Rudolf Steiners« (1989), »Der Deutsche Staat in Europa« (1991).

Wolfgang Schad:
Dr. rer. nat., Studium der Biologie, Chemie und Pädagogik. Bis 1989
Lehrer und Dozent für Waldorfpädagogik in Pforzheim und Stuttgart.
Seit dem Aufbau vom Institut für Evolutionsbiologie und Morphologie
an der Universität Witten-Herdecke. Publikationen (u.a.): »Man and

Mammals« (1977), »Die Vorgeburtlichkeit des Menschen« (1982),
»Erziehung ist Kunst« (1986), »Verantwortbare Freiheit aus Menschenverständnis« (1992).

Elisabeth Wellendorf:
Nach dem Studium der freien Malerei an der Hochschule für Bildende
Künste Hamburg 1958-63 zunächst tätig als Malerin. 1968-75 Arbeit
mit autistischen Kindern in Berlin. Anschließend psychotherapeutische
Ausbildung in Hannover. Seit 1980 als Psychotherapeutin und Kunst-
therapeutin an der Medizinischen Hochschule in Hannover vor allem
mit Lungenkranken und Transplantationspatienten. Neben der Arbeit in
freier Praxis Leiterin des Ausbildungsinstituts für psychoanalytische
Kunsttherapie. Veröffentlichungen: »Mit dem Herzen eines anderen
leben. Die seelischen Folgen der Organtransplantation« (1993).

Peter Petersen:
Prof. Dr. med. für Psychotherapie und Psychiatrie an der Medizinischen
Hochschule Hannover. Studium der Medizin, Psychologie und Philosophie. Leiter des Arbeitsbereiches Psychotherapie und gynäkologische
Psychosomatik an der Frauenklinik der MHH. Publikationen und Forschungen zur endokrinologischen Psychologie und Psychiatrie, Grup-
pentherapie, Psychosomatik medizinischer Eingriffe in die Fruchtbar-
keit (hormonale Kontrazeption, Sterilisation, Schwangerschaftsabbruch, In-vitro-Fertilisation), künstlerische Therapien. Zahlreiche Publikationen, in letzter Zeit vor allem zur künstlerischen Therapie. Bücher
(u.a.): »Der Therapeut als Künstler« (1994), »Ansätze kunsttherapeuti-
scher Forschung« (1970), »Dieser kleine Funke Hoffnung« (1993), »Retortenbefruchtung und Verantwortung« (1985), »Schwangerschaftsabbruch – unser Bewusstsein vom Tod im Leben« (1986).

Paolo Bavastro:
Dott. Univ. Mailand, Studium der Medizin und zeitweise Musik in
Mailand, Facharzt für Innere Medizin, Kardiologie und Betriebsmedi-
zin. Leitender Arzt an der Inneren Abt. d. Filderklinik. Rege Unter-
richts- und Vortragstätigkeit in verschiedenen Bereichen, u.a. über Innere Medizin, Kardiologie, ethische Fragen und Organverpflanzung.
Mitglied der Forschungsarbeitsgemeinschaft Ethik der Gesundheits-
versorgung der Univ. Bielefeld; Mitglied der Arbeitsgruppe Ethik in
der Medizinischen Sektion am Goetheanum, Dornach. Zahlreiche Pu-

blikationen. Buchveröffentlichungen: »Anthroposophische Medizin auf der Intensivstation« (1994), »Organspende – der umkämpfte Tod« (1995), »Die Würde des Menschen ist unantastbar« (1996), »Organtransplantation« (1996).

Robert Spaemann:
Prof. Dr. phil., Studium der Philosophie, Geschichte, Theologie, Romanistik in Münster, München und Freiburg. Promotion in der Philosophie 1952 bei J. Ritter. 1962 Habilitation u.o. Prof. a.d. Techn. Hochschule Stuttgart, 1968 a.d. Universität Heidelberg (Nachfolge Gadamer), 1972 Lehrstuhl für Philosophie Univ. München (em. 1992). Honorarprofessor a.d. Univ. Salzburg. Zahlreiche Veröffentlichungen, u.a. Stellungnahmen zu drängenden politischen und ethischen Problemen der Gegenwart. Zu Grundfragen des Sittlichen: »Moralische Grundbegriffe« (1982), »Glück und Wohlwollen« (1989).

Jürgen in der Schmitten:
Medizinstudium in Tübingen, Belfast und Boston. Rotationsassistent an der Abteilung für Allgemeinmedizin der Universität Düsseldorf. Bücher: »Wann ist der Mensch tot?« (1994).

Maria Marcovich:
Dr. med., Kinderärztin, langjährige Erfahrung in der Neonatologie. Zahlreiche Veröffentlichungen. Seit mehreren Jahren in der Auseinandersetzung mit dem medizinischen Etablissement. Bis 1994 Vizepräsidentin der Deutsch-Österreichischen Neonatologie-Gesellschaft und Vorstandsmitglied der österreichischen Gesellschaft für perinatale Medizin.

Markus Treichler:
Studium der Philosophie, Psychologie und Medizin. Facharztausbildung in Neurologie, Psychiatrie und Psychosomatik. Seit 1987 Leitender Arzt an der Abteilung für Psychosomatische Medizin, Kunsttherapie und Heileurythmie an der Filderklinik. Arbeitsschwerpunkte und Veröffentlichungen zur anthroposophischen Psychotherapie, Psychiatrie und Kunsttherapie. Bücher: »Sprechstunde Psychotherapie« (1993), »Mensch-Kunst-Therapie« (1996), »Den Sinn des Todes fassen« (1996).

Jürgen Schürholz:

Dr. med., Medizinstudium in Hamburg und Innsbruck. Während der Weiterbildung zum Arzt für Innere Medizin vierjährige wissenschaftliche Arbeit am Pathologischen Institut der Universität Tübingen. Mitbegründer der Filderklinik bei Stuttgart. 17 Jahre Mitglied der Klinikleitung. Von 1978 bis 1995 Vorsitzender der Komission C beim Bundesgesundheitsamt in Berlin. Geschäftsführender Vorstand der Gesellschaft Anthroposophischer Ärzte seit 1980. Zahlreiche Veröffentlichungen.

Organisation: P. Bavastro, M. Hechler, M. Treichler
Filderklinik – Innere Abteilung
70794 Filderstadt
Tel. 0711-7703-4270
Fax 0711-7703-4279

Folgende Institutionen und Firmen haben die Tagung unterstützt:

Anthroposophische Gesellschaft in Deutschland, Stuttgart
Gesellschaft Anthroposophischer Ärzte in Deutschland, Stuttgart
Konferenz für Heilpädagogik und Sozialtherapie, Dornach
Medizinische Sektion der Freien Hochschule für Geisteswissenschaft, Dornach
Verband für Anthroposophische Heilpädagogik, Sozialtherapie und soziale Arbeit e.V., Echzell-Bingenheim
Verein für Anthroposophisches Heilwesen, Bad Liebenzell
Mühlschlegelstiftung, Stuttgart
Fa. Astra, Wedel – Fa. Bayer, Leverkusen – Fa. Bristol-Myers-Squibb, München – Fa. Ferring, Kiel – Fa. Fresenius, Bad Homburg – Fa. Helixor, Rosenfeld – Fa. Hexal, Holzkirchen – Fa. Hoechst, Bad Soden – Fa. Immuno, Heidelberg – Fa. Johnson + Johnson, Norderstedt – Fa. Jannsen, Neuss – Fa. Mack, Karlsruhe – Fa. MSD, München – Fa. Pohl-Boskamp, Hohenlockstedt – Fa. Ratiopharm, Ulm – Fa. Thomae, Biberach a.d. Riss – Fa. Wala, Eckwälden – Fa. Weleda, Schwäbisch Gmünd.

Paolo Bavastro (Hrsg.)

Organspende – der umkämpfte Tod

Gewissensentscheidung angesichts des Sterbens

239 Seiten, kt.

Mit der Problematik der Organspende muss sich heute jedermann auseinandersetzen, denn jeder kann unvermittelt mit der Tatsache konfrontiert werden, innerhalb weniger Stunden entscheiden zu müssen, ob er die Organe eines hirntoten Angehörigen zur Transplantation freigibt. Auf der anderen Seite haben viele Menschen im Bewusstsein der Nächstenliebe bereits freiwillig Spenderausweise ausgefüllt, mit denen sie im Falle ihres Hirntodes Organe zur Verfügung stellen.

In diesem Buch setzen sich Ärzte, Priester, Journalisten und Betroffene mit der Transplantation als solcher, mit der Definition des »Hirntodes« und mit Fragen des Sterbens und des Nachtodlichen auseinander. Die Beiträge wollen zu einer kritischen Auseinandersetzung mit dem Thema anregen, um zu bewussten persönlichen Entscheidungen zu gelangen, deren Konsequenzen klar durchdacht sind.

VERLAG URACHHAUS

Bart Maris (Hrsg.)

Die Schöpfung verbessern?

Möglichkeiten und Abgründe der Gentechnik –
ein Weg ohne Umkehr?

220 Seiten, kt.

Die Gentechnik wird das Leben auf der Erde verändern. Der
Mensch wird fähig, sich zum Schöpfer des Menschen und der
Natur zu machen. Jeder ist aufgerufen, sich eingehend mit diesem Wissenschaftszweig auseinanderzusetzen, der heute
schon Möglichkeiten bietet, für die (noch?) gar kein Bedarf
besteht. Die Zukunft unserer Kinder und der Erde hängt von
unseren Einsichten und unseren Entscheidungen ab.

Aus dem Inhalt: Jaap van der Wal, Leben mit DNA/ Bart Maris,
Gentechnik am Beispiel der vorgeburtlichen Diagnostik/ Ursel
Fuchs, Keimbahntherapie: Kind nach Katalog - Mensch nach
Maß/ Sabine Riewenherm, Xenotransplantation - Tiere als Or-
ganspender / Bart Maris, Klonen oder die Versuchung, zu ver-
vielfältigen ohne Vielfalt / Jens Heisterkamp, Gentechnische
Mythologie / Manfred Schleyer, Gentechnik in Lebensmittel-
erzeugung und Medikamentenherstellung / Renée Krebs-Rüb,
Mit der Bioethik auf dem Weg zum programmierten Men-
schen.

VERLAG URACHHAUS

Markus Treichler (Hrsg.)

Den Sinn des Todes fassen

Mut zur Begleitung Sterbender

120 Seiten, gb.

Wurde der Tod in früheren Zeiten als Schicksal hingenommen und bereitete der Mensch sich darauf vor, wenn er ihn nahen fühlte, um dann im Kreise seiner Nächsten zu sterben, wird dieses wichtigste individuelle Ereignis heute weitgehend verdrängt. Warum wollen wir vom Tod nichts wissen, warum fürchten wir uns davor, seinem Anblick standzuhalten? Warum sind wir so schwer dazu bereit, nahestehenden Menschen in diesen Stunden beizustehen?

»Der große Tod, den jeder in sich hat, das ist die Frucht, um die sich alles dreht.« Rilkes Wort kann auf eindrückliche Weise erlebbar werden, wenn man den Mut hat, einen Sterbenden zu begleiten, mit ihm durchzumachen, was seine Bestimmung ist.

Aus dem Inhalt: Markus Treichler, Der Mensch und sein Tod/ Christoph Tautz, Der Tod im Kindesalter / Gisela Gaumnitz, Der Tod des alten Menschen / Jörg Bitterle, Der plötzliche Tod / Susanne Reinhold, Musiktherapie bei Sterbenden / Mona Jacobi, Sterbebegleitung.

VERLAG URACHHAUS

Arie Boogert

Wir und unsere Toten

Rudolf Steiner über den Umgang mit Tod und Sterben

220 Seiten, kt.

Der bewusste, unsentimentale, mit dem Herzen wahrnehmen-
de Umgang mit den Verstorbenen über die Stunden und Tage
zwischen Tod und Begräbnis bis zu einem dauernden inneren
Leben mit den Toten ist ein wesentliches Element seelischer
und geistiger Kultur. Arie Boogert, Pfarrer der Christenge-
meinschaft in Denver/USA, gibt eine Fülle von Anregungen
und Hinweisen, wie ein solcher konkreter Umgang mit den
Toten geübt und gepflegt werden kann. Eine Sammlung von
Texten, Sprüchen und Gebeten von Rudolf Steiner ergänzt die
Darstellungen.

VERLAG URACHHAUS